La poesía indianoceánica en lengua francesa e inglesa

Sergio Díaz Menéndez

La poesía indianoceánica en lengua francesa e inglesa

un estudio de cuatro autoras

PETER LANG

Berlin · Bruxelles · Chennai · Lausanne · New York · Oxford

Información bibliográfica publicada por la Deutsche Nationalbibliothek
La Deutsche Nationalbibliothek recoge esta publicación en la Deutsche
Nationalbibliografie; los datos bibliográficos detallados están disponibles en Internet en
http://dnb.d-nb.de.

Catalogación en publicación de la Biblioteca del Congreso
Para este libro ha sido solicitado un registro en el catálogo CIP de la Biblioteca del
Congreso.

ISBN 978-3-631-92002-2 (Print)
ISBN 978-3-631-92003-9 (E-PDF)
ISBN 978-3-631-92004-6 (E-PUB)
DOI 10.3726/b21898

© 2025 Peter Lang Group AG, Lausanne, Suiza
Publicado por Peter Lang GmbH, Berlin, Allemagne

info@peterlang.com

www.peterlang.com

Esta publicación ha sido revisada por pares.

"We realise the importance of our voices only when we are silenced".
(Sólo reparamos en la importancia de nuestras voces cuando se nos silencia)
(Malala Yousafzai, *Premio Nobel de la Paz*)

Índice

1. Introducción

Este estudio aborda el concepto de *indianoceanidad* a través de la obra poética de varias escritoras de India y de otros territorios bañados por el Océano Índico. En él, voy a explorar cómo se construye la identidad india en sus diferentes vertientes: desde el propio país, desde sus diásporas, en un territorio que abarca la región geográfica comprendida entre el cono sur de África y el subcontinente indio, pasando por numerosos territorios insulares, entre los cuales destacan Mauricio y Madagascar. El concepto de *indianidad* es clave en la construcción de las culturas locales en estos contextos, debido a la influencia migratoria, artística y económica ejercida por India. Dicho término ha sido, desde su origen, objeto de complejos debates. Se basa en la búsqueda de los mimbres que conforman la identidad india. Esto supone determinar hasta qué punto la cultura de Occidente ha influido en la construcción cultural de la misma, así como el papel en ese identitarismo en aras de alejarse de Occidente para crear una narrativa propia.

Para ello, interpretaré este concepto no como algo monolítico, sino variable y dinámico, puesto que se refería tradicionalmente a la existencia de un grupo dominante sin espacio para otras identidades, idea en la que se basa el indianismo, movimiento social y político defensor de la emancipación y los derechos civiles de los indios. Sin embargo, esta idea está lejos de representar la realidad poliédrica de la identidad en India, que se encuentra en una progresiva y constante evolución:

From the above it follows that the definition of 'Indianness' does not admit of one concise formulation. It does not arouse any unique clear and distinct picture in our mind. It is what Wittgenstein calls a family resemblance concept. Amartya Sen agrees with this contention when he says, "we have to resist two unfounded but often implicitly invoked assumptions: (1) the presumption that we must have a single – or at least principal and dominant identity; and (2) the supposition that we 'discover' our identity with no room for any choice". Therefore, to answer to the question 'what is Indianness?' we ought to see how the term 'Indianness' is used. Even to the question 'what are Indian values?' or in other words 'what is Indian culture and tradition?' there is no single complete and final answer. It is because Indian culture continues to be in the making; it is something which is perennially evolving. It is what can be called a living tradition.[1]

(Vohra, 2018, pp. 3-4)

De hecho, los propios habitantes de India encuentran en la definición de lo que significa ser indio un reto, pues siempre fueron otros quienes los unificaron bajo el mismo término y los calificaron, en un ejemplo de otredad de manual, refiriéndose con "indio" al entorno del río Indo, pero sin reparar en elementos culturales o identitarios. Esta búsqueda de una identidad se complica cuando añadimos a la ecuación el Océano Índico, incorporando a nuestro estudio territorios que, por diversas razones, han estado influenciados por la cultura hindú, y cómo la presencia en los mismos de India ha generado concomitancias muy interesantes desde el punto de vista de la literatura.

En la poesía que voy a analizar pueden apreciarse tensiones constantes en lo concerniente a la búsqueda de la identidad del sujeto poscolonial, tanto a nivel de reafirmación personal como de reconocimiento social, las dos caras

---

[1] De lo anterior se deriva que la definición de *indianidad* no admite una formulación unívoca. No despierta en nuestra mente una imagen clara y distintiva. Es a lo que Wittgenstein se refería como concepto de parecido familiar. Amartya Sen concuerda con la contención de la afirmación: "tenemos que resistir ante dos premisas invocadas implícitamente: (1) la asunción de que nuestra cultura tienen que ser una única, o al menos una identidad principal y dominante, y (2) la presuposición de que "descubrimos" nuestra cultura sin ninguna posibilidad de elección. Con ello, para responder a la pregunta de qué es la indianidad necesitamos saber cómo se está usando el término. Incluso para la pregunta: ¿qué son los valores indios? O, en otras palabras, ¿qué son la cultura y las tradiciones indias? No hay respuesta completa y final. Esto se debe a que la cultura India aún se está construyendo; es algo que está en constante evolución. Es lo que podríamos llamar una tradición viva (traducción propia).

de la moneda de la identidad india que se encuentra entre la influencia del llamado Occidente y la cultura local. Se combinan, por tanto, los aspectos globales, a los que nadie puede escapar en el mundo neoliberal e hiperglobalizado en el que tenemos la suerte o la desgracia de vivir, y aspectos locales, relativos a la cultura del lugar de origen. Las autoras indias y africanas que vamos a estudiar hacen uso de la lengua inglesa o francesa para acceder a un mercado internacional, para que sus voces alcancen un impacto más allá de lo local. También se asumen como ciudadanas del mundo, preocupadas por problemas globales y por realidades que están en boga en todo el planeta, como la lucha contra la violencia machista, la libertad sexual de las mujeres, el respeto al cuerpo de las mujeres y su libre albedrío, la preservación de los medios naturales, el acceso a una educación libre y que fomente el espíritu crítico, entre otros.

La hipótesis que pretendo demostrar es que existe un punto de unión, de encuentro, entre las literaturas, y muy concretamente en la poesía hecha por mujeres, de los territorios en torno al Océano Índico. Entre ellos estudiaré India, Madagascar, la Reunión y sus diásporas, entre cuyas voces poéticas aquí representadas existe un gran número de concomitancias a nivel formal y temático, fruto del intercambio demográfico, cultural y económico entre estos países durante siglos. También demostraré que el concepto de literatura indianoceánica está más presente que nunca hoy en día, con esas concomitancias que evidencian en estas literaturas. Por último, el estudio de protagonistas mujeres que crean poesía en esos territorios nos permitirá encontrar puntos comunes y analizar lo que hay de particular en las voces femeninas en estos textos literarios.

Asimismo, se encuentra en sus obras poéticas una voluntad de no perder sus culturas locales, de mantener los valores, tradiciones y formas de entender el mundo que consideran positivas y a través de las cuales han ido construyendo quiénes son hoy en día. En ocasiones, esa batalla por retener la cultura de la que provienen se convierte en una batalla intergeneracional, donde los hijos crecen en un nuevo contexto y tienen que desarrollar herramientas intelectuales para decidir con qué se quedan y qué aspectos rechazan de las culturas de sus progenitores. En otros casos, se observa cómo la tensión viene también por encontrar unos orígenes en países multiculturales que fueron poblados con gentes que venían de unos y otros países, y donde encontrar una identificación nacional no ha sido tarea fácil.

Situar a Occidente, que es desde donde estudiamos estas literaturas y, de manera subsidiaria, las culturas en las que se insertan, en las literaturas poscoloniales devenidas literaturas globales presenta una enorme complejidad. En muchos de estos países recordar los abusos coloniales supone, con frecuencia, suscitar un conflicto, puesto que muchas heridas estaban en ese momento y siguen aún abiertas. El epítome es India, que como colonia abarcaba mucho más territorio que el actual, incluyendo países como Pakistán o Bangladesh. Allí el carácter religioso, hindú y musulmán como creencias mayoritarias, pero también otras religiones, así como las necesidades prácticas de aprender una lengua permitieron al inglés y al cristianismo abrirse paso, sobre todo entre las élites, que en el sistema de castas mantuvieron sus privilegios a pesar de la colonización. En 1835 el consejo que se encargaba de legislar en India, formado por parlamentarios de Westminster y liderado por el liberal Thomas Macaulay, decreta una reforma en la ley de educación británica referida a las colonias, por la cual la lengua inglesa se convertiría en el instrumento clave para transmitir lo que ellos consideraban la "civilización":

> We must at present do our best to form a class who may be interpreters between us and the millions whom we govern; a class of persons, Indian in blood and colour, but English in taste, in opinions, in morals, and in intellect. To that class we may leave it to refine the vernacular dialects of the country, to enrich those dialects with terms of science borrowed from the Western nomenclature, and to render them by degrees fit vehicles for conveying knowledge to the great mass of the population.[2]
>
> (Macaulay, 1835)

Esta minuta representa la imposición oficial del inglés de manera institucional en India. Su objetivo era homogeneizar la sociedad de un país tan diverso que despertaba temores en occidente frente a lo desconocido, lo vasto, lo que no lograban comprender los británicos todo bien. Se trataba, en realidad, de un proceso de aculturación donde se transmitieran los valores británicos y sus

---

[2] Ahora nos toca dar lo mejor de nosotros mismos formando a una clase para ser intérprete entre nosotros y los millones de personas sobre los que gobernamos; una clase de personas, Indias de sangre y color de piel, pero con gusto inglés, en opiniones, en valores y en intelecto. A esta clase debemos dejarla a cargo de refinar los dialectos vernáculos del país, enriquecerlos con términos científicos prestados de la nomenclatura occidental y transformarlos en vehículos adecuados para la transmisión del conocimiento a la gran masa de población (traducción propia).

formas de vida imponiendo la misma educación que en Gran Bretaña para lograr que los pueblos colonizados vieran la civilización británica como la única forma posible de civilización. En esto exactamente consistía lo que vino a denominarse *macaulismo*, en una colonización de la mente operada a través de la colonización del lenguaje. Con esto se debilitaban las identidades locales en sus lenguas, reducidas a la categoría de dialectos, y sus costumbres, llevadas al margen de lo que debía ser la civilización. Desde entonces, el inglés como idioma se ha convertido en un arma ambivalente. Por un lado, sirve a los intereses del colonizador como medio para vehicular los valores y las formas de entender la vida de la metrópolis e imponerlos, con más o menos fuerza, en los territorios invadidos. Por el otro, sirve a los intereses del colonizado como medio de expresión y propagación de sus ideas y reivindicaciones.

En este marco, la originalidad de este estudio radica, quizás, en que aborda el estudio de la poesía, ya que la mayor parte de las investigaciones que se llevan a cabo en literatura de territorios de los mundos anglófono y francófono se centran en la narrativa y, más especialmente, en la novela, al ser el género que ha alcanzado el mayor desarrollo y reconocimiento a nivel internacional. Siguiendo una premisa hegeliana, hemos optado por la obra poética de las autoras seleccionadas como foco de nuestro estudio porque la poesía es el género de la subjetividad, mientras que la novela es objetividad.

Si queremos analizar en profundidad sentimientos, sensaciones, puntos de vista nuevos, la lírica se nos presenta como el género literario más apropiado. La poesía, como género para ser no sólo leído, sino más bien recitado, y escuchado, desde sus orígenes, nos permite poner en relación la obra poética con la oralidad. La comunicación oral permite alcanzar a un mayor público y convierte la poesía en algo más atractivo, sugerente para la gente joven, que a menudo aborda la literatura con cierto hastío, pero que puede descubrir gracias a ella las múltiples aportaciones que el hecho literario aporta al ser humano. Algunos de los poemas son incluso acompañados por el juego con elementos de puntuación o con códigos no verbales, como la ilustración o la distribución de contenidos, lo cual resulta innovador.

La selección de estas autoras se ha llevado a cabo siguiendo el criterio que nos parecía más razonable, el de la representatividad. Se pretende que esta selección permita comprender las diferentes aristas de las voces poéticas contemporáneas de la poesía de cultura india escrita por mujeres, y hemos decidido estudiar a las autoras que menciono a continuación. Por una parte,

Meena Kandasamy y Ranu Uniyal como voces de India, la primera desde el margen, con un pensamiento libertario influenciado por el marxismo y la posibilidad de autodeterminación de los territorios poscoloniales y la segunda desde una postura más sistémica. Por otro lado, Ananda Devi y Esther Nirina como representantes de la poesía francófona en territorios al otro lado del Índico. Veremos cómo cada una de estas autoras maneja unos códigos propios y emplea el lenguaje literario de maneras muy diversas para el abordaje de temas comunes, en estrecha relación con lo local, es decir, con los contextos en las que las autoras de nuestro corpus se enmarcan.

La fusión de culturas y el crisol que se puede encontrar en los territorios de las poetas analizadas obedecen al fenómeno de la *glocalización*, término que fusiona dos palabras, lo global y lo local, en referencia a la oposición, pero a la vez también a la complementariedad, entre lo universal y lo vernáculo. Este enfoque convierte la literatura poscolonial en un estado pretérito pero necesario para entender el momento actual, dentro de un proceso de evolución de estas literaturas desde lo precolonial, lo colonial, lo poscolonial, lo global, lo transnacional, y ahora lo transmoderno, término que define Rosa María Rodríguez Magda (2005). A este nuevo paradigma se evoluciona desde lo posmoderno y reúne todo lo que concierne a lo global, transnacional, cosmopolita y multicultural, donde ya no se habla de lo universal sino de lo pluriversal, aludiendo al carácter único de la esencia del ser humano:

> La Transmodernidad no es una meta, ni una utopía salvífica, sino la descripción de la situación en la que nos hallamos, un punto de no retorno ante nuestras antiguas certezas, pero también una asfixia que pugna por salir de la banalidad. Tiene pues una dimensión descriptiva, cuya constatación no hemos elegido, de análisis de los fenómenos sociales, gnoseológicos, vivenciales, una exigencia de conocimiento, pero además: un anhelo de ir más allá en la superación de los límites que nos atrapan.
> (Rodríguez Magda, 2005, p. 9)

De acuerdo con Rodríguez Magda, el prefijo *trans-* denotaría el dinamismo necesario para recuperar del posmodernismo los retos éticos y políticos inexcusables tras la crisis de este como movimiento (emancipación, libertad, justicia, entre otros). El modernismo y el posmodernismo habrían ido abandonando estos combates en aras de una mirada intercultural, mientras la visión transmoderna aboga por una transculturalidad que, alejada del relativismo y del revanchismo, observe la realidad de manera crítica y muestre compromiso con los valores éticos anteriormente mencionados yendo desde lo local hasta lo global, entendiendo que es la globalización, estemos de acuerdo o no con dicho fenómeno, lo que posibilita este nuevo paradigma:

> La globalización, como nuevo Gran Hecho, debería posibilitarnos una mirada transcultural que abandonara las ópticas hegemónicas excluyentes, lo cual no implica relativismo cultural ni revanchismo étnico, sino constatación de las hibridaciones heterogéneas, disonantes o confluyentes, en un constante reto por transgredir las cláusulas homogeneizadoras. El modelo transmoderno busca superar las limitaciones y falta de perspectiva del modernismo y postmodernismo como corrientes de una determinada cultura concreta que, no obstante, en su pretensión de universalidad, no reconocía este carácter situado.
>
> (Rodríguez Magda, 2005, p. 10)

Emplearé con preferencia el término *literatura glocal*, entendiendo que no puede realizarse un análisis minucioso de una obra literaria sin tener en cuenta ambas vertientes; la local, con las costumbres, cultura y formas de vida que subyacen a la lengua y su literatura, y global, de cómo se exhibe al público planetario dicha producción; de aquí la necesidad de un marco contextual histórico y cultural pormenorizado. Sólo así conseguiremos un estudio completo y que tenga validez en un mundo que se ha ido haciendo cada vez más glocal en las últimas décadas. Aunque se considera que esta fusión entre lo local y lo global puede verse muy bien retratado en la obra narrativa y, particularmente, a través de la novela y el cuento de autores poscoloniales indoanglos, retratando lo global desde lo local:

> La literatura indoangla y, fundamentalmente la narrativa, ha introducido a India en el contexto literario internacional. Nuestro principal objetivo será dejar constancia del impulso que ha supuesto la literatura indoangla dentro del contexto de la narrativa en lengua inglesa, con un estilo, una temática y unas características propias que la distinguen y la convierten en un ámbito de análisis literario fundamental dentro del marco de la literatura global contemporánea.
>
> (Escobedo de Tapia y Quevedo Revenga, 2012, p. 41)

De hecho, esta combinación de tradiciones y modernidad es evidente en el campo de la economía, al que debe su nombre el concepto de globalización aplicado a la adaptación de ciertos productos del mercado internacional a las características del país y la sociedad donde se van a vender, es decir, customizarlos según las características sociológicas de cada lugar para disfrutar de un éxito mayor en términos pecuniarios. Escuchar las voces de la hibridación es mucho más probable en autores indoanglos, pues utilizan el inglés para alcanzar mercados globales, y se les presupone un cierto conocimiento de la sociología de la antigua metrópolis:

> En ellos (los autores indoanglos) observamos cómo se representa el hibridismo de las culturas poscoloniales, cómo en ellas aúnan las tradiciones occidentales con las propias para conseguir un resultado muy ventajoso. Los autores poscoloniales indoanglos son perfectos portavoces de ese hibridismo, pues son capaces de analizar y de profundizar en el encuentro que se produce entre oriente y occidente puesto que conocen perfectamente ambas realidades.
>
> (Escobedo de Tapia y Quevedo Revenga, 2012, p. 21)

La literatura hecha por mujeres ha tendido tradicionalmente a ocupar menos páginas en la crítica literaria, debido a un sistema patriarcal muy arraigado en la sociedad india, pero también en el resto de los territorios estudiados. En este estudio me propongo poner en relieve las cuestiones, tanto formales y de contenido, que las autoras de nuestro corpus han querido destacar en sus poemas. Ellas representan también esa colisión y fusión entre lo local y lo glocal desde los asuntos que conciernen a las mujeres: el papel de la familia en el crecimiento del individuo; el arraigo a la tierra, a la casa, a la familia; el rol ambivalente de madres muy queridas y sacrificadas pero que no quieren ser mimetizadas por sus hijas, la naturaleza como fuente de vida, los espacios corpóreos y espirituales y los problemas que genera el amor en las sociedades del Índico en diferentes realizaciones, tales como los matrimonios concertados, la prioridad para el hijo varón, la violencia psicológica y sexual y la búsqueda de una identidad propia, todos ellos representantes de los problemas del día a día de la mujer no sólo de India y sus diásporas, del Índico africano y, por extensión, de todo el planeta.

2. Marco epistemológico

2.1. Estado de la cuestión

La Segunda Guerra Mundial marcó un hito en el ámbito de los estudios anglófonos y francófonos. Con el fin de la contienda, llegó la tan ansiada descolonización por parte de los territorios y protectorados que aún mantenían en todos los continentes ambas potencias. Este proceso de descolonización da lugar en dichos territorios al movimiento cultural y artístico del Posmodernismo, que algunas voces autorizadas, como el filósofo Jean-François Lyotard en *La condición posmoderna* (1979) contribuyeron a difundir:

> Le terme [le postmoderne] est ambigu. On pourrait imaginer en effet un surcroît de modernité ou même, si en conservateur on la réprouve, une aggravation du processus du moderne. Je verrais là plutôt un phénomène propre aux années 1960 et 1970. La fondation à peu près contemporaine du groupe Tel Quel[3] et du groupe l'OuLiPo, en 1960, attestait, de manière bien d'ailleurs différente, une volonté d'innovation qui passait pourtant déjà parfois, dans le second cas, par une certaine récupération. Les événements de mai 1968, la rancœur laissée dans le cœur de certains par l'échec du mouvement, ont précipité la recherche de ce que Rimbaud

---

[3] Revista francesa de crítica literaria en funcionamiento entre 1960 y 1982.

avait déjà appelé l'absolument moderne. D'où une radicalisation, avec une pointe
extrême qu'on peut situer entre 1970 et 1975.[4]

(Brunel, 1997, p. 191)

De esta definición, de Pierre Brunel, se deriva que la posmodernidad puede
traer consigo una ruptura con la modernidad o bien una voluntad de ir más
lejos y profundidad de seguir en esa idea, como consecuencia de la decepción
tras los acontecimientos de mayo del 68, donde muchas de las reivindicaciones se disiparon con la vuelta de los obreros a sus puestos de trabajo, y sólo
los jóvenes estudiantes mantuvieron un pulso que acabarían por perder. En
este contexto aparece un concepto de la posmodernidad que tiene en cuenta
las culturas vernáculas y que asume los sustratos culturales presentes en los
territorios coloniales, así como el estrato de la cultura del colonizador:

> La récupération des données culturelles n'est pas propre à la post-modernité (elle
> existe dans le Nouveau Roman des années 1950 ou dans l'OuLiPo[5] ; et Philippe
> Forest, dans le beau livre qu'il lui a consacré en 1992, a bien montré ce que Sollers,
> dans sa période médiane, celle des années 1970, reprend à Joyce, qui serait lui-même
> post-moderne à cet égard). Mais il est certain qu'elle s'est accentuée après le tour-
> nant des années 1980, et qu'elle va donc dans le sens d'un mouvement de reflux,
> caractéristique de la littérature française à la fin du XXe siècle.[6]

(Brunel, 1997, p. 193)

---

[4] El término [posmodernismo] es ambiguo. Podríamos imaginar, en efecto, que es una
excrecencia del modernismo o, incluso, si lo reprobamos como demasiado conservador,
una intensificación del modernismo. Un fenómeno propio de los años 1960 y 1970. La
fundación casi paralela del grupo Tel Quel y del grupo l'OuLiPo, en 1960, daba fe, de
manera original, de una voluntad de innovación que pasaba sin embargo a veces por
una cierta recuperación. Los acontecimientos de mayo de 68, el rencor que permanecía
en el corazón de algunos por el fracaso del movimiento, precipitaron la búsqueda de
lo que Rimbaud había llamado el modernismo absoluto. De ahí una radicalización,
con un punto álgido que podemos situar entre 1970 y 1975 (traducción propia)

[5] Ouvroir de littérature potentielle (Taller de literatura potencial), grupo de experimentación
francés fundado en 1960 por escritores y matemáticos para abordar las técnicas de
escritura limitada.

[6] La recuperación de las coordenadas culturales no es propia exclusivamente del posmodernismo, sino que existe en el Nouveau Roman desde los años 1960 o en OuLiPo.
Y Philippe Forest, en el buen libro que le dedicó en 1952, mostró muy bien lo que
Sollers, en su período medio, el de los años 70, tomó prestado de Joyce, quien sería
también posmoderno según dicho enfoque. Pero es cierto que se acentúa en el paso a
la década de 1980, y que va en el sentido de un movimiento de reflujo, característico
de la literatura francesa del final del siglo XX (traducción propia).

En ocasiones se toma a James Joyce como el primer posmoderno, en el sentido de haber llevado la modernidad al extremo. Sin embargo, esta corriente se acentúa a partir de los años ochenta en las literaturas europeas y, por ende, poscoloniales. Además de la búsqueda de raíces culturales, se busca abundar en el proceso de aculturación del individuo. Uno de los críticos que más énfasis ha hecho en unir posmodernismo y poscolonialismo fue Neil Lazarus[7]. Primero vamos a centrarnos en el surgimiento del neoliberalismo, fuente de globalización extrema en nuestro planeta, para esa identificación entre las dos corrientes:

> Throughout the postcolonial world over the course of the final quarter of the twentieth century, Structural Adjustment Programs were imposed as conditions for the distribution of loans, which the recipient nations were not in any position to refuse. Typically mandating huge cuts in government spending and social provision, the slashing of wages, the opening up of local markets to imported goods and the removal of all restrictions on foreign investment, the privatization of state enterprises and social services, and deregulation in all sectors to ensure that all developments were driven by the logic of the market rather than social need.[8]
>
> (Lazarus, 2011, pp. 8-9)

En esta cita, Lazarus basa la asimilación del modelo de estado de los países occidentales por parte de aquellos países de nueva creación, en la descolonización. En el fondo, la armonización es eminentemente económica. Mediante préstamos para financiar la creación del estado o de una administración propia, los países poscoloniales se comprometen a reducir su gasto público, a la austeridad en los salarios, a abrir las puertas al libre mercado y a la inversión extranjera y, en definitiva, a poner la lógica de los mercados por encima de las necesidades de la gente o de las políticas del estado del bienestar.

---

[7] Profesor emérito en la Universidad de Warwick (Coventry). Especialista en crítica poscolonial.

[8] A través del mundo poscolonial en el último cuarto del siglo XX, se establecieron Programas de Ajuste Estructural que supusieron la distribución de préstamos, que los países de receptores no podían rechazar. Las condiciones a cambio eran con frecuencia grandes recortes en el gasto público y en el gasto social, el recorte en los salarios, la apertura de los mercados locales a la importación de productos y la eliminación de toda restricción al capital extranjero, la privatización de empresas estatales y de los servicios sociales, la desregulación en todos los sectores para asegurarse de que todo el desarrollo respondiera a la lógica del mercado en vez de a las necesidades sociales (traducción propia).

Igual que el modernismo surgió en su momento para combatir unas verdades establecidas por el *statu quo*, el posmodernismo surge como respuesta a esas nuevas formas de conducir las naciones de reciente emancipación:

> Postcolonial studies emerge as an institutionally specific, conjuncturally determined response to these global developments. The emergent field breathed the air of reassertion of imperial dominance beginning in the 1970s, one of whose major preconditions was the containment and recuperation of the historic challenge from the 'Third World' that had been expressed in the struggle for decolonisation in the boom years after 1945. After 1975, the prevailing sentiment in the West turned sharply against anticolonial nationalist insurgency and revolutionary anti-imperialism.[9]
>
> (Lazarus, 2011, p. 9)

Después de "las treinta gloriosas", expresión utilizada en Francia para referirse a las tres décadas de progreso económico y en materia social tras la Segunda Guerra Mundial, comenzaban a darse tensiones entre los nacionalismos de las metrópolis y los independentismos en las excolonias. La economía se reveló una forma de control social y cultural hacia estos nuevos países independientes. Esta burbuja de sospecha fue creciendo hasta alcanzar su clímax con los acontecimientos más fatídicos de comienzos de siglo. Estos permitieron comprobar que la verdad oficial en Occidente tenía un alto componente de manipulación y que incluso se comenzaba a perder derechos fundamentales en aras, supuestamente, de una mayor seguridad:

> It is not, of course, that scholars in postcolonial studies are prone to give any credence to the official rationalisations that present the colossal violence visited in Afghanistan and Iraq -and also the wholesale destruction of civil liberties on the 'home' fronts in 'western' societies -as measured, defensive and corrective responses to the ghastly Islamist attacks on 11 September 2011, or to the subsequent bombings

---

[9] Los estudios poscoloniales emergen como una respuesta específica dentro de una coyuntura determinada de estos desarrollos globales. El cambio emergente cogió aliento durante la reafirmación de la dominación colonial en los años 1970, siendo algunos de los condicionantes previos la contención y la recuperación del reto histórico del Tercer Mundo, que ya se habían manifestado durante la lucha por la descolonización en su momento álgido, después de 1945. Tras 1975, se agudizó un sentimiento generalizado en Occidente en contra de la insurgencia anticolonial nacionalista y del antimperialismo revolucionario (traducción propia).

in Bali, Madrid, London, and elsewhere. After all, the lie to this official version of events has been given definitely in any number of subsequent investigative or analytical counter-commentaries scholarly or journalistic.[10]

(Lazarus, 2011, p. 15)

Lazarus establece como hito la reacción del mundo occidental ante los atentados islamistas de los talibanes contra el World Trade Center de Nueva York (2001) y su repercusión en la geopolítica internacional para que la crítica poscolonial, ya en el seno del posmodernismo, diera un paso adelante. Se trataba de conseguir romper las fronteras en lo transnacional, para obtener la globalización de las ideas, de las reivindicaciones, y que las voces de los sujetos poscoloniales se escuchasen lejos:

> Such a standpoint has something to commend it, at least. Jussawalla's and Dasenbrock's commitment to 'multiculturalism' serves as a credible platform from which to engage urbane and cosmopolitan writers like Ihimaera […] in conversation. Unsurprisingly, therefore, these are among the most successful interviews in the volume […]. The sheer appropriateness of some of the readings regularly put forward in postcolonial studies can still miss one gasp.[11]

(Lazarus, 2011, pp. 24-25)

El multiculturalismo ha permitido poder realizar una crítica literaria que tuviera en cuenta el entorno del sujeto poscolonial y sus potencialidades. Dicho sujeto, en particular las mujeres, puede tomar conciencia y reivindicar,

---

[10] No quiere decir, por supuesto, que los académicos de estudios poscoloniales sean proclives a dar algún crédito a las racionalizaciones oficiales que presentan la colosal violencia acontecida en Afganistán e Iraq -así como la destrucción de derechos civiles en "casa" en las sociedades occidentales, bajo el pretexto de una respuesta supuestamente mesurada, defensiva y correctiva ante los ataques islamistas del 11 se septiembre de 2001, o a los bombardeos que les seguirían en Bali, Madrid, Londres y en todas partes. Después de todo, la versión oficial de los medios se ha rendido a los discursos manipulativos de los contra comentaristas de los ambientes académico y periodístico (traducción propia).

[11] Tal punto de partida tiene algo digno de elogio, al menos. El compromiso de Jussawalla y Dasenbrock con el multiculturalismo sirve como una plataforma increíble desde la cual comprometer a autores urbanos y cosmopolitas tales como Ihimaera […] en la conversación. No sorprende, por consiguiente, que sean las entrevistas más exitosas del volumen. A la escarpada apropiación de algunas de las lecturas a menudo realizadas en estudios poscoloniales la falta aún un último aliento (traducción propia).

en el contexto multicultural, su derecho tanto al paisaje como a recibir unos servicios mínimos de calidad por parte del estado. En cuanto al uso del término "global", es necesario que caiga en desuso el de "poscolonial", que se interpreta en el sentido estrictamente temporal:

> We can see straight away that in Bhabha's[12] thinking 'postcolonial' has ceased to be a historical category. The term does not designate what it sounds like it designates, that is, the moment, or more generally the time, after colonialism. There *are* temporal words and phrases in Bhabha's formulation –'no longer', for instance -but these do not appear to relate in any discernible way to decolonisation as a historical event, that is, to decolonisation as a 'cut' or break in time, such that one could speak of a colonial criticism' concerns itself with 'social pathologies' that can 'no longer' be referred to the explanatory factor of class division: 'postcolonial criticism' is thus opposed to […] class analysis. But no explanation is given as to why the term 'colonial' is deemed to be implicated in the putative obsolescence of class analysis.[13]
> (Lazarus, 2011, p. 12)

La crítica literaria, en un mundo globalizado, necesita ir, sin embargo, un paso más allá del posmodernismo y lo multi o intercultural. Tal y como anticipábamos en la introducción, debe abogarse siempre por unos valores de justicia, paz y libertad desde el respeto a las diferentes culturas, religiones o formas de ver la vida, intentando aunar las posturas modernas con las premodernas. A este nuevo paso se llega por el rechazo de algunos escritores comprometidos e intelectuales en general a adscribirse al posmodernismo debido a sus limitaciones y a la crisis de relativismo que este movimiento estaba experimentando a finales del siglo XX. Cambiar el paradigma de lo

---

[12] Homi Bhabha, profesor universitario indio nacido en 1949 y especialista en estudios poscoloniales.

[13] Se puede percibir de forma directa en el pensamiento de Bhabha que lo poscolonial ha dejado de ser una categoría histórica. El término no ya no designa lo que parece designar, es decir, el momento o la época posterior al colonialismo. Hay deícticos o expresiones temporales en la formulación de Bhabha, como "no longer" (ya no), pero no se relacionan de manera discernible con la descolonización como acontecimiento histórico, es decir, con la descolonización como un "corte" en la línea temporal, lo que permite que se pueda hablar de patologías sociales que ya no pueden referirse al concepto de división de clase: la crítica poscolonial se opone, por tanto, al análisis de clase. Pero no se ha aportado explicación alguna acerca de por qué el término "colonial" está condenado a verse siempre implicado en la obsolescencia putativa del análisis de clase (traducción propia).

posmoderno a lo transmoderno implicaría una movilidad más acorde con los tiempos. Rodríguez Magda sugiere este nuevo término en una conversación en París con Jean Baudrillard[14], en la que realizan un paralelismo con vocablos amigables como *transpolitique*:

> La transmodernidad pretendería una síntesis entre posturas premodernas y modernas, constituyendo un modelo en el que se acepta la coexistencia de ambas, con el fin de compatibilizar la noción de progreso con el respeto de la diferencia cultural y religiosa, intentando frenar el rechazo, principalmente de países islámicos, a la visión occidental de la modernidad.
>
> (Rodríguez Magda, 2011, p. 2)

La poesía india escrita por mujeres ha constituido un campo poco estudiado hasta hace relativamente poco en el ámbito de los estudios ingleses y anglófonos. El pionero en este tipo de estudios es Bruce King (1985) que en un libro de análisis de poetas masculinos dedica un capítulo a las poetas femeninas, como Kamala Das, Eunice de Souza y Melanie Silgardo. En dicha obra realiza una minuciosa división en movimientos, "Románticas", "Nuevas Románticas", "Las Nuevas Poetas", y realizaba una división como la que podemos observar en este estudio entre "las de dentro" y "las de fuera" aludiendo este último apelativo a aquellas autoras nacidas en otro país, pero vinculadas a la India por lazos afectivos, intelectuales y emocionales. A partir de entonces el estudio de la poesía india sigue ocupando un lugar marginal, aunque va avanzando tímidamente, proceso que se inició con los estudios de los profesores Carmen Escobedo y José Luis Caramés (1993). Las poetas anteriores a nuestro siglo, en realidad, no sólo existían, sino que abordan, al igual que las de hoy, temas de actualidad y de preocupación para la mujer india y para la mujer a nivel global, como la pornografía, el matrimonio infantil, los asesinatos de jóvenes esposas cuando su familia no pagaba la dote y otras tradiciones de la cultura india que sometían a las mujeres a situaciones de violencia de todo tipo:

> En este sentido, la mujer india constituía -y en cierto modo sigue constituyendo- un doble arquetipo de alteridad, ya que a su "otredad" política como ciudadana sometida al entramado imperialista y colonial se le añade su "otredad" sexual como mujer

---

[14] Filósofo y sociólogo francés (1929-2007). Su trabajo se relaciona con el análisis de la posmodernidad y la lógica del posestructuralismo.

dentro del sistema patriarcal, tan arraigado de por sí en un país dominado por un sistema de castas, lo que implicaría adicionalmente una alteridad de índole social.

(Ballesteros, 2020, p. 8)

Ballesteros (2020) emplea en su prólogo a la traducción, por parte de la doctora Carmen Escobedo, del poemario *The Day We Went Strawberry-Picking in Scarborough*, de Ranu Uniyal, también el término "bipolaridad" para referirse al abordaje de estos temas por parte de las mujeres indias, ya que debían combatir una doble discriminación, víctimas de la violencia de un sistema imperialista o neoimperialista y de un sistema patriarcal. Se encuentran, por tanto, en una situación de *otredad*, es decir, son el *otro* en minúsculas, fuerzas centrífugas en una sociedad donde la sombra del patriarcado es alargada. Desde esta posición marginal, retratan su situación de discriminación y abogan por una sociedad y, de forma transnacional y global, un mundo en el que el sexo y la condición de sujeto poscolonial no sean fuente de inferioridad en materia de derechos.

El poscolonialismo queda por tanto periclitado en estos tipos de estudios para referirse a las culturas objeto de estudio, que pasarán a ser globales. En cuanto a los temas y tópicos más frecuentes en las literaturas globales, pensando en aquellos problemas que sufre el planeta como la destrucción del medio natural, el patriarcado y sus repercusiones en la vida de las mujeres, la violencia de género o sexual y la búsqueda por la equidad. Se ha hecho hincapié en la búsqueda de la identidad en la literatura poscolonial, hoy en día llamada global. Con identidad nos referimos tanto a la cultura de la que bebe el individuo desde su nacimiento hasta las experiencias que influyen en su proceso de maduración, es decir, la identidad desde el punto de vista ontológico. En el estudio de las identidades que hace Javier de Agustín (2011) en la Universidad de Vigo sobre tres novelas cortas de autoras africanas francófonas, se centra en Ananda Devi y la búsqueda de una identidad cambiante y dinámica afectada por las vivencias de los personajes:

D'après l'analyse que nous avons faite, le motif de l'enfance est instancié par des réseaux relationnels de thèmes qui ont un degré de complexité différent chez chacune des trois femmes écrivains retenues. Par ailleurs, les nouvelles de Devi et Kodjo sont de vraies narrations, où l'enfance est envisagée comme un processus ontique, dynamique, où un conflit se pose qu'il faut résoudre : chez Devi, c'est la recherche de l'identité qui est en question, tandis que, chez Kodjo, le conflit tient à la prise de conscience d'une identité rejetée, même méprisée par les autres. Cependant, le texte de Khadi Hane est sous-tendu par une structure dominante descriptive où l'enfance est un temps statique, phénoménique et imprécis, lié à un endroit durable.[15]

(De Agustín, 2011, p. 269)

En el caso de Ananda Devi, la profesora Mar García (2011), de la Universidad de Barcelona, efectúa un estudio comparado entre su novela *Les cathédrales* y su adaptación fílmica, aquí se ve que la figura del autor se hace aún más potente en esta búsqueda de la identidad, es decir, el autor a través de un narrador focalizado puede contribuir más si cabe a la búsqueda de esta realidad:

> Si la figure de l'auteur constitue un élément clé dans l'organisation des champs et des marchés littéraires (loin des prophéties qui décrétèrent sa mort dans les années soixante) à l'âge de la globalisation, ceci est encore plus vrai dans le cas des littératures francophones/postcoloniales. Le lieu d'origine devient pour ces dernières l'axe autour duquel s'organisent les discours publicitaires et médiatiques. On attend de ces auteurs, plus que des autres, qu'ils agissent comme des interprètes officiels des lieux auxquels ils sont rattachés par leur biographie et que, de ce fait, ils les représentent dans le contexte actuel des industries de l'altérité.[16]

(García, 2011, p. 327)

Estos estudios son extrapolables a la lírica, ya que este género permite igualmente a la autora hablar como "yo" poético, e inmiscuirse en los detalles del desarrollo del sujeto poscolonial con técnicas similares a las del narrador intradiegético. Otros estudios, como el de Nazir Can (2011), investigador de

---

[15] Tras el análisis que hemos realizado, el motivo de la infancia se encuentra instanciado en una red de temas con diferentes grados de complejidad en cada una de estas tres escritoras. En efecto, las novelas cortas de Devi y Kodjo son auténticas narraciones, donde la infancia aparece como un proceso ontológico, dinámico, donde se plantea un conflicto que es preciso resolver. En el caso de Devi, lo que está en cuestión es la búsqueda de la identidad mientras que, en Kodjo, el conflicto se ciñe a la toma de conciencia de una identidad rechazada, incluso despreciada por parte de los demás. Por el contrario, el texto de Khadi Hane está apuntalado por una estructura descriptiva dominante, donde la infancia se plantea como un período estático, fenoménico e impreciso, unido a un lugar duradero (traducción propia).

[16] Si bien la figura del autor constituye un elemento clave en la organización de los campos y los mercados literarios (lejos de las profecías que decretaban su muerte en los 1970) en la era de la globalización, esto es aún más cierto en los estudios francófonos y poscoloniales. El lugar de origen se convierte para estos en el eje en torno al cual se articulan los discursos mediáticos y publicitarios. Se espera de estos autores, más que de otros, que actúen como intérpretes oficiales de los lugares a los que se encuentran ligados por su biografía y que, habida cuenta de esto, los representen en el contexto actual de las industrias de la alteridad (traducción propia).

la Universidad Autónoma de Barcelona, nos hablan de aquellos aspectos que conforman la identidad del sujeto poscolonial, entremezclando lo local y lo global, como veremos más adelante:

> La escritura novelesca de Mauricio se caracteriza fundamentalmente por dos grandes ejes temáticos: por un lado, la inmersión en el pasado doloroso de los ancestros (Natacha Appanah-Mouriquand, Shenaz Patel, etc.) y la consecuente invención o fabricación de una memoria colectiva; por otro, la inscripción de la no-pertenencia y del choque intra e intercomunitario (Ananda Devi, Sailesh Ramchurn, Umar Timol, etc.). En ambos casos, aunque adoptando estilos muy heterogéneos, los aspectos culturales y religiosos, así como las singularidades históricas de la isla son actualizados con insistencia. La expresión del día a día queda, pues, en un segundo plano. Sin embargo, en el caso del relato corto, la temática de lo cotidiano, en sus diversas formas, se vuelve obsesiva en casi todos los autores.
>
> (Can, 2011, p. 287)

Uno de los aspectos sobre los cuales se va forjando la identidad de la mujer poscolonial es la violencia. A pesar de los informes de organismos internacionales, que abogan por condenar la violencia por acción o por omisión, que trasgredir un derecho de otra persona sea tipificado como violencia, que se ocasione un daño físico o una lesión emocional o que se busque el sometimiento y el control, la violencia en India es sistémica y tiene profundas raíces, en el sistema de creencias, en la cultura y en el patriarcado impuesto por el colonizador británico, que se unía al sustrato heteropatriarcal:

> El concepto de violencia de género en un contexto cultural como India adquiere una gran complejidad, puesto que la situación de las mujeres se ve afectada por aspectos sociales cuya explicación, a su vez, se encuentra en creencias firmemente enraizadas en tradiciones religiosas ancestrales [...] cuyo significado conduce directamente a una asociación de imágenes que conforman una espiral de círculos concéntricos, que a su vez se organizan en una especie de sucesión jerárquica.
>
> (Escobedo de Tapia, 2018, p. 2)

En este párrafo, Carmen Escobedo[17], describe las razones por las que la violencia contra las mujeres se encuentra muy asentada en la sociedad India, así como en los territorios indianoceánicos. Nos invita, a su vez, a consultar el artículo de Marta Torres en la revista *GénEros* titulado "Violencia de género: un estado de la cuestión":

---

[17] Profesora titular y especialista en Literatura de la India de la Universidad de Oviedo.

> El vínculo entre la violencia social y la violencia de género opera en varios niveles. Por una parte, la construcción teórica excluye a las mujeres del concepto mismo de derechos humanos y la noción derivada de sujeto moral autónomo. Las mujeres no forman parte del pacto fundacional de la soberanía, sino que son objeto de intercambio entre varones en las diversas facetas de los pactos patriarcales. Al estar cosificadas, se les niega la capacidad de ejercer una voluntad propia y con ello decidir sobre su cuerpo, su reproducción, sus tareas, sus relaciones, su presente y su futuro. Esta marginalidad resulta muy funcional a los sistemas establecidos.
>
> (Torres Falcón, 2003, p. 22)

Esta teoría de círculos concéntricos situaría a la mujer en el margen, más aún cuando es pobre, desde el principio de los tiempos en estas culturas patriarcales. Un momento clave para Torres Falcón es el confinamiento en la casa mientras los hombres tenían esa libertad de movilidad. También destaca la necesidad de la libertad de las mujeres para disponer de su cuerpo como un primer paso necesario para salir de la violencia de género, de ahí la necesidad de abordar lo corpóreo y lo espiritual:

> El feminismo intenta quebrantar las "verdades" patriarcales. Es a la vez una reacción en contra de y una resistencia estratégica a las relaciones de poder existentes. Sirve para exponer cómo las disparidades de género son un proceso estructural que afecta a hombres y a mujeres, susceptible de ser deconstruido analítica y socialmente [...]. El cuerpo femenino es un sitio central, socialmente investido como lugar de la dominación masculina. Ésta se expresa en formas muy variadas que incluyen la maternidad forzada, la penalización del aborto, el asedio y el abuso sexual, la violación, el maltrato a las esposas.
>
> (Torres Falcón, 2003, p. 16)

El feminismo ha sido el movimiento de liberación más importante en las últimas décadas en todo el mundo, dado que afecta a los derechos de la mitad o algo más de toda la población mundial. Las mujeres y los hombres feministas están llamados a romper los dogmas o verdades falsas asentadas desde hace milenios por el heteropatriarcado. La lucha contra la violencia que se infringe a las mujeres por el hecho de serlo está siendo muy favorecida e institucionalizada, a pesar de un gobierno conservador de Narendra Modi que busca retener las tradiciones. En zonas concretas de India se está haciendo un esfuerzo por educar a mujeres y hombres contra este tipo de violencia, y Universidades como la de Pondicherry han puesto recientemente en marcha programas de estudios de la mujer, con la intención de formar a futuros profesionales que velen por la igualdad de género y que diagnostiquen la violencia cuando esta se produzca:

Así pues, la violencia de género, siendo un fenómeno universal, adquiere formas concretas que pueden ser invisibles y silenciosas en contextos culturales como India. En este marco de silencio e invisibilidad, y en el afán de trabajar en pro y en paralelo con nuevas líneas de investigación y acciones contra la violencia de género que han de conducir a un mundo mejor, surge la literatura india escrita por mujeres, como arma que conduce a una acción efectiva, con la esperanza de lograr un futuro, aunque sea lejano, más optimista para la mujer en el contexto del subcontinente.

(Escobedo de Tapia, 2018, p. 3)

Escobedo concluye también que la creación literaria India y de sus diásporas se ha convertido en una forma de denunciar la realidad de las mujeres en el subcontinente. A veces esa violencia es más explícita y otras invisible, entre las paredes de una habitación, dentro de unas estructuras familiares y sociales patriarcales, agresiones invisibles que constituyen una auténtica aberración en nuestros tiempos. La literatura como clamor y subversión es una de las claves en el caso de Meena Kandasamy desde el contexto indio. Kandasamy aporta, además, numerosas referencias a deidades y a la historia de grandes mujeres en India, para dignificar su imagen en aras de una igualdad efectiva y libre de violencias machistas, en consonancia con lo que afirma Escobedo:

La literatura [de mujeres indias] hace honor a ese pasado mítico de la India donde la mujer y el principio femenino fueron respetados y hasta venerados. El texto literario y la representación de las mujeres que estas autoras nos transmiten, denuncian un entorno masculino que, en culturas como India, abusa y explota la condición femenina desde el mismo momento de la concepción. La literatura, por tanto, se torna en un arma de denuncia y lucha contra la violencia de género y se alza en un clamor que ha de servir para conseguir un mundo donde las mujeres y los hombres caminen en paralelo, desde el respeto y la libertad esencial como seres humanos, hacia un futuro, no de silencio, sino de diálogo y comunicación social.

(Escobedo de Tapia, 2018, p. 13)

Meena Kandasamy utiliza descripciones muy duras y realistas en sus novelas de escenas de violencia de género no sólo física sino psicológica. En su poesía, sin embargo, muestra una imagen de un yo poético rebelde y volviendo a referentes míticos para combatir esta lacra. La realidad más cruda de violencia en India tiene que ver como el aborto, al verse muchas mujeres forzadas a tomar esa decisión, habida cuenta de la vida que espera a muchas mujeres en india sometidas a sus maridos, a posibles violaciones, mutilaciones de sus órganos genitales, provocándoles sufrimiento de por vida y excluyéndolas del placer sexual con sus futuros compañeros, en definitiva, una violencia sistémica que escapa a todo tipo de normas y campañas sobre todo en zonas muy rurales y familias con poca formación.

Otro de los aspectos claves a abordar es el porqué de aunar territorios como India, Madagascar y Mauricio, junto con la isla Reunión. La hipótesis que vamos a perseguir y a intentar verificar si funciona en nuestro corpus es la del *indianoceanismo*, es decir, la doctrina que afirma que existe un modo de vida y una cultura y, por consiguiente, una literatura que abarque los territorios anteriormente mencionados, de manera coherente y sistemática. Como demuestra la cita siguiente, el pionero en acuñar este neologismo fue el escritor mauriciano Camille de Rauville, que partió de la similitud de los mitos para buscar otras características comunes que permitieran, a partir de entonces, hablar verdaderamente de una literatura indianoceánica, tal y como destaca el ensayista Réné Étiemble en su prefacio de la obra de Rauville:

> Les littératures de l'île Maurice, de La Réunion et de Madagascar (les îles du Sud-Ouest de l'Océan Indien) forment entre elles un ensemble cohérent qui s'inscrit dans l'indianocéanisme, avec un mode de vie et de pensée qui ne coïncide pas forcément avec les valeurs culturelles européennes. Il faut donc questionner la pensée australe francophone afin d'en dégager toute l'originalité. Telle a été la démarche de Camille de Rauville (1910-1986) qui, avec son ouvrage *Littératures francophones de l'Océan Indien*, tente de percer le mystère des mythes indianocéaniques, à travers une présentation critique de textes poétiques, de romans, d'essais, de pièces de théâtre.[18]

(Étiemble, 1990, p. 2)

---

[18] Las literaturas de Mauricio, Reunión y Madagascar (las islas del suroeste del Océano Índico) forman entre ellas un conjunto coherente que se inscribe en el indianoceanismo, con un modo de vida y un pensamiento que no tienen por qué coincidir con los valores culturales europeos. Cabe, por tanto, cuestionarse acerca del pensamiento del pensamiento austral para extraer sus especificidades. Así fue el recorrido de Camille de Rauville (1910-1986) quien, mediante su obra *Las Literaturas Francófonas del Océano Índico*, trata de pergeñar el misterio de los mitos indianoceánicos, a través de una presentación crítica de los textos poéticos, de novelas, de ensayos, de obras de teatro (traducción propia).

El estudio de este tipo de literatura escapa a la crítica europea por no entender a priori la conexión entre los territorios que la componen. La literatura indianoceánica sería, a juicio de Rauville y los que se adhieren a su teoría, el producto sobre todo de doscientos años de intercambio cultural, mezclas e implantaciones de una colonia a otra, incluso un intercambio que involucra a ambos imperios. Otra dificultad para los europeos es estar habituados a categorizar la literatura en ámbitos de geografía física, y no tanto de geografía humana. Para ello, Rauville pone ejemplos como la literatura del Hexágono, la literatura magrebí, que acotan la producción literaria en áreas geográficas en vez de hacerlo teniendo en cuenta la proximidad cultural, pasando de una literatura nacional a una literatura transnacional, muy acorde con la idea del indianoceanismo como realidad que transciende a las fronteras nacionales:

> Une littérature lointaine, une littérature propre : il n'est pas besoin de bien connaître celle de l'Océan Indien pour se douter qu'en 200 ans elle reflète les caractéristiques des implantations et des mélanges qui se sont produits dans cette région géographique et sociale et dans son expression. Il faut donc la préserver d'un examen exclusif et qui, au départ, serait exotique et européen, étranger à sa nature même [...] Le deuxième rideau à écarter de son optique dresse les aspects pittoresques, au premier abord frappants pour l'esprit habitué au bassin de géographie humaine tel qu'il apparaît par la littérature de l'Hexagone, européen sinon maghrébin ou proche – oriental.[19]
>
> (Rauville, 1990, pp. 322-325)

Los aspectos claves a la hora de definir la literatura indianoceánica son los paisajes, las costumbres y la forma de pensar de esta región del planeta. Sin embargo, sería un error pensar que no van a darse diferencias entre los diferentes territorios, dotándoles de "coloraciones" específicas. Rauville hace una revisión, como veremos en el apartado contextual, de los pueblos que

---

[19] Una literatura lejana, una literatura propia: no hay necesidad de conocer bien la del Océano Índico para intuir que refleja las implantaciones y las mezclas que se han producido durante los últimos doscientos años en esta región geográfica y social y en sus formas de expresión. Hay que evitar un análisis exclusivo y que pudiera acabar siendo exótico y a la europea, extraño a su naturaleza misma. El segundo telón por abrir desde su óptica tiene que ver con los aspectos pintorescos, en un principio llamativos por una mentalidad acostumbrada a la depresión de la geografía humana, tal y como ocurre en la literatura de la Francia continental, la magrebí o la de Oriente Próximo (traducción propia).

fueron viviendo e intercambiando con estos territorios, desde los primeros polinesios hasta la colonización británica y francesa, pasando por los árabes, los hindúes y los africanos continentales llevados como esclavos a trabajar en plantaciones:

> Nous utiliserons donc notre terme d'indianocéanisme [...] qui situe géographiquement et qui, surtout, caractérise les paysages, les coutumes et les psychologies de cette région, mais avec les précautions nécessaires. Car les substrats physiques et culturels, en les langues pratiquées, sont issus des fonds européens et asiatiques (et non africains), substrats auxquels s'ajoutent les colorations psychiques propres à cette région et à ses fusions de races, de croyances et de mœurs. Aux Mascareignes sans aucun peuplement indigène au XVIe siècle, sont venus se joindre jusque dans ses affrontements — au métissage franco - malgacho - africain (par les importations d'esclaves) mais à la culture européenne — les Hindous venus au XIXe siècle et les Musulmans de la péninsule indienne, tandis que d'autres Musulmans avaient de longtemps islamisé les Comores. Au cours des siècles précédents, des Malais étaient venus s'amalgamer au fonds malgache et avaient doté ses tribus disparates d'une langue unique, malayo - polynésienne.[20]

(Rauville, 1990, p. 353)

En un momento dado, Rauville se centra en las antiguas colonias francesas para decir que en ellas el francés cumple el papel de *lingua franca*, aplicable al inglés en el caso de India y Mauricio. Estos territorios se unen, sobre todo, por el triple sustrato geográfico, racial y lingüístico. En efecto, la producción literaria de estos países sería, debido a sus especificidades, su lejanía y su australidad una realidad cultural bastante independiente de

---

[20] Emplearemos aquí el término indianoceanismo [...] que nos sitúa geográficamente y que, sobre todo, caracteriza a los paisajes, las costumbres y las psicologías de esta región del mundo, pero con las reservas necesarias. Esto se debe a que los sustratos físicos y culturales, en las lenguas que se hablan, provienen de fondos europeos y asiáticos (y no africanos), sustratos a los que se añaden coloraciones psíquicas propias de esta región y de su crisol de razas, creencias y costumbres. A las Mascareñas sin ningún poblado indígena en el siglo XVI han venido a juntarse sus confrontaciones, el mestizaje franco-malgache y también africano, debido a la importación de esclavos, pero también con las culturas europeas, los hindúes venidos en el siglo XIX y los musulmanes del subcontinente indio, mientras que otros musulmanes habían islamizado las Comores tiempo atrás. Con el paso de los siglos, los malayos también habían venido a amalgamarse con el sustrato malgache dotando a sus tribus del malayo, una lengua única con origen en la Polinesia (traducción propia).

la de las metrópolis. En la búsqueda de puntos en común aparecen como motivos las concomitancias culturales y geográficas sino también las olas migratorias de diferentes pueblos llegados a las islas, y el uso de la palabra "Mascareñas", *mascareignes*, en el párrafo anterior para referirse a ellas da fe de una concepción unitaria, asumiendo la existencia de un área india-noceánica insular:

> Le triple substrat géographique, racial et linguistique, puis du métissage psychique par le mélange des idées comme des données physiques, établit un support particu-lier à la culture de ces îles de français lingua franca. Est-ce à dire que la littérature de l'Océan Indien présente un caractère propre ? Ici encore la réponse, ou plutôt les réponses ne sont pas simples. Parce qu'elle est entraînée dans les courants de la littérature française (de l'Hexagone) à laquelle elle ne se rattache, certes, d'aucuns n'y relèveront que ces influences. D'autres passeront à l'extrême et développeront les données indianocéaniques qui se manifestent en notre littérature australe. On peut également, on doit rechercher des caractéristiques et des tendances particulières à une ou plusieurs des îles en question sans négliger les apports disons parisiens qui s'y sont manifestés et qui continuent de le faire.[21]
>
> (Rauville, 1990, p. 394)

El aporte cultural y religioso principal en esta literatura indianoceánica es el hindú, por su complejidad y por su extensión y demografía. La influencia que ejerce India en los territorios del océano Índico se intensifica en el siglo XIX debido a los movimientos migratorios y al intercambio comercial y cultural, tal y como veremos posteriormente, en el epígrafe de contexto. Una de las ideas que obsesionan a los pueblos de esta región es la de alcanzar el nirvana, es decir, un estado de paz, de la muerte, a partir de los ideales de belleza, amor y deseo y que, como veremos a través de este análisis, forman parte

---

[21] El triple sustrato geográfico, étnico y lingüístico, unido al mestizaje psíquico debido a la mezcolanza de ideas como los datos físicos, constituye un apoyo particular a la cultura de estas islas, que tienen el francés como lengua franca. ¿Esto quiere decir que la literatura indianoceánica posee un carácter propio? La respuesta o, más bien, las respuestas, no son sencillas, puesto que oscila entre la literatura de la Francia continental y a sus corrientes sin llegar a inscribirse en ella. Otros irán hacia el extremo y desarrollarán las características indianoceánicas que se manifiestan en la literatura austral. También podemos y debemos indagar en las características y tendencias particulares de una o varias de estas islas, sin obviar las aportaciones parisinas, por decirlo de alguna manera, que se han manifestado en ellas y que continúan haciéndolo (traducción propia).

de la temática de los poemas seleccionados. Esta influencia fue potenciada por escritores orientalistas como Leconte de Lisle[22], añadiendo un toque de exotismo y romanticismo:

> L'apport hindou date du grand siècle réunionnais, le XIX[c]. Les linéaments poétiques qui s'étaient déjà manifestés chez quelques poètes des Mascareignes seront couverts par la voix somptueuse de Leconte de Lisle. Si ce dernier marque l'aspiration au nirvana, à l'anéantissement, à la paix de la mort, il est parti de l'illusion de la Beauté, de l'Amour et du Désir qui s'éteignent irrévocablement. Sur cette trame de désespérance, Leconte de Lisle a tissé les grandioses tapisseries de ses tableaux et de ses rythmes. Il a décrit longuement la cruauté des hommes, il s'est exalté à la grandeur des mythes grecs, nordiques, orientaux (et jusqu'à la Polynésie) : il s'est révolté contre la barbarie qui a tué les dieux. Par son hindouisme, il se situe à une source féconde des thèmes et des idées littéraires de la littérature australe. Et depuis plus de cent ans, l'hindouisme étend les branches - racines de son banian au cœur du naturalisme littéraire des deux Mascareignes ; ou encore il pousse des bourgeons de culture issus directement des foisonnements religieux hindous : timides à Madagascar et à La Réunion ; vigoureux à Maurice où la création officielle d'un Mahatma Gandhi's Institute (1975) défend et affirme les valeurs millénaires du sous - continent indien auxquelles se réfèrent les descendants des immigrants venus.[23]
>
> (Rauville, 1990, p. 460)

---

[22] Poeta posromántico francés nacido en Reunión, helenista y máximo exponente del parnasianismo, miembro de la Academia Francesa y Caballero de la Legión de Honor.

[23] La aportación hindú data del siglo de oro reuniones, el siglo XIX. Los alineamientos poéticos que se habían manifestado en algunos poetas mascareños quedarían cubiertos por la voz suntuosa de Leconte de Lisle. Si este último marca como aspiración el *nirvana*, la aniquilación, la paz de la muerte, dejando de lado la ilusión de la Belleza, del Amor y del Deseo que se apagan inexorablemente. En medio de esta trama de desesperanza, Leconte de Lisle tejió su tapicería de cuadros y de ritmos. Describió con detalle la crueldad del hombre, exaltó la grandeza de los mitos griegos, nórdicos, orientales e incluso polinesios. Se rebeló contra la barbarie que asesinó a los dioses. Debido a su hinduismo, se sitúa en una fuente fecunda de ideas y tópicos literarios de la literatura austral. Y después, durante más de cien años, el hinduismo extiende sus ramas, raíces de sus higueras en el corazón del naturalismo literario de dos territorios mascareños, donde hace crecer brotes de cultura inspirados en la abundancia de la religión hindú, tímidos en Madagascar y en la Reunión aunque robustos en Mauricio, donde la creación del Instituto Mahatma Gandhi (1975) defiende y afirma los valores del subcontinente a los cuales aluden los descendientes de los inmigrantes [indios] llegados [a las Mascareñas] (traducción propia).

Como anticipa el uso de la higuera como metáfora del despliegue de la influencia india, los tópicos más frecuentes en la literatura indianoceánica serían la naturaleza, concebida como exótica y embriagadora, la sensualidad, la fusión de culturas, la migración y la vida cotidiana en este cosmos multicultural:

> Nous atteignons maintenant le versant de la nature tropicale, enivrante en ses fragrances et dans l'épanouissement de ses effluves et de ses flamboiements. Il y a plus d'un siècle qu'Auguste Lacaussade introduisit dans la littérature française une mer tiède et sensuelle par la plongée des adolescents aux plages quotidiennes de leur île [...]. L'escale suivante nous conduit aux heurts et aux fusions des races et des hommes originaires des terres lointaines ou émigrés aux rives de notre océan. Leur image, les pulsations de leur vie nous sont rendues dans les textes romanesques par lesquels les auteurs ont recréé les dessous et le quotidien des mélanges et des chocs disons des deux derniers siècles.[24]

(Rauville, 1990, pp. 487-49)

2.2. Objeto de estudio

Las poetas que constituyen el corpus de este estudio pueden dividirse en dos subconjuntos: escritoras de habla inglesa y escritoras de habla francesa. Dentro del subconjunto de cada idioma, se ha buscado una representación significativa de las principales tendencias. Meena Kandasamy representa la lucha de clases, la aplicación de los principios del socialismo en pureza, reemplazar el sistema de castas, que caracteriza la estratificación de la sociedad en India, defendiendo al grupo social inferior, el de los *dálit*, que se encuentra incluso fuera de dicha estructura jerarquizada. Ranu Uniyal, pese a su posición privilegiada como profesora universitaria, es consciente de que vive en una jaula también, aunque esta jaula sea dorada. A pesar de buenas

---

[24] Llegamos ahora a la vertiente de la naturaleza tropical, embriagadora por sus fragancias y en el desvanecimiento de sus efluvios y del color flameante de sus hojas otoñales. Hace más de un siglo Auguste Lacaussade introdujo en la literatura francesa un mar tibio y sensual con adolescentes sumergiéndose en playas cotidianas de su isla. La escala siguiente nos conduce a las colisiones y a las fusiones de razas y de hombres originarios de tierras lejanas o que emigraron a las orillas de nuestro océano. Su imagen, las pulsaciones de su vida nos son presentadas en textos novelescos en los cuales los autores han creado el contexto y el día a día de las mezcolanzas y los choques de, pongamos, los dos últimos siglos (traducción propia).

remuneraciones y consideración social, en el ambiente académico aún quedan trazas de racismo y el hecho de estar tan en el foco solivianta los ánimos de los supremacistas masculinos, blancos y heterosexuales. Ananda Devi es un caso muy paradigmático por el crisol de culturas que conforma su entorno, así como su plurilingüismo. Finalmente, Esther Nirina es interesante ejemplo de vida entre dos culturas, ya que al haber pasado media vida en Francia y otra media en Madagascar siempre tuvo una raíz en Europa y otra en África. En la elección de este corpus de autoras para el estudio de caso, se ha procurado mantener un equilibrio entre literatura en expresión francesa e inglesa, así como situar el foco en autoras que han cultivado ampliamente el género lírico.

Ilavenil Meena Kandasamy nació en 1984 en el seno de una familia de profesores universitarios y, por consiguiente, en un medio cultural y socioeconómico favorable. Eligió el nombre de Meena a secas para su creación literaria, palabra que hace alusión al inicio del verano en el idioma tamil. Como escritora precoz, adoptó este pseudónimo a los diecisiete años, momento en el que creó sus primeros poemas. Estudió en la Universidad de Anna, en la India, donde se doctoró en Sociolingüística, lo cual denota su interés por la diversidad lingüística y social, y ha colaborado también con la Universidad de Kent, en Reino Unido, lo que le aportó un conocimiento de ambos países y sociedades, es decir, de la antigua colonia y su metrópolis.

Kandasamy no es solo poeta, sino también novelista y traductora. Ha traducido del tamil al inglés y viceversa, en el ámbito de la traducción literaria. Asimismo, ha sido desde su adultez activista política, abogando por los derechos de las mujeres y por la abolición del sistema de castas en India, que considera injustas al determinar por completo la vida y el destino de la quinta casta, los *dálit*, forzados a hacer los trabajos menos deseados y con escasas posibilidades de prosperar. Estas críticas y reivindicaciones están muy presentes en su obra literaria.

Kandasamy va alternando su residencia entre Chennai, en la región india de Tamil Nadu, y Londres. Vive constantemente en la liminalidad entre dos países y dos culturas que han construido no solamente su identidad como escritora sino también como ser humano. Persigue también el sueño de una reconstrucción de las ideas de la izquierda, que deberían tener poco que ver, bajo su punto de vista, con el modelo económico neoliberal. Se ha unido a muchos movimientos de base impulsados al calor de la crisis económica de 2008 en Gran Bretaña. Fue durante esas manifestaciones cuando conoció a

Cédric Gégé, su actual pareja, activista de origen francés, abundando aún más si cabe en esa idea de multiculturalidad que impregna su creación.

Su carrera como escritora comenzó con la publicación de sus principales poemarios: *Touch* (2006), *Ms Militancy* (2010) y *We Are Not the citizens* (2018). En cuanto a sus novelas, género que comenzaría a cultivar un poco más tarde, destacan: *The Gypsy Goddess* (2014), *When I Hit you* (2017) y *Exquisite Cadavers* (2019). El tercer género que cultivó fue la biografía, con la publicación de la historia de *Ayyankali* (2008), el líder de la insurrección *dálit* más importante de Kerala, de acuerdo con el historiador P. Sanal Mohan. Kandasamy alaba su historia por la defensa de la libertad y la educación de los *dálit*, para así ir abandonando el sistema de castas que vitupera. La figura de Kandasamy fue reconocida por Kamala Das como perteneciente a una nueva generación de mujeres escritoras que se aprestaban a tomar el relevo:

> She wove a fabric rare and strange, faintly smudged with the Indianness of her thought that saw 'even the monsoons come leisurely strolling like decorated temple elephants'. 'The unseen lover weaves his way into every poem' she cries but she 'must write about him forgetting the shame and the embarrassment it would cause for somehow it seems better than not writing anything at all'. 'An infidel's emptiness, a void closing over voids...'
>
> Dying and then resurrecting herself again and again in a country that refuses to forget the unkind myths of caste and perhaps of religion, Meena carries as her twin self, her shadow the dark cynicism of youth that must help her to survive. 'Happiness is a hollow word for fools to inhabit' cries Meena at a moment of revelation. Revelations come to her frequently and prophecies linger at her lips.
>
> (Das, 2006, p. 7)

En el prólogo de *Touch* (2006), fuente de esta cita, Kamala Das reconoce en Meena a una autora que, sin olvidar sus raíces y elementos culturales de India, decide luchar por cambiar los aspectos injustos de su país. Reconoce que, siendo "medio siglo mayor" es capaz de reconocer la magia y el poder de la poesía de Kandasamy. En este poemario, Kandasamy aborda las cuestiones de las relaciones sentimentales con hombres en sus diferentes etapas, la crítica a cuestiones relacionadas con el género como la violencia sexual, el sistema de castas o el lenguaje.

Junto al anterior poemario, *Ms Militancy* (2010) forma parte del corpus de poemas de Kandasamy que vamos a analizar. Se compone de cuarenta y un poemas de los cuales el primero, "Should You Take Offence", introduce los temas que aparecerán en la obra: el uso de la mitología para criticar tabúes y discriminaciones, y de referentes femeninos para apoyar la lucha de un "yo" poético activista; la literatura y la necesidad de contar la historia propia para liberarse de la opresión de un sistema neocolonial y patriarcal; la reivindicación de las mujeres más olvidadas en la sociedad: las prostitutas, el derecho al deseo y al placer sexual y la diversidad lingüística y cultural de los tamiles. Este poemario fue dedicado a la indóloga estadounidense Wendy Doniger.

El *leitmotiv* de su obra literaria es la violencia contra las mujeres, ya sea psicológica, física o económica, y la respuesta de las mujeres hacia esta situación. Los tópicos principales son el amor, la familia, la mente, la espiritualidad y la educación como vehículo para perpetuar el patriarcalismo y el acoso sexual, como puede desprenderse de una entrevista que concedió al periódico *El País* (Lijtmaer, 2018), donde critica las cortas penas impuestas a los violadores en grupo conocidos como "La Manada", que actuó no solo contra una joven de 18 años en las fiestas de San Fermín en Pamplona sino que tenían en un haber otros casos de vejaciones contra mujeres y abuso sexual. En dicha entrevista, Kandasamy diserta acerca de la violencia de género y se lamenta de la incidencia de esta lacra no sólo en India sino en países occidentales, haciendo hincapié en la necesidad de una interlocución y de aprender unos de otros para hacer frente a problemas que no son nacionales sino globales, en tanto en cuanto el patriarcado actúa con independencia de las fronteras entre los países.

When I Hit you, or the Portrait of the Writer as a Young Wife (2017), satirizando la forma de titular novelas dieciochescas, así como la novela de crecimiento de James Joyce, es la más famosa de las novelas de Kandasamy. En ella habla con franqueza sobre la violencia de género y describe situaciones de agresión sin reservas, lo cual la catapultó a un reconocimiento a nivel global. Narra la historia de una joven que se enamora de uno de sus profesores de universidad, pero el mismo día de su boda empieza a reparar en que el idealismo y entusiasmo de aquel hombre que la había enamorado no eran tales, y que escondía un carácter misógino y agresivo. El escape que encuentra para canalizar su ansiedad es dedicarse a escribir poemas y proyectar su propia muerte, en una forma de rebeldía con respecto a la opresión que ejercía su marido sobre ella.

Con la complicidad de sus suegros, el hombre fue separando progresivamente a su esposa del resto del mundo, controlando sus cuentas de correo electrónico, su teléfono, su cuerpo y su sexualidad. Su mayor miedo era encontrar a su mujer con otro hombre, un temor que le llevó a querer asesinarla en varias ocasiones. Para escapar, esta heroína sin nombre no tuvo sólo que dejar su hogar sino su pueblo, en una lucha continua de una sociedad reluctante frente a los cambios. Desde un conocimiento profundo de lo global, Kandasamy escribe para intentar cambiar aquellos aspectos abominables de lugares rurales de su país. A veces se compara esta novela con la británica *First Love* (2017), de Gwendoline Riley. Esta última obra constituye una reescritura de la novela de Kandasamy transponiendo esa historia a Londres actual, en la relación entre Neve y su marido Edwin, en un ejemplo de transnacionalismo y de problemas globales compartidos.

Sin embargo, las ocupaciones de Kandasamy no se resumen al activismo político y a la literatura sino también al cine. En efecto, coprotagonizó junto con el actor Prakash Bare la película *Oraalppokkam* (2014). Esta producción recibió el premio al mejor director y a la mejor banda sonora en los premios de cine del Estado de Kerala en 2014. Dirigida por Sanal Kumar Sadidharan y financiada por una fundación de cinéfilos, lo que le permitió un acceso gratuito del público durante cinco años. Después de un desastre natural, Mahendran y Maya se enamoran pero, con el paso del tiempo, la llama se va apagando y se retrata la degradación de una relación sentimental desde el frenesí inicial. El cine indoanglo no escapa a la tendencia doble anteriormente mencionada, consistente en combinar lo local con lo global y buscar una entente:

> Es necesario tener en cuenta la pluralidad de todas las producciones artísticas en el contexto global. El cine comercial producido en la India corre en paralelo con las producciones más artísticas, y es nuestro interés analizar las producciones visuales de la India y llegar a establecer lazos de entendimiento con culturas tan diferentes. (Escobedo de Tapia y Quevedo Revenga, 2012, p. 192)

Si bien Kandasamy ocupa un papel bien conocido en los medios indios y británicos y ya también de forma global gracias a las redes sociales, la figura de Ranu Uniyal ocupa un lugar más discreto en el panorama literario indio. Es conocida por su experiencia en la enseñanza del inglés, entre otras labores de administración y publicidad. Ha dedicado su vida a la docencia universitaria y a la organización de eventos con el ánimo de redefinir las corrientes literarias actuales de India: una literatura nueva llamada a convertirse en global, dejando atrás el pasado colonial y el dominio británico.

Actualmente, Ranu Uniyal es Catedrática de Estudios Ingleses en la Universidad de Lucknow. Ha publicado en total cuatro poemarios: *Saeeda Ke Ghar* (2021), *The Day We Went Strawberry Picking in Scarborough* (2018), *December Poems* (2012) y *Across the Divide* (2006), el primero en hindi y los otros tres en inglés. Sus poemas han sido traducidos al español, hindi, malayalam, urdu y uzbeco. También escribe poesía en hindi. Fundó junto con otros miembros la asociación PYSSUM, para personas con diversidad funcional. En palabras de Carmen Escobedo de Tapia en su traducción (2020), *El día que fuimos a coger fresas en Scarborough* es "una celebración de la miríada de matices de la vida. En un mundo de emociones contradictorias, Ranu Uniyal explora los sentimientos esenciales que yacen en el corazón humano" (texto de contraportada).

Uniyal ha realizado estancias en diferentes países, como Uzbekistán, donde vivió en una residencia de escritores durante un año. Ha aparecido en la crítica asiática y australiana, por ejemplo, en *Cha An Asian Literary Journal*, *Asia Literary Review*, *Mascara Literary Review*, *Medulla Review*, *Bengal Lights*, *Madras Courier*, *Femina*, *Muse India* y antologías como *Yearbook of Indian Poetry in English 2021*. En este estudio, voy a tomar como referencia dos de sus poemarios, *Across the Divide* y *The Day We Went Strawberry Picking in Scarborough*.

Across the Divide es una colección de sesenta y tres poemas, de los cuales cincuenta y nueve en verso y cuatro en prosa, que hablan fundamentalmente de la experiencia de la migración. Aparecen temas como los estereotipos hacia los indios en Reino Unido, el día a día de la población emigrante, los modelos de belleza y comportamiento social y el conflicto entre asimilación o mantenimiento de la cultura propia. También aborda el tema de la espiritualidad, con la diferente concepción de la religión y de la mitología, y los conflictos interpersonales, como el amor, el desamor, el apego a la madre pero a la vez el rechazo a seguir su estela, la figura indeterminada del padre y la relación con sus vecinos. Todo ello en un contexto europeo en el que pone en la balanza el calendario cristiano con sus festividades y las tradiciones de la India, haciendo un recorrido por lugares emblemáticos de Europa como Amberes y utilizando la metaliteratura, como con la escritura de postales de Navidad dentro del poemario, como recurso estilístico para referirse a la liminalidad de su ser.

The Day We Went Strawberry-Picking in Scarborough (2018) es una colección de cincuenta y nueve poemas donde explora los temas habituales en su poesía: la nostalgia de estar lejos del hogar, el agradecimiento pero la pena por la resignación de su madre, una relación cordial con el padre pero a la que dedica muchos menos versos, la presencia de las mitologías occidental y oriental y las fases del amor. De nuevo las cartas vuelven a cumplir un rol esencial, y en este poemario en concreto la naturaleza adquiere un significado mucho más relevante, formando parte también de la identidad de ese "yo" poético que pretende Uniyal.

Ananda Devi Nirsimloo-Anenden, conocida artísticamente como Ananda Devi, es una escritora mauriciana nacida en 1957. Ananda Devi nació en el pueblo de Trois Boutiques, en el distrito de Grand Port. Tanto su padre como su madre eran indo-mauricianos con raíces telegu. Devi creció al lado de sus dos hermanas y, con quince años, ganó el premio de *Radio France Internationale* en una competición de historias cortas. Se desplazó por sus estudios a la Escuela de Estudios Orientales y Africanos de Londres, donde se doctoró en Antropología Social. En 1977, publicó una colección de historias cortas, *Solstices*. Tras pasar varios años en Brazzaville, en el Congo, se mudó a Ferney-Voltaire en 1989, el mismo año en que su primera novela, *Rue la Poudrière*, fue publicada. Esta fue seguida por otras tantas novelas: *Le voile de Draupadi* (1993), *L'arbre fouet* (1997) y *Moi, interdite* (2000), que recibió el Premio Radio Francia al mejor libro del océano Índico.

Su novela *Eve de ses décombres* (2006) la convirtió en ganadora del Premio de los Cinco Continentes de la Francofonía el mismo año de su publicación, así como algún otro galardón. Esta novela fue adaptada al cine por Sharvan Anenden. En 2007, Devi recibió el Certificado de Honor del Consejo Internacional de Estudios Francófonos de Mauricio. Desde entonces ha ganado otros premios como el Premio Louis Guilloux por *Le sari vert* (2009), le Prix Ouest France Étonnants Voyageurs por *Manger l'autre* (2018) y, por su obra en su conjunto, el Prix du Rayonnement de la langue et la littérature française. En 2021 su novela *Le rire des déeses* le valió el Premio Femina de los estudiantes de instituto y en 2010 fue nombrada Caballero de las Artes y las Letras por el Gobierno Francés. Devi está casada con el director de cine Harrikrisna Anenden. En 2023 publica su última obra, *Le jour des caméléons*, su primera gran novela distópica.

Entre los puntos clave de la biografía de Ananda Devi se encuentra que es la escritora más galardonada de nuestro corpus, si bien Meena Kandasamy la iguala en influencia, aunque en el ámbito anglófono. De las autoras francófonas que vamos a estudiar, Devi es la que ha sido traducido a más idiomas, y guarda otro par de diferencias con Esther Nirina, como veremos en su respectivo epígrafe: Devi cultivó varios géneros, aparte de la lírica, y fue traducida a multitud de lenguas, sobre todo al inglés, para ser leída en India. En el caso de Ananda Devi su relación con la cultura y la idiosincrasia india le viene por vía paterno y maternofilial, mientras que en Esther Nirina veremos que la relación con el mundo indio viene de ese estrato cultural dentro del país malgache.

En la página web oficial de Ananda Devi encontramos un poema de bienvenida que nos permite anticipar las características de su lenguaje literario y los temas y tópicos principales que aborda, tales como la búsqueda de la identidad, el elogio a su cultura local, su herencia india en lo esotérico, el recurso a la cultura de sus padres y las generaciones anteriores de cultura india, la metaescritura y el exotismo:

> Née en 1957. Un autre monde.
> Trois Boutiques, île Maurice,
> l'ancrage de mon silence.
> La tourterelle dans la nuit bleue des
> cannes à sucre.
> La maison de mes grand-parents,
> labyrinthe de secrets.
> Les livres de mes parents, passionnés
> de tout.
> Et puis, et puis?
> Et puis, l'écriture, toute ma vie, depuis l'enfance.
> Sans elle, rien du tout.
>
> (Devi, 2023)

Devi comienza el poema apostando fuerte por su identidad femenina y global. Femenina sin recurrir a utilizar palabras explícitas, sino con la flexión de género, y global mencionando el territorio poscolonial del que proviene. Habla del silencio, algo que ha durado mucho tiempo en los sujetos poscoloniales, y lo compara con una tórtola volando en las noches azules de Mauricio, entre cañas de azúcar, para después mencionar los secretos de sus abuelos y los libros de sus padres, la transmisión de generación en generación de la cultura oral y la cultura escrita. Termina con un elogio a la escritura, su vocación desde la más tierna infancia. Poco a poco va, como desde los ojos de un niño, identificando su procedencia geográfica. Terminamos esta sección hablando de los dos grandes poemarios de Ananda Devi que, si bien son desconocidos frente a los galardones otorgados a sus novelas, son de alta calidad estética. Se trata de *Le long désir* (2003) y *Quand la nuit consent à me parler* (2011).

Le long désir (2003) es un poemario dividido en cinco bloques, la mayoría en verso aunque con algún poema en prosa, y en él Devi explora temas como la decepción amorosa, el lugar del "yo" poético con respecto a su cultura y ancestros, la naturaleza y las divinidades. En *Quand la nuit consent à me parler* (2011), poemario compuesto por treinta poemas en verso y tres en prosa, los temas son eminentemente los mismos aunque bajo una perspectiva femenina que impregna cada uno de los poemas, hablando de los problemas que afectan a la mujer mauriciana.

Esther Nirina (nacida Ranirinaharitafika, 1932-2004) fue una poeta malgache. Nacida en 1932 en Madagascar, vivió en Orléans, Francia, de 1953 a 1983, trabajando como bibliotecaria, antes de volver a Madagascar y establecerse como poeta. Durante su carrera, Nirina fue miembro de la Academia Malgache y líder de la Sociedad de Escritores del Océano Índico. Esta información revela la consciencia que tenía Nirina de estar trabajando en una literatura que iba más allá de las fronteras de Madagascar y que se unía con el subcontinente indio. Su poemario *Simple voyelle* (1980) le valió el Gran Premio de Literatura de Madagascar ADELF.

Nirina fue hija única, y en entrevistas relataba cómo su nombre significaba "deseada" ya que sus padres habían luchado mucho por tenerla. Creció en Antananarivo, la capital malgache, donde su padre trabajaba como funcionario y conoció el medio rural puesto que se escapaban al campo siempre que podían. Nirina se mudó a Francia en 1953 con su marido, que acababa de terminar allí sus estudios. Durante su estancia en Orléans, trabajó como bibliotecaria con Hélène Cadou, quien reconoció en seguida su valía como poeta y la animó a seguir escribiendo. Fue allí donde publicó su primer volumen de poemas, *Silencieuse respiration* (1975), por medio de la editorial Sergent. El volumen siguiente en ser publicado sería *Simple voyelle*, por el mismo editor.

En 1960 Madagascar consiguió la independencia y Nirina decidió permanecer en Francia con su familia. Ella y su marido siguieron viviendo en Orléans hasta que su hijo accedió a la universidad. Nirina y su marido viajarían posteriormente a Madagascar en 1990 para renovar sus casas en

Antananarivo y retirarse allí. Falleció en 2004, publicando el mismo año de su muerte su primer poemario en *malagasy* (autoglotónimo de malgache), *Mivolana an-tsoratra* (2004). Nirina pasó a formar parte de la pléyade de la literatura malgache. Puede considerarse integrante de la diáspora malgache en Francia, dado que su padre era malgache y su madre francesa, pero nació y creció en Madagascar. Otros poemas que ha escrito son *Lente spirale* (1990), *Multiple solitude* (1997) y *Rien que Lune: oeuvres poétiques* (1998).

Vamos a centrarnos ahora en los dos que constituyen objeto de nuestro corpus, *Silencieuse respiration* (1975) y *Simple voyelle* (1980). En el primer poemario, Nirina aborda su infancia y sus recuerdos en Madagascar a través de los sentidos y del recuerdo de sus padres. En el segundo, encontramos una oda a su tierra natal cargada de referencias a sus ancestros y de elementos propios de la naturaleza malgache. Su obra poética está muy influenciada por Pablo Neruda y Georges Bataille, en su misticismo y exotismo.

2.3. Escenario metodológico

Este estudio se llevará a cabo desde un enfoque interdisciplinar desde una antropología literaria empleando, asimismo, y de forma combinada, categorías bajtinianas y algunas de las herramientas pertinentes del ámbito del análisis de género, siendo necesario para ello desgranar algunos aspectos claves de cada uno. Cuando aborde la cuestión de género, no lo haré desde el paraguas del feminismo occidental, sino desde una perspectiva que tenga en cuenta el sujeto poscolonial, en este caso la mujer que escribe para ser leída y escuchada no solamente en sus países de origen, sino también en aquella realidad que conocemos como Occidente, que tiene más que ver con aspectos socioeconómicos y políticos que con criterios geográficos en este mundo globalizado.

Para delimitar a qué nos referimos con la cuestión del género hemos de recurrir, necesariamente, al concepto de *feminismo*. Daniel Peres (2017) formula una serie de preguntas retóricas acerca de la definición de feminismo de donde se infiere que el término *feminismos* es más acertado que el de *feminismo* en singular, y hace hincapié en el arma de doble filo que ha sido siempre el carácter hipercrítico del movimiento feminista. Por un lado, este carácter le confiere fortaleza, porque lo convierte en más inclusivo, generando debates que enriquecen a la sociedad y al propio movimiento. Por otro lado, puede hacer que el feminismo se debilite en la lucha por los derechos y la emancipación de mujeres que se encuentran al margen, como las autoras de nuestro corpus y los poemarios seleccionados, en un primer momento como parte de la literatura poscolonial y ahora ya por fin como literatura transnacional:

> Así, al estar el feminismo en un proceso constante de reformulación y crítica, conviene deconstruir la idea de que el feminismo es solamente uno. Y es que la riqueza de feminismos es un valor en sí mismo para la propia crítica feminista. En verdad, la diversidad y la pluralidad de feminismos no debe verse como un elemento negativo o limitador del potencial transformador de la lucha por la igualdad de las mujeres, sino como la consecuencia lógica de la inclusión de la crítica feminista en diversos contextos sociales, económicos, políticos, culturales, institucionales, demográficos, etc. Cabe reseñar que el valor del feminismo está en "los feminismos", esto es, su capacidad para generar distintas respuestas ante situaciones que, de facto, son diferentes. Por lo tanto, la "unidad" del feminismo debe cifrarse en la no universalización del modelo de resiliencia de las mujeres ante la opresión que sufren, pues en los distintos lugares donde existe dicha opresión las respuestas van a variar en función del contexto.
>
> (Peres, 2017, p. 158)

En esta cita, Peres alerta contra los riesgos de que el feminismo tradicional se convierta en una suerte de canon que impida la proliferación de corrientes en su seno. Estas corrientes derivarían de las respuestas del movimiento feminista en cada contexto, asumiendo que lo universal del patriarcado no ha de ser replicado por el feminismo, sino que en él deben caber diferentes tendencias en función de situaciones concretas. También asume la necesidad de deconstruir la idea de que el feminismo es exclusivamente uno, sino que conviene comenzar a hablar de feminismos en plural. Esto se deriva de una de las características del feminismo, que es su dinamismo. El feminismo ha venido abordando una crítica constante y una reflexión acerca de elementos contextuales y eso lo convierte precisamente en un pensamiento y un movimiento proclive a cambios, que debe abrirse a nuevas formas de responder frente a la opresión. Algunas de las autoras que han inspirado el marco teórico de este estudio se han afanado en realizar una periodización de las diferentes etapas del movimiento feminista, para lo cual voy a tomar como base la que realizó Ana de Miguel Álvarez (2011) en el ámbito de la filosofía, dividiendo el feminismo en olas o generaciones, desde el punto de vista occidental. De Miguel parte del fundamento teórico de que, en situaciones diversas, las feministas han tenido que plantar cara a diferentes situaciones de violencia contra las mujeres y desarticular diferentes tipos de discurso contra ellas:

> La violencia contra las mujeres, aún en un universo de violencia, presenta claves específicas, es decir, formas específicas de legitimación, basadas no en su condición de personas sino de mujeres. Esta legitimación procede de la conceptualización de las mujeres como inferiores y como propiedades de los varones [...]. Como teoría y como movimiento social ha recorrido un largo camino repleto de dificultades hasta llegar a redefinir la violencia contra las mujeres como un problema social y político [...]. Una de las tareas decisivas del feminismo ha consistido en descubrir y desarticular las múltiples y a veces contrapuestas formas de legitimación ancladas en nuestra sociedad.
>
> (De Miguel Álvarez, 2005, p. 235)

De Miguel parte de la premisa de que las mujeres siempre han estado discriminadas, tanto en el ámbito popular como en el ámbito académico, con independencia de la orientación ideológica del autor, de Rousseau a Nietzsche. Estas formas de discriminación, en cada momento histórico, habrían tomado como pretexto una supuesta inferioridad de la mujer con respecto al hombre y la concepción de la mujer como una propiedad de este. La descripción de las olas que he elaborado inspirándome en la literatura que señala a De Miguel como referente de esta clasificación es la siguiente:

a. Primera ola feminista ilustrada, que comienza con la Revolución Francesa (1789) y se prolonga hasta mediados del siglo XIX. Sus máximos referentes son Olympe de Gouges y Mary Wallstonecraft. Sus objetivos fueron reivindicar el papel de la mujer en la sociedad como ciudadanas de pleno derecho y rebelarse contra la discriminación de la mujer en los textos legales emanados de las revoluciones burguesas.

b. Segunda ola sufragista, que ocupa la segunda mitad del siglo XIX y, *grosso modo*, el primer tercio del siglo XX. Esta ola arranca con la Declaración de Seneca Falls (1848), nacida de la primera Convención sobre los Derechos de la Mujer y que está representada por autoras como Emmeline Pankhurst o Sojourner Truth, que luchaban por el sufragio universal pero también contra la esclavitud y contra el maltrato hacia la mujer en todos los ámbitos, no estrictamente el conyugal. Se manifiesta de nuevo con claridad en la lucha por los derechos de las mujeres en las fábricas y con los movimientos sufragistas en los países anglófonos en la década de 1910.

Clara Campoamor es un hito en la historia de esta ola al convertirse en la primera mujer en conseguir el reconocimiento del derecho a voto de la mujer desde la tribuna de un Parlamento (1931). Amelia Valcárcel (2001) justifica el protagonismo acordado a la lucha por el derecho a voto frente a otro tipo de violencias apuntando a que los derechos políticos iban interconectados a los derechos en el sistema educativo y legal.

c. Tercera ola, que inaugura el feminismo contemporáneo y que se centra en la crítica a la idea de que existe un modelo de mujer. Abarca la segunda mitad del siglo XX y los primeros años del siglo XXI. Las autoras más relevantes en esta tercera ola serían Simone de Beauvoir y Betty Friedan. Se relaciona con lo poscolonial en tanto en cuanto incorpora el enfoque ecofeminista, es decir, la relación de la mujer con el medioambiente, y las intersecciones, que se manifiestan en la doble discriminación de las mujeres racializadas, migrantes, lesbianas, en situación de pobreza, etc.

Tras este recorrido histórico, en la literatura se observa que se comienza a hablar, cada vez con más nitidez, de una cuarta ola del feminismo consolidada, que se caracteriza, sobre todo, por las nuevas formas de protesta, con eslóganes que interpelan a toda la sociedad y con medios técnicos novedosos, como las redes sociales o los servicios de mensajería instantánea. El objetivo de esta cuarta ola es una corrección de las fallas en la conquista de derechos que, si bien fueron notables, han eclipsado a veces una violencia sistémica contra la mujer que realmente sigue ahí, de forma más sutil que en el pasado, pero con efectos prácticos similares, como la violencia económica en mujeres que no reciben los alimentos de sus exmaridos para sus hijos, en la violencia corporal a través de la imposición de cánones de belleza para las mujeres, etc. Medidas como la paridad se han revelado insuficientes, cuando no meramente cosméticas en gobiernos que, en la forma y en el fondo de su acción, siguen respondiendo a un patrón patriarcal, tal y como apunta la filósofa Alicia Miyares (2018) en el periódico *El Plural*:

> La paridad existente, en la representación política, no se ha logrado extender a otras esferas sociales: no ha sido en absoluto casual que este 8 de marzo se hubiera visto acompañado de manifiestos específicos de mujeres periodistas, deportistas, científicas, académicas, editoras, juristas, actrices, etc., demandando paridad y la quiebra del techo de cristal [...]. Esta cuarta ola del feminismo no

se configura solo en torno a la vindicación de los derechos de las mujeres y su efectividad real y no formal, sino que además, y de ahí su novedad, parece haber tomado conciencia de las sutiles formas de violencia, acoso y explotación que sufren las mujeres.

(Miyares Fernández, 2018, 3ᵉʳ párr.)

Esta violencia contra la que combate la cuarta ola feminista pone de manifiesto los micromachismos como representaciones sutiles de discriminación, pero también violencias más explícitas, que se manifiestan en las escabrosas cifras de asesinatos de mujeres por parte de sus parejas cada año, un fenómeno global que sigue siendo pertinaz incluso en los países desarrollados, así como los abusos sexuales y violaciones hacia mujeres por parte de hombres, delinquiendo de forma individual o grupal. Esta nueva ola seguiría considerando las intersecciones aunque su foco serían los problemas que afectan a la mujer de forma transnacional, de ahí el nexo de este estudio con la cuarta ola.

La clasificación anterior permite observar con claridad las diferentes olas y los contextos históricos a los que obedecen, sin olvidar la importancia del feminismo en el ámbito de los estudios anglófonos y francófonos. Sin embargo, algunas investigadoras, como Carmen Garrido Rodríguez (2021) han comenzado a sugerir que quizá la metáfora de las olas no es la más adecuada, puesto que considera las diferentes etapas del movimiento feminista como compartimentos estancos, en vez de poner en relieve las interconexiones entre sí y como unas luchas y unos hitos alimentan el surgimiento de una ola posterior. Para ello, Nicholson (2010) propone emplear la metáfora de caleidoscopio, que en cada momento realiza una combinación diferente de colores y figuras geométricas, al igual que los diferentes temas y herramientas de lucha contra la violencia patriarcal se han combinado de forma diferente en cada etapa.

Otra crítica que se puede formular frente a esta clasificación reside en que la sucesión de rupturas y constitución de nuevas olas que propone ha concernido tradicionalmente a mujeres blancas de clase media-alta, una de las críticas principales que ha realizado Chandra Mohanty (2008) del movimiento. Su objetivo es ofrecer condiciones de posibilidad de crítica literaria más variada y enriquecer el pensamiento categorial y binario de la filosofía occidental (Medina Martín, 2014). Es aquí donde aparece el concepto de feminismo poscolonial:

> Los "feminismos postcoloniales" son movimientos político-sociales complejos y dinámicos que pretenden transformar las relaciones asimétricas de opresión entre los sexos, a partir del cuestionamiento de categorías, conceptos e ideas en relación al género, con la finalidad de proponer nuevos significados que consideren las experiencias de mujeres provenientes de realidades invisibilizadas.
>
> (Ron Erráez, 2014, p. 40)

Esta definición asume plenamente el carácter crítico y la constante evolución del feminismo, y menciona la opresión en función del género como la realidad material universal, frente a la cual caben soluciones instituciones, educativas y económicas que han de ser distintas en función de cada contexto. En la medida en que el feminismo blanco europeo y norteamericano intenta imponer sus propias respuestas, estarían llevando a la mujer de territorios poscoloniales más al margen aún. Habida cuenta de esto, se hace necesario un proceso emancipatorio que abogue por una política más inclusiva, para lo cual habría que hacerse cargo de los cuatro ejes siguientes:

a. Entendimiento e inclusión de las diferencias
b. La interseccionalidad con otras formas de desigualdad de clase, etnia, formación o ubicación geográfica
c. La comprensión de saberes contra hegemónicos y diversificación de saberes, experiencias y poderes de las mujeres africanas frente a la imposición de lógicas dominantes
d. La ruptura de estereotipos donde las mujeres africanas son sujetos pasivos sin protagonismo ni desarrollo

(Martínez Martín, 2015, p. 165)

Estos ejes pueden aplicarse no sólo a la mujer africana sino india y de cualquier otra parte del mundo poscolonial en vías de desarrollo. Solo teniendo en cuenta estos ejes podrá conseguirse que la cuarta ola del feminismo, en la que nos encontramos inmersos, tenga éxito, ya que sus batallas esta vez son plenamente transnacionales. Para ello se debe luchar contra la discriminación en circunstancias interseccionales, ya que la conexión entre el patriarcado y el colonialismo viene de muy antiguo, una reflexión ya presente en las teorías marxistas y de izquierdas desde hace aproximadamente un siglo:

> La colonización implicaba un intercambio económico represivo, en tanto que para el feminismo la colonización muchas veces implica apropiación de luchas y experiencias de mujeres de color por movimientos hegemónicos de mujeres blancas. En este sentido, la teoría feminista poscolonial viene de mujeres de color en

Estados Unidos e Inglaterra, quienes no han pasado por el colonialismo, pero que sienten que han sido colonizadas y marginadas. Asimismo, viene de las chicanas que viven en Estados Unidos y lidian con sus identidades "mestizas", chicanas y marginadas de formas distintas.

(Banerjee, 2014, p. 20)

Mohanty (2003) define la colonización como "un cierto modo de apropiación y codificación del saber y del conocimiento instando a una "descolonización radical" (p. 19), para romper con los marcos del pensamiento colonial, de cuya asunción en parte responsabiliza a su vez al pensamiento poscolonial. Asevera asimismo que la escritura feminista hegemónica occidental colonizaba las heterogeneidades de las vidas de las mujeres del Tercer Mundo, crítica que también se puede encontrar en *Una crítica a la razón poscolonial*, de Gayatri Spivak (1999):

Para Spivak, las teorías de ideología no se pueden permitir pasar por alto el juego de la representación y su doble sentido. Esto es porque la Darstellung, la puesta en escena del mundo de la representación, disimula la elección y la necesidad de héroes, representantes paternalistas, agentes de poder, es decir la Vertrerung, la representación en el contexto político. La práctica radical, argumentaba Spivak, debe ser consciente de esas dobles prácticas.

(Banerjee, 2014, p. 21)

Muchos siguieron esta idea de la creación de subalternos como consecuencia de la asunción del discurso dominante y reivindicaron una ruptura con el pensamiento poscolonial para liberarse del estigma y salir del complejo de una nación fallida. De ahí que este estudio se enmarque en una transición aún en curso del término de *literaturas poscoloniales* hacia *literaturas globales*. En todo estudio hermenéutico, la terminología poscolonial es útil porque permite enmarcar el contexto sociohistórico de una forma clara e inequívoca, pero en el proceso de búsqueda de la identidad de los pueblos subyugados por el imperialismo lo poscolonial se ha convertido en una losa muy pesada, cuando no un pretexto para pasar de las políticas y prácticas poscoloniales a las neocoloniales:

Mientras los entendimientos poscoloniales privilegiaron el colonialismo como punto de partida histórico en la formación del mundo moderno, el proyecto de estudios subalternos tomó como su punto de salida los requerimientos de examinar el fracaso de la nación para consumarse a sí misma.

(Dube, 2010, p. 128)

Tras formular estas aclaraciones, procede detenernos en el enfoque marco de este análisis. El estudio comparado de los poemas de las cuatro autoras se llevará a cabo utilizando un enfoque de antropología literaria combinado con un enfoque *bajtiniano*. Ambos enfoques van a ser los primordiales y van a ir entrelazándose a lo largo de los epígrafes del análisis del corpus. La *antropología literaria* consiste en aplicar disciplinas como la historia, la sociología y otras ciencias humanas al estudio de obra literaria. Como añadía Solange Cárcamo en su definición, cada vez es más necesaria una interdisciplinariedad para abordar el análisis de un texto literario, en tanto en cuanto la hermenéutica juega un papel muy importante en el seno del enfoque antropológico:

> La articulación entre literatura y antropología, así como también entre literatura y otras ciencias humanas, no es nueva. Sin embargo, en la actualidad, las ciencias sociales empírico-analíticas generalmente olvidan la necesidad de establecer vasos comunicantes con la literatura y, por el contrario, buscan separarse del mundo literario y competir con él. Superar este olvido pasaría por reconocer el potencial que tiene esta relación interdisciplinaria para dar cuenta de la riqueza y diversidad de la vida humana. Específicamente el diálogo contemporáneo entre antropología y literatura revela una dialéctica entre ambos quehaceres, proceso mediante la cual el antropólogo deviene en escritor y el escritor en antropólogo, lo cual daría lugar a un objetivo compartido.
>
> (Cárcamo Landero, 2007, p. 2)

La primera ventaja de este enfoque es desterrar lo que José Antonio González Alcantud (2021) definió como "fascinación por la alteridad", término que establecía una dicotomía entre el estudioso occidental y el corpus oriental, y el exotismo, que también venía a infravalorar la producción literatura de los territorios coloniales y poscoloniales:

> En primer lugar, la fascinación por la alteridad fue una agradable cárcel conceptual y estética durante varios siglos. Ahora asistimos a la clausura del exotismo, en cuanto expresión de la alteridad. Ya no existe, como señala Alban Bensa, la gran partición entre ellos y nosotros, que establece lo exótico [...]. De manera que todos participamos de la misma condición de lo humano, sin el distanciamiento de la extranjeridad.
>
> (González Alcantud, 2021, p. 14)

Una vez deshechos esos clichés, puede abordarse el análisis del texto literario de igual a igual, en tanto que emana de seres humanos. Otra ventaja es que nos permite estudiar aspectos culturales en las obras, pues asume que el texto literario puede escribirse desde la antropología mediante el hecho cultural, desde símbolos concretos hasta abstracciones como la mitología y los ritos de cada territorio:

> En segundo término, la antropología le concede un lugar señero a la metáfora cultural de manera que considera que la realidad está compuesta además de por materialidades tangibles por otras inasibles, no menos reales, como todo lo concerniente a los mitos y ritos. Ateniéndonos a ese criterio, según James Clifford, se produce la supremacía de la alegoría [...]. La antropología, en la medida en que es un saber con método científico de acercamiento a la realidad, no queda subsumida por ella, sino que se transforma en una parte de la metáfora cultural misma. En definitiva, se trataría de otro modo de escritura. Su pretendida cientificidad quedaría así transmutada.
>
> (González Alcantud, 2021, s.p.)

Durante las décadas de los setenta y ochenta el gran introductor de los estudios antropológicos aplicados al texto literario fue Fernando Poyatos Fuster. Con su conocido capítulo en el libro *Teoría semiótica. Lenguajes y textos hispánicos* (1983) sentó las bases para estudios de antropología literaria posteriores, como el del profesor de la Universidad de Oviedo José Luis Caramés Lage con su estudio antropológico-literario de la novela que dio a conocer a nivel mundial a la escritora chilena Isabel Allende, *La casa de los espíritus* (1982), publicada por la editorial Plaza Janés. En su artículo, "Antropología literaria. La narración como fuente interdisciplinar de signos culturales sensibles e inteligibles" (1983), Poyatos Fuster ya adelanta la necesidad de tomar el signo como punto de partida para sus estudios de antropología literaria, la dicotomía entre el mundo de los sentidos y el mundo de las ideas, es decir, lo tangible y lo intangible, y la necesidad de movilizar diversos saberes (cultura, política, demografía, sociología, historia...) para abordar el texto literario y su mensaje con pleno sentido. Escobedo de Tapia (1993) emplea este enfoque en el análisis de cinco ejemplos de narrativa indo-angla en su tesis doctoral, lo cual deja entrever la idea de continuidad en esta novedosa forma de análisis literario, y que invita a más investigadores a seguir esta línea en el futuro.

De manera más específica, si Escobedo de Tapia (1993) centra sus estudios en la narrativa, previamente Caramés (1980) desarrolla el concepto de antropología poética, es decir, aplica la antropología literaria al estudio de la poesía de Ted Hughes. Dicho concepto trata de romper con la dicotomía tradicional entre las dos vertientes de estudio del ser humano: el humanismo, que intenta "construir un arquetipo humano sobre bases fundamentalmente racionales" (p. 35), tomando como base el ideal grecolatino, y la antropología, que lleva a cabo "el análisis científico y objetivo de un fenómeno concreto, el hombre en su integridad y realidad, es decir, reconociendo su condición de animal" (p. 35). La antropología poética aúna ambas formas de contemplar al ser humano y tiene como propósito "sacar a la superficie y expresar vivencias íntimas, que emanan de la totalidad del hombre-mujer, es decir de su naturaleza antropológica" (p. 35). Para Caramés, la expresión de estos sentimientos requiere de la poesía, como género en el que se difuminan las normas y convenciones de la lengua en un registro estándar, para emplear un lenguaje poético y así "liberar el idioma de sus restricciones lógicas dejándolo decir plenamente la verdad del ser humano" (p. 34). La antropología poética se convierte en una herramienta muy apropiada, dado el contexto de transmodernidad en el que estamos inmersos, debido a la necesidad de los poetas de comprometerse de nuevo con sus causas, evitando así caer en el relativismo o en el nihilismo o ver sus valores absorbidos por una sociedad de la inmediatez, de lo efímero y de la deshumanización. El poeta debe luchar por las causas que cree justas desde un contexto geográfico, político y social determinado y respetando al resto de culturas y formas de vida, manteniendo hacia todas ellas su espíritu crítico:

> La Antropología Poética no será nunca la aceptación de la desaparición de lo humano absorbido por un sistema cultural determinado. Es más, el conocimiento por medio del estudio y la praxis del hombre, de una sociedad y de una cultura, empujarán al redescubrimiento de la humanidad en el hombre.
>
> (Caramés Lage, 1980, p. 34)

Caramés concibe la poesía como una forma de cambiar el mundo. Este potencial transformador es lo que hace necesario que la creación poética se haga eco, puesto que su finalidad, desde la Edad Media, es que sea escuchada. Para desarrollar todo su potencial transformador, la poesía debe expandirse, llegar a diferentes públicos, y de ahí la importancia de hacerse visibles en los medios de comunicación y en las redes sociales, algo que hace con frecuencia la autora más joven de este corpus, Meena Kandasamy. La poesía resulta liberadora tanto para el individuo como para la colectividad, en tanto en cuanto nos permite crear nuevos mundos. Caramés define la poesía como un proceso revolucionario, no como un fin *per se*:

> No exageramos al decir que la poesía es una operación capaz de cambiar el mundo, puesto que, su actividad poética es revolucionaria. La poesía nos revela el mundo: sociedad y cultura en la que vivimos y nos abre la puerta con la creación de otro y esto desde un punto de vista colectivo. Al mismo tiempo, es un método de liberación interior de tipo individual.
>
> (Caramés Lage, 1980, p. 41)

A continuación, voy a ofrecer un resumen de cómo la antropología literaria en general y poética en particular desarrollan el proceso de análisis literario. En sus *Prácticas de la antropología literaria* (2011), José Luis Caramés Lage y Dulcinea Tomás Cámara reflexionan sobre el propio enfoque y ejemplifican con la aplicación de este a una obra de cada uno de los tres grandes géneros, demostrando que su teoría permite un acercamiento mucho más holístico al texto. En su definición de antropología literaria, concibe el texto como un objeto cultural cuyo análisis requiere poseer conocimientos de muy diversa índole sobre el contexto y el autor:

> La Antropología Literaria es un método de interpretación que hace hincapié en el análisis del texto literario entendido como un objeto cultural. La Antropología Literaria se encuadra dentro de las aproximaciones al análisis de texto que tienen como fin la construcción de un modelo de interpretación del ámbito social, cultural, religioso, natural y humano lo más completo posible, a partir del estudio de textos de un/a o varios/as autores/as elegidos como representaciones de una determinada realidad.
>
> (Caramés Lage y Tomás Cámara, 2011, p. 20)

Además, mediante este tipo de análisis podremos saber más acerca de la psicología y la naturaleza del ser humano, entendiendo que, si bien el texto literario es ficción, se basa en unos parámetros contextuales reales:

> *Pragmáticamente* el texto literario es concebido como un objeto cultural que se convierte en un signo que nos manifiesta una determinada situación en la que encontramos dispositivos sociales, económicos y políticos de una determinada cultura y que pueden funcionar como base para la construcción de la necesaria fantasía que exige el texto literario. *Sistemáticamente* la Antropología Literaria nos permitirá una nueva reflexión sobre la naturaleza humana y sus facultades. Así,

podremos estudiar y distinguir entre imaginación, la razón, sentimientos y las facultades psicológicas del ser humano.

(Caramés Lage y Tomás Cámara, 2011, p. 21)

Asimismo, se pone de manifiesto la necesidad de combinar varios saberes, pero ya no de forma estanca como con la interdisciplinariedad, sino que habría que transitar hacia la transdisciplinariedad, borrando las tradicionales fronteras entre campos del conocimiento, como ocurrió en el Renacimiento o, más tarde, añado, en el Romanticismo. Este recurso a diferentes disciplinas habría de darse, para un análisis óptimo de los textos, de manera sistemática e integrada:

> La transdisciplinariedad, es decir la interdisciplinariedad que elige un mismo método de análisis para todas las disciplinas que utilizan un estudio determinado, era una de las características principales de la universidad europea durante la Edad Media y algo que caracterizó a algunas de las principales concepciones filosóficas, sobre todo, en los momentos de esplendor renacentista. Además, hoy en día, se reconfigura como una necesidad de orden intelectual y científico cada vez más acuciante si es que se desea llegar al estudio global.
>
> (Caramés Lage y Tomás Cámara, 2011, p. 31)

En la siguiente cita, Caramés concluye que el enfoque antropológico-literario bebe de la hermenéutica en su concepción más reciente, donde, por comparación con el siglo XX, se busca conocer el ser, la realidad ontológica, a través no de la comprensión del mundo sino de las vivencias y las experiencias en este.

> La hermenéutica del siglo XX abandona las teorías anteriores para sumergirse en el área de una ontología fundamental, en la que se señala que el ser humano no está preocupado por conocer algo concreto y separado de la realidad, sino que busca conocer dentro del mundo, viviéndolo.
>
> (Caramés Lage y Tomás Cámara, 2011, p. 41)

El mundo de las ideas, el inteligible, goza de pleno respaldo por parte de la antropología literaria en lo referente al estudio de la lírica. La lírica tiene, en efecto, unos rituales propios basados en unos códigos de expresión y de comunicación propios a cada contexto cultural determinado. En nuestro corpus de poesía el estudio de dichos rituales será esencial para comprender la expresión de emociones. Asimismo, los mitos de cada territorio aparecen con frecuencia con diferentes funciones. La importancia de estos contextos culturales justifica la importancia otorgada al contexto sociohistórica de los territorios involucrados, así como la información biográfica de las autoras:

> Con el surgimiento de la poesía surgen dos conceptos que utilizaremos constantemente para todos los géneros literarios: ritual y mito, entendidos como *Mundo de las Ideas* si se trata de un contexto cultural lo suficientemente amplio. El *Ritual* será definido como el análisis de actos lingüísticos y paralingüísticos que posee un texto, y que el autor plasma en una serie de páginas escritas dentro de un lugar y un tiempo determinados. El deseo del autor será el de comunicarse con el lector de una manera más o menos *ritualizada*, es decir, utilizando una serie de códigos culturales de expresión y comunicación preestablecidos para un determinado contexto cultural, acto que puede vehicular, en mayor o menor grado, los valores culturales de la comunidad en la que vive el autor. Normalmente, esto podrá llevarse a cabo a través de abstracciones de creación propia o cultural, denominados *símbolos*.
> (Caramés Lage y Tomás Cámara, 2011, p. 50)

Antes de pasar al enfoque bajtiniano, que complementaría el análisis que podemos obtener con un enfoque antropológico-literario, cabe destacar el punto en el que ambos enfoques se solapan. Se trata de la relación entre gramática y estilística. Para aplicar esta relación al análisis de los poemas, vamos a estudiar las palabras utilizadas desde dos perspectivas distintas. La primera es la del vocabulario *per se*, donde entrarían aspectos como la diversidad o riqueza del léxico, la repetición consciente o arbitraria del vocabulario, la utilización consciente o intuitiva del vocabulario, las palabras principales del texto (serían indicadores acerca de la naturaleza del texto) y el tamaño de las palabras (las más cortas tendrían que ver con la subjetividad mientras que las más largas o derivadas denotarían objetividad, y ambas marcan el ritmo en un poema). La segunda consistiría en el estudio de la semántica del vocabulario, analizando las palabras positivas, negativas o neutras en función de las asociaciones y emociones en la comunicación entre poeta y lector, el tipo de vocabulario utilizado (articulado en torno a campos semánticos), el estudio polisémico o monosémico del vocabulario y de las relaciones semánticas. Para esto es imprescindible recurrir a nuestro conocimiento de la lengua y basarse en la morfología y en la sintaxis:

> Por otro lado, y aunque pueda distinguirse entre lengua y estilo y, entre Gramática y Estilística, Mikhail Bakhtine (1984) ha combinado ambas metodologías, señalando que la gramática y la estilística se aproximan o se alejan según desde qué punto de vista se mire el hecho de lengua: si observamos desde el punto de vista

de la lengua, este es un hecho gramatical, y si lo hacemos desde la perspectiva del enunciado individual, este es un hecho estilístico. Esta complementariedad de la gramática y de la estilística formará una síntesis dialéctica que une y desune los puntos de vista de un objetivismo abstracto (la gramática) y un subjetivismo individualizado (la estilística).

(Caramés Lage y Tomás Cámara, 2011, p. 56)

En definitiva, los elementos que vamos a estudiar, seleccionando lo relevante en función de cada capítulo y cada poema, vendría reflejado en el siguiente esquema, adaptación propia del método interpretativo de Caramés y Tomás (2011):

I. Estudio informante de las autoras
    A) Nivel biográfico (desarrollado en el capítulo "objeto de estudio")
        – Itinerario vital de cada autora
        – Itinerario creativo de cada autora
    B) Nivel del contexto (desarrollado en el capítulo homónimo)
        – Contexto histórico
        – Contexto cultural
        – Contexto literario
II. Estudio textual cultural
    A) Nivel del ritual
        A.1. Ritual verbal
            a) Análisis del léxico
                1. Estudio del vocabulario: diversidad o riqueza del vocabulario, repetición constante o arbitraria del vocabulario, utilización consciente o intuitiva del vocabulario, palabras principales del texto y tamaño de las palabras
                2. Estudio de la semántica del vocabulario: palabras positivas, negativas o neutras; tipo de vocabulario utilizado, estudio polisémico o monosémico y estudio de las relaciones semánticas
            b) Análisis gramatical:
                – Estudio de las partes del habla
                – Recursos modales
                – Estudio de las oraciones

    c) Análisis del texto
- Los tiempos verbales
- El argumento
- Los títulos
- Estudio de la estrofa
- La rima
- El fin del texto

A.2. Ritual no verbal
    a) Mundo sensible:
- Realismo físico o externo
- Realismo psicológico o interno
- Realismo individualizado
- Realismo interactivo
- Realismo distorsionado
- Realismo documental o histórico

    b) Mundo inteligible:
- El espacio
- El tiempo
- Sincronía
- Diacronía

B) Nivel del símbolo
- Análisis del sistema psico-somático
- Análisis del sistema cinético
- Análisis del paralenguaje
- Análisis de los sistemas contextuales

C) Nivel del mundo de las ideas
- Religión: dioses y mitología, pensamiento y creencia, festivales y fiestas ceremoniales, rituales religiosos y celebraciones socio-religiosas
- Sociedad: estructuración social, relaciones sociales y funciones, evolución de las estructuras sociales, ritual social y etiqueta, cuidado de los hijos, emociones, grupos marginados o integrados sociales y disfunciones sociales
- Actitudes políticas e ideología: conservadurismo, liberalismo, socialismo; metrópoli, colonia e independencia; feminismo, ecologismo, nacionalismo; individuo y grupo; mito y razón

- Folklore y arte: lenguaje popular y unidades fraseológicas, literatura culta y popular, creencias populares, celebraciones folclóricas, música, etc.
- Conceptos de espacio y tiempo: proxémica y cronémica
- Momentos de la vida: estaciones del año, épocas de abundancia y escasez, la rutina diaria, momentos de la vida social (trabajo, ocio, día, noche), períodos de trabajo, actividades masculinas y femeninas, niños, etc.
- Ecología: el mundo animal, el mundo vegetal, el paisaje y sus contrastes (rural/urbano) y las relaciones entre el ser humano y la naturaleza

A continuación, pasaré a describir el otro enfoque utilizado, el preconizado por Mijail Bajtín (1996). El pensamiento bajtiniano se articula en torno al concepto de *poliglosia*, "the simultaneous presence of two or more national languages interacting within a single cultural system[25]" (Holquist, 1996, p. 431). En efecto, para Bajtín todo enunciado es dialógico, es decir, confluyen en el mismo varios discursos, varias voces. Por el contrario, la ausencia de esta diversidad sería el monólogo, que se sostiene con la negación de la libertad del individuo, a consecuencia de las generalizaciones y de los clichés, que niegan la posibilidad del individuo de actuar de acuerdo con sus propias convicciones, rechazando así la pluralidad en cuanto al discurso.

La *poliglosia* de la que habla Bajtín está sujeta a dos tipos de fuerzas distintas, en una alegoría relacionada con el campo de la física y la Teoría de la Gravedad: las *fuerzas centrípetas* y las *fuerzas centrífugas*. Las primeras son voces *monológicas*, voces que representan la expresión del *mainstream*, de las corrientes autoritarias que no permiten la expresión del otro, "the rulers and the high poetic genres of any era exercise a centripetal –a homogenizing and hierarchicizing– influence[26]" (Holquist, 1996, p. 425). Las segundas son la fuerza de pluralidad y del reconocimiento del "yo" frente al "otro".

---

[25] La presencia simultánea de dos o más lenguas nacionales interactuando en un mismo sistema cultural.

[26] Los gobernantes y los géneros poéticos más valorados en cada época ejercen una influencia centrípeta, que homogeneiza y jerarquiza.

Es mi intención, previamente al comienzo de mi estudio, concretar el significado de otros términos bajtinianos que voy a emplear en el mismo. El que más útil resulta para este análisis comparado es el de *cronotopo*. La etimología de esta palabra nos lleva al griego, de donde se deduciría que el significado del término sería "tiempo-espacio". Sin embargo, Bajtín concibe el cronotopo como algo mucho más amplio, donde incluye también al "yo", puesto que es cada individuo el que marca las coordenadas espaciales y temporales, así como su naturaleza, para llegar al cronotopo entendido como una unidad de análisis de textos. Hablar de literatura de minorías, es hablar de cronotopos, bajo mi punto de vista. Las minorías, sea cual sea el epíteto que las acompañe (raciales, étnicas, sexuales, lingüísticas, etc.) son a menudo víctimas del discurso mayoritario opresor y de las masas, presas del miedo y de la ignorancia en tiempos sobre todo de crisis. Las minorías están a menudo sometidas a esas fuerzas centrípetas que olvidan al *otro*, por tanto, para sus integrantes es muy importante el cronotopo.

El *yo-aquí-ahora* es un trinomio que está presente cuando se intenta por un lado integrarse en una mayoría diferente y retener las costumbres propias. Esto es menos frecuente en las minorías sexuales, que habitualmente comparten la idiosincrasia de la inmensa mayoría de la sociedad en la que viven, pero muy relevante en el caso de los inmigrantes, en quienes se da un sentimiento particular: la nostalgia. Una nostalgia que sólo puede ser atenuada con la reproducción de algunos de los cronotopos en el país de llegada, porque los sueldos y las condiciones laborales de las que son víctimas los inmigrantes no les permiten generalmente emprender viajes a sus países de origen. Ni la decreciente carestía del teléfono ni la expansión de la red de internet como medio de comunicación parecen paliar sus necesidades básicas. De ahí la urgencia de encuentro con otros inmigrantes del mismo país, con quienes compartan rasgos culturales, como *el barrio* en el caso de los chicanos o la *kasbah*[27] para los argelinos.

Cuando alguno de los tres elementos que componen el cronotopo falla (personaje, tiempo o espacio), asistimos a una crisis de este, y a la ansiedad que ello refleja en los personajes. Entre los chicanos una de las violaciones principales es la construcción de carreteras y autopistas que dividen *el barrio*,

---

[27] En árabe 'caña' o 'junco', literalmente, material del que están hechas las viviendas en esta especie de pequeñas poblaciones propias de los países del norte de África.

un fenómeno muy presente en la literatura chicana. En la literatura de mino-rías francófona la tensión es más subrepticia y va siempre acompañada de requerimientos legales, como la escolarización, el cumplimiento de horarios, el respeto a la estética del pueblo o ciudad en cuestión, entre otros. Un ejemplo de este *modus operandi* se encuentra en la obra de Marguerite Duras *La pluie d'eté* (1990), protagonizada por una familia de padre italiano y de madre de origen soviético que acata la decisión de su hijo mayor, Ernesto, de no ir más al colegio para no aprender cosas que ya conocía, hecho que desencadena la persecución de los medios de comunicación, que irrumpen en su casa para ver al niño prodigio:

> Literally, "time-space". A unit of analysis for studying texts according to the ratio and nature of the temporal and spatial categories represented. The distinctiveness of this concept as opposed to most other uses of time and space in literary analysis lies in the fact that neither category is privileged; they are utterly independent. The chronotope is an optic for reading texts as x-rays of the forces at work in the culture system from which they spring.[28]
>
> (Holquist, 1996, pp. 435-436)

El concepto de poliglosia también merece una aclaración antes de pasar al estudio en sí de las obras. Tanto los casos de literatura poscolonial y trans-nacional como de literatura de minorías en los ámbitos anglófono y fran-cófono son ejemplos de una parte de la población híbrida desde el punto de vista cultural, algo que se refleja en el lenguaje, al vivir siempre entre dos conciencias lingüísticas diferentes. En el momento en que, incluso sin salir del mismo sistema cultural, se encuentra que estas dos voces interactúan, desde el conflicto entre las mismas dentro del propio individuo, hablamos de *poliglosia*. Eso conduciría a otro fenómeno, presente sobre todo en novelas, la *heteroglosia*, "where centripetal and centrifugal forces collide[29]" (Holquist, 1996, p. 428), porque estas voces aparecen orquestadas con las voces centrípetas

---

[28] Literalmente, "tiempo-espacio". Unidad de análisis para el análisis de textos según la proporción y la naturaleza de las categorías espaciotemporales representadas. La particularidad de este concepto respecto a otros usos del tiempo y el espacio en el análisis literario es el hecho de que no hay categorías mejores y peores, son totalmente inde-pendientes. El cronotopo es un enfoque para entender los textos como una radiografía de las fuerzas del sistema cultural del que emergen en acción (traducción propia).

[29] Lugar donde confluyen las fuerzas centrípetas y centrífugas.

de otros personajes. Cada una de las intervenciones, de las diferentes voces que aparecen en el texto, son *réplicas*. Ante un mismo hecho las réplicas, que se inducen entre ellas, reflejan formas diferentes de comprender el mundo, a distintos *ideologemas* más o menos próximos, dependiendo de si pertenecen a la minoría o a la mayoría, de la generación, del sexo y del grado de asimilación:

> This [ideologeme] is not to be confused with its politically oriented English cognate. "Ideology" in Russian is simply an idea-system. But it is semiotic in the sense that it involves the concrete exchange of signs in society and in history. Every word/ discourse betrays the ideology of its speaker; great novelistic heroes are those with the most coherent and individuated ideologies. Every speaker, therefore, is an ideologue and every utterance an ideologeme.[30]
>
> (Holquist, 1996, p. 429)

Estimo que esta terminología bajtiniana es, por consiguiente, la más apropiada para la comparación de los poemarios de las autoras que forman parte de nuestro corpus, ya que el posmodernismo y el poscolonialismo en el que estas se inscriben opta por la búsqueda de la identidad de manera subversiva, por una comunión de la naturaleza con la vida y las divinidades y el papel de la educación en la doble discriminación de la mujer, por el mero hecho de serlo y, además, por ser sujeto poscolonial. El posmodernismo ha abierto la puerta a temas que hasta mediados del siglo pasado eran un tabú, y a nuevos héroes y heroínas alejados del hombre blanco, masculino, creyente y nacionalista de la literatura canónica. Tampoco aparece la mujer sacrificada, que no cuestiona nada, que es un reflejo de la Virgen María, esclava de su hogar y de su descendencia y su pareja sin ni tan siquiera plantearse si su situación entra dentro de sus expectativas vitales. Estos personajes han sido reemplazados por hombres y mujeres con otros colores de piel, otros ritos, otros credos y una identidad que responde a un mosaico de procesos de desarrollo y aprendizaje: son hombres y mujeres que se debaten entre el rol que les asigna su cultura original y combatirlo, si no están conformes con

---

[30] Ideologema no debe confundirse con su significado en inglés, orientado hacia la política. "Ideología" en ruso quiere decir únicamente sistema de ideas. Pero es semiótico porque incluye el intercambio concreto de signos en la sociedad a lo largo de la historia. Cada palabra o discurso traiciona la ideología del locutor; los grandes personajes de las novelas hacen gala de las ideologías más coherentes e individuales. Todo hablante es, por tanto, ideólogo, y cada intervención un ideologema (traducción propia).

él, aunque también en las tensiones migratorias, en el caso de las diásporas, como es el caso de Esther Nirina, que tras media vida en Francia regresa a Madagascar como una extranjera en su propio país:

> Bakhtin's most famous borrowing from musical terminology is the "polyphonic" novel, but orchestration is the means for achieving it. Music is the metaphor for moving from seeing [...] to hearing [...]. For Bakhtin this is a crucial shift. In oral/aural arts, the "overtones" of a communication act individualize it. Within a novel perceived as a musical score, a single "horizontal" message (melody) can be harmonized vertically in a number of ways, and each of these scores with its fixed pitches can be further altered by giving the notes to different instruments. The possibilities of orchestration make any segment of text almost infinitely variable[31].
> (Holquist, 1996, p. 431)

En definitiva, el enfoque que vamos a utilizar en nuestro análisis será híbrido, combinando características del enfoque antropológico-literario y, más específicamente, antropológico-poético de José Luis Caramés, con conceptos de Mijail Bajtín resumidos en el glosario diseñado por Holquist, aunque de manera heterodoxa y evitando centrarnos de formas exhaustiva en un enfoque concreto. En cuanto al enfoque de Caramés y Tomás (2011) nos basaremos en su esquema, pero sin utilizar la estadística, dado que el estudio cuantitativo que proponen resultaría factible para una sucinta selección de poemas, mientras que en un estudio más amplio como el nuestro no procede llegar a tal nivel de profundidad en las cifras, pues la interpretación de resultados sería más tediosa para el lector. El análisis de los poemas deberá conllevar a la fuerza un revestimiento hermenéutico, ya que la comprensión del contexto a través del texto y viceversa ha de ser una constante en este tipo de trabajo, con un corpus posmoderno y poscolonial, y si pretendemos demostrar la

---

[31] El término más conocido que ha tomado prestado Bajtín de la terminología musical es el de novela "polifónica", pero la orquestación es el medio para llegar a la misma. La música pasa a ser una metáfora del oído y no de la vista, un cambio crucial según Bajtín. En las artes orales o auditivas, los tonos altos del acto comunicativo lo hacen diferente del resto. Entendiendo la novela como una partitura musical, cada mensaje "horizontal" (melodía) puede armonizarse verticalmente de varias formas, y cada una de esas partituras con sus puntos fijos se puede modificar tocando las notas con instrumentos distintos. Las posibilidades de orquestación hacen de todo segmento algo infinitamente variable (traducción propia).

hipótesis de la existencia de una literatura indianoceánica como tal, con características y estilos comunes.

2.4. Contexto sociohistórico y literario

En este apartado voy a revisar los conceptos de globalización y glocalización para delimitar el ámbito de estudio de este estudio y, a continuación, trataré de realizar un recorrido sociohistórico, geográfico y literario por los diferentes territorios relacionados con las autoras que voy a manejar para mi estudio. Es mi intención centrarme en aquellos aspectos que son más relevantes para el análisis de los poemas, como son la multiculturalidad y sus causas, la diversidad lingüística y la relación entre las excolonias y sus metrópolis. Me detendré, además, a describir la situación de las mujeres en cada uno de los territorios o naciones, ya que dicho contexto determinará el análisis ulterior, en el marco de un estudio desde la perspectiva de la antropología literaria que necesita el aporte de dicha información para una interpretación apropiada de los textos.

La principal característica de la época en la que escriben las poetas de nuestro corpus es la globalización, entendida como un primer paso hacia el intercambio dinámico que promueve la transnacionalización. Fabio Sánchez (2018) define la globalización en términos bastante asépticos, con la perspectiva del tiempo, como "un proceso político, económico, social y cultural que incluye un intercambio de bienes y servicios irreversible" (p. 251). Sin embargo, es necesario trazar un recorrido histórico para observar los cambios en esta definición, desde el intento por explicar el porqué de la velocidad de su expansión hasta las virtudes y los problemas que este nuevo fenómeno mundial estaba generando.

En primer lugar, tomaremos como referencia la definición de globalización de Anthony Giddens en su ensayo *Consequences of Modernity* (1990), quien destaca la intensificación de las relaciones sociales que vinculan localidades distantes, de tal forma que lo local es moldeado por eventos que ocurren a miles de kilómetros y viceversa, previendo algunas de las ventajas e inconvenientes de la obsesión globalizadora. Los factores distintivos de la globalización frente a intentos anteriores de transportar una determinada cultura a todo el planeta son lo que Giddens llama "discontinuidades". En las últimas décadas se habrían dado dos discontinuidades, la enorme rapidez de los cambios sociales y el número de seres humanos afectados por dicho cambio, en ambos casos con unas cifras de personas afectadas que resultan inauditas en la historia de la humanidad, dos factores que otros autores que veremos después han resaltado también:

> How should we identify the discontinuities which separate modern social institutions from the traditional social orders? Several features are involved. One is the sheer pace of change which the era of modernity sets into motion. Traditional civilisations may have been considerably more dynamic than other pre-modern systems, but the rapidity of change in conditions of modernity is extreme. If this is perhaps most obvious in respect of technology, it also pervades all other spheres. A second discontinuity is the scope of change. As different areas of the globe are drawn into interconnection with one another, waves of social transformation crash across virtually the whole of the earth's surface.[32]
>
> (Giddens, 1990, p. 6)

En dicho ensayo, Giddens hace referencia a una serie de identidades locales y a los lazos que las unen, de carácter comercial, económico, turístico, etc. Pero con el problema de que todas las partes del planeta, a excepción de los polos, estarían controladas de forma abusiva por algo o por alguien. Todo ello se estaría viendo intensificado desde la década de los ochenta del siglo pasado. Para Mittelman (1996), la globalización puede entenderse como:

> Una fase en la historia del capital cuyo linaje ha unido a distintas sociedades en un mismo sistema; se puede ver como una dialéctica de continuidades y discontinuidades; y se puede conceptuar como una utopía de mercado en el sentido de que representa condiciones ideales que nunca han existido.
>
> (Mittelman, 1996, p. 231)

---

[32] ¿Cómo debemos identificar las discontinuidades que separan las instituciones sociales modernas de los órdenes sociales tradicionales? Se dan muchas características. Una es el ritmo vertiginoso del cambio, que pone la era de la modernidad en movimiento. Las civilizaciones tradicionales solían ser más dinámicas que otros sistemas premodernos, pero la rapidez del cambio en condiciones de modernidad es radical. Si bien esto es más perceptible en lo relativo a la tecnología, también afecta a otras esperas. Una segunda discontinuidad es el alcance del cambio. Como las diferentes regiones del mundo están interconectadas unas con otras, las olas transformadoras se expanden virtualmente sobre toda la superficie terrestre (traducción propia).

Rodolfo Cerdas (1997), la define como "el acelerado proceso de cambio que, a nivel mundial, se ha venido desarrollando en todos los ámbitos del quehacer humano" (p. 27), señalando como ejemplos lo militar, lo económico, lo cultural o lo artístico. Steger (2009) en su definición añade el matiz de que la globalización está ocurriendo, idea que recorre toda su obra de manera transversal, describiendo este proceso como cambiante. De acuerdo con Bisley (2007), para quien el proceso de globalización sería de carácter político, puesto que un pensamiento sobre cómo debería ser el mundo constituye un pensamiento político, sobre todo en el marco del Consenso de Washington, acuñado como tal en 1989 por el economista John Williamson, en el que se sientan las bases del Neoliberalismo, teorizado por la Universidad de Chicago e impulsado por el expresidente Ronald Reagan (1981-1989). En dicho marco ya se proponen políticas económicas de austeridad para ser implementadas en países en crisis y la formulación y el control de las políticas económicas por parte del Banco Mundial y del Fondo Monetario Internacional. La oposición lo llamó fundamentalismo de mercado. De hecho, pone de relieve que la globalización es un fenómeno ante todo económico y que aspira a la homogeneización de las recetas aplicadas en los diferentes países.

Todo el planeta parecía abrazar estas doctrinas, sobre todo tras la Caída del Muro de Berlín (1989). Para que la globalización pudiera llegar a buen término habían de darse dos condiciones: la primera sería la creación de grandes multinacionales con una expansión del capital cada vez más grande (Soros, 2002) y una desregulación y eliminación de trabas entre países, que promoviera sobre todo el movimiento de las capas sociales más cualificadas (Bourguignon, 2013). Las transformaciones económicas y tecnológicas finalizarían por crear una *managerial elite* (Robinson, 2011) o élite de los negocios, con movimiento de empresas y capital con carácter transnacional. Los inicios de este concepto, lo *transnacional*, que forma parte de nuestro título, fueron también de marcado carácter económico. Sin embargo, hay teóricos que insisten en señalar las múltiples dimensiones de la globalización, como la de Marchesi (2005): "la globalización puede definirse como la interconexión cada vez mayor de las distintas áreas de la vida social en todas las partes del mundo" (p. 34), donde habla de tres dimensiones, la cultural, la política y la económica, estando todas ellas presentes desde los primeros intercambios en la Antigüedad. Marchesi destaca ventajas de la globalización, como un mayor conocimiento de otras culturas, un concepto de progreso basado en la tecnología aplicada, el despegue económico para algunos sectores, pero añade la necesidad de paliar desde la ética los efectos perversos para algunos colectivos, como la precariedad y la inseguridad para llevar a cabo un proyecto vital en las clases bajas y medias y la expansión de una cultura *made in USA* que pudiera opacar las culturas locales.

Steger (2005) ya mencionaba los problemas de la omnipotencia y omnipresencia de la globalización como pensamiento único, inexorable e inevitable (Beck, 2000). Otros problemas derivados de la globalización a toda costa serían la degradación del medioambiente, las violencias entre seres humanos derivadas de la pobreza y la inestabilidad (Scholte, 1996). Cheludo Butale (2017) destaca a su vez la definición de globalización como un proceso de economía integrada a la que define como "un proceso político, económico, social y cultural que profundiza en la interconexión y la interdependencia del mundo a través del flujo de capital global, la actividad multinacional, las tecnologías de la información y las personas que adoptan una forma transnacional" (pp. 141-142). La globalización resta poder a los estados-nación en favor de políticas transnacionales impuestas. En un principio, la ampliación del capital extranjero y la proliferación de empresas transnacionales habría fomentado, según Butale, mayores oportunidades de empleo para las mujeres. Sin embargo, la división por sexos del trabajo las habría convertido en subalternas sujetas al techo de cristal y a las decisiones de hombres, así como la asunción de mayores responsabilidades que los hombres en el cuidado de sus hijos. Esto se debe a que los acuerdos laborales de manera tácita asumen roles de género diferenciados.

Otro problema que perjudica gravemente a las mujeres en países en vías de desarrollo es el de la agricultura. Con empresas transnacionales que buscan materia prima para transformar en el sector secundario, la agricultura local, de venta y subsistencia, donde la mayoría de las trabajadoras son mujeres, se ve desplazada. Las mujeres de los lugares más pobres se ven forzadas a migrar al haber perder sus recursos autóctonos, por la inyección directa de capital extranjero y la liberalización de las legislaciones locales (Foluke, 2011). Ejemplos de ellos son la contaminación del agua y del suelo por parte de las empresas petrolíferas o la implantación de industrias de pescado procesado en buena parte de África, que detraen el producto local, que forma parte de la biodiversidad, para ser transformado y vendido en otras latitudes. En épocas de depresión económica las recetas neoliberales, el recorte de gasto en los presupuestos del estado del bienestar y la precariedad de los trabajos impactan de forma muy lesiva en las mujeres y las niñas más vulnerables (Jaggar, 2001), debido a sus salarios o al peligro de desescolarización, de las políticas activas por parte del estado para garantizar su igualdad de oportunidades.

Sin embargo, centrándonos ya en aspectos positivos, la cultura de la comunicación de masas derivada de la globalización "ha hecho posibles nuevos e imprevisibles despliegues del imaginario colectivo" (Appadurai, 2001, p. 11). La cultura desempeñará un papel fundamental a la hora de interpretar los poemas. Las comunidades imaginadas, que tanto tienen que ver con la identidad de los pueblos, pasan de depender de los estados-nación a diluirse en una esfera pública transnacional. La globalización, sería, por tanto, un proceso abierto que fomentaría la creatividad en lo cultural y lo artístico en cualquier parte del mundo:

> [La globalización] multiplica las posibilidades de reapropiación de los signos o de los elementos culturales, sean importados de los grupos dominantes en las sociedades de acogida o venidos de otro lugar. Se trataría de un proceso de reinterpretación y reorganización de la cultura.
>
> (Rojo, 2009, p. 2)

De ahí nuestra selección de la poesía indianoceánica como objeto de estudio. Las nuevas comunidades ya no responderían, por tanto, a la lógica de la reproducción cultural del pensamiento marxista y posmarxista, sino a un afán de inventiva, originalidad y de búsqueda de una identidad local inserta en lo global, la *glocalización*. Se trata de un término en origen económico, referido a la persona, grupo, división, unidad, organización o comunidad que tiene la voluntad y la capacidad de pensar globalmente y actuar localmente. En el mundo empresarial, este concepto de refiere a la adaptación por parte de las empresas transnacionales a las particularidades de cada país o región, diferenciando sus productos y servicios en función de las demandas, las tradiciones, las formas de vida y las necesidades locales. En cuanto a su dimensión cultural, Antonio Bolívar Botía (2001), Catedrático de Didáctica y Organización Escolar de la Universidad de Granada, define la glocalización como "la mezcla que se da entre los elementos locales y particulares con los mundializados" (p. 266). Abunda en la idea de que en el mundo global, donde asistimos a un borrado paulatino de ciertas fronteras a nivel económico, político y social, aumenta la presencia de barreras culturales, construidas por individuos o colectivos que defienden sus tradiciones frente a los envites de la globalización cultural, que a menudo es sentida como una amenaza para la identidad cuando esta se entiende como homogénea e invariable.

Martín Hopenhayn (2011) analiza la globalización cultural y las tensiones sociales que esta genera: "La glocalización sirve como herramienta de integración de la globalización en la localidad y tiene dos vertientes consecuenciales: la tendencia a la subordinación y tendencia a la integración" (p. 69). Según esta concepción, la diferenciación sociocultural se agranda y se hace más visible dentro de las propias sociedades nacionales y que a su vez conservan las identidades que la reconocen. Es una fuente de lógicas de dominación y subordinación, por sexo, color de piel, origen, pero también una oportunidad para maneras ingeniosas de combatirlas. Esto hace que el enfoque bajtiniano también sea conveniente para este estudio, ya que analizaremos los discursos en términos de voces centrípetas y voces centrífugas, discursos hegemónicos frente a discursos rebeldes contra ese orden establecido. La cuestión de la integración también es interesante cuando hablamos de la inmigración y las diásporas, por lo que tienen de sustancial nuestros poemas cuando abordan procesos de aprendizaje.

India es la primera República Presidencialista que consiguió la independencia de Reino Unido, concretamente en 1947. Más que un país, puede decirse que es un subcontinente, habida cuenta de su extensión y demografía, así como de la variedad de lenguas y culturas que la conforman. 1947 fue un año especialmente dramático, ya que la utopía de Gandhi de una India unida no se cumplió. Con la Partición (a partir del 15 de agosto de 1947), se sucedieron conflictos y ataques terroristas que llevaron a la formación de tres países, India, Pakistán y Bangladesh, el primero para los hindúes, aunque con libertad religiosa, y los otros dos, en la época llamados Pakistán Oriental y Pakistán Occidental, para los musulmanes. La convivencia que había habido hasta entonces en la macrocolonia pasaba a ser historia.

India había sido descubierta y redescubierta en varias ocasiones por las potencias europeas. Sin embargo, no es hasta finales del siglo XVIII cuando se pone el foco sobre esta colonia. Se trataba de un efecto compensatorio para buscar de nuevo un equilibrio tras la pérdida de las colonias americanas por parte del Imperio británico. El interés en India obedecía sobre todo a los sectores textil y de las especias. La Compañía de las Indias Occidentales se había hundido y la de las Indias Orientales tendría el mismo porvenir, asediada por los problemas de la inflación, la corrupción y la mala reputación. Para arreglarlo, Reino Unido movió el control de la isla de manos privadas a manos públicas, tomando Westminster el control. Una de las iniciativas más controvertidas fue la de Macaulay, en 1835, que decidió llevar el sistema educativo británico a India, imponiendo los valores y la lengua. Ello respondía a un interés de homogeneizar el territorio e inocular las formas de vida británicas en el subcontinente, para crear así un vínculo de pertenencia al imperio y que no peligrara la denominada Joya de la Corona. Sin embargo, las políticas mal llamadas humanitarias no siempre eran bien vistas por los nativos. Reino Unido situó en el foco de las críticas prácticas ancestrales por ser consideradas aberrantes debido a su crueldad, sin tener en cuenta las fechorías auspiciadas por Westminster hasta hacía solo unas décadas, o las que se seguían perpetrando en otros puntos del imperio.

Para mantener el orden en lo que los británicos consideraban una pesada carga, sus colonias en Asia, fue necesario recurrir a nativos para trabajar en la seguridad del imperio. Eran los llamados cipayos, una suerte de mercenarios a sueldo del Imperio Británico que se encargaban de controlar a la población allá donde las fuerzas británicas no podían alcanzar. Para una parte de la población local, los cipayos eran unos traidores que se vendían al imperio por un puñado de monedas. Esto provocó un rencor que se traduciría en una mentalidad contraria al imperialismo en una parte de la población india, incluyendo a las élites intelectuales. Uno de los episodios más dolorosos fue el del Motín Indio (1857), llamado así por los medios británicos, pero que para los indios nacionalistas sería el primer movimiento nacional por la liberación. En ese acontecimiento se puso de manifiesto la rabia de los indios ante lo que consideraban una ofensa: el uso de material procedente del cerdo y la vaca para fabricar cartuchos de las armas, es decir, del animal prohibido para los musulmanes y del ser sagrado para los hindúes, respectivamente (McDowall, 1989, p. 145).

El Reino Unido se vio en la tesitura de dar un paso decisivo para apagar las llamas de este enfrentamiento, y decidió hacer recaer la soberanía de India al completo sobre la reina Victoria, que gozaba de gran popularidad

(McDowall, 1989), en un período histórico que se vino a conocer como el British Raj, del hindi *raj*, reino[33]. Este estatus se mantuvo entre 1857 y 1947 y favoreció la creación de pequeños reinos, principados y territorios subsidiarios controlados por las élites locales, un preludio de separación entre India y Pakistán y una cierta autonomía frente al Imperio británico. De hecho, India pasó a formar parte de la Liga de Naciones tras la Primera Guerra Mundial y participó en eventos internacionales como los Juegos Olímpicos. El Estatuto de Westminster (1931) contribuyó también a dignificar el autogobierno de los territorios pertenecientes al Imperio británico.

Al calor de los acontecimientos surge el movimiento nacionalista indio, impulsado por Mahatma Gandhi. Gandhi se había armado de argumentos contrarios a la colonización tras comprobar las políticas llevadas a cabo no sólo en India, sino en Sudáfrica. Como personaje histórico resulta de interés para este análisis, ya que fue pionero en encontrar puntos comunes entre la colonización entre los dos países y crear esa especie de unión a través del Índico. A pesar de los avances en el autogobierno, cada vez más indios se adherían a su movimiento. La razón residía en que era muy difícil desprenderse de la idea de que India era un país sometido. Especial trauma causó la conscripción para luchar en las guerras mundiales del lado británico, con el desastre de Gallipoli como epítome del uso de jóvenes indios para morir por una guerra y una patria que no sentían como suyas. Estos acontecimientos sirvieron como catalizador para las reivindicaciones del nacionalismo, que conseguiría la independencia en 1947, en parte por voluntad de los británicos y en parte por evitar el coste de mantener una colonia, en un momento en que tenían que centrarse en la reconstrucción del país tras los daños que la aviación nazi había provocado en el país durante la Segunda Guerra Mundial (McDowall, 1989).

Con la independencia de la India se inaugura un nuevo tiempo histórico para Europa, el de la postguerra, con treinta años de relativa paz y prosperidad y de crecimiento económico casi ininterrumpido. Fue un período de

---

[33] A este estatus se llega tras el Motín Indio, para los nativos la Primera Revolución India en favor de la independencia, al que se llega al sentirse ofendidos los cipayos (mercenarios indios a sueldo del impero británico) por la utilización de productos a base de vaca y cerdo para la confección de sus armas. La reina Victoria, que gozaba de mayor popularidad, toma el control completo sobre la colonia.

descolonización donde todas las potencias de vieron obligadas, más tarde o más temprano, a desprenderse de sus colonias, debido al nuevo orden mundial que se iba estableciendo con la Guerra Fría y la Política de Bloques con la excepción de pequeños territorios insulares o pequeñas ciudades estratégicas como Hong Kong, cuya emancipación sería mucho más tardía.

Trazar el recorrido de la escritura de mujeres en literatura indio-angla implica comenzar a estudiar principalmente la producción desde 1931, con el Westminster y el estatuto de dominio para India. Sin embargo, no siempre es fácil determinar el papel que desempeña la literatura femenina en la construcción de India como nación. Lo que a menudo se reconoce es que la literatura ha sido un vehículo de expresión sin igual para las mujeres indias que quisieron reconocer los problemas de su país y, particularmente, los padecidos debido a su sexo y reivindicar soluciones, un cambio cultural. Por encima de los análisis de género que se puedan llevar a cabo, la literatura ha permitido generar una conciencia de lo que significa ser mujer en el subcontinente. En este apartado voy a exponer brevemente el panorama literario femenino indio de las últimas décadas.

La literatura de la India en inglés escrita por mujeres comienza a extenderse con el Movimiento de la Reforma Social, en el caldo de cultivo de la inculcación de valores en alza en occidente como el sufragio femenino. Kolkata fue la capital durante la época imperial, donde los caminos se cruzaban y los más formados utilizaban el inglés como lengua de cultura. El sistema *zenana*[34] potencia la educación de mujeres de clase alta o hijas de familias influyentes. La Fundación de Bethune School en 1849 es un símbolo de la educación en casa para las mujeres. La educación femenina aún no era considerada como una forma de competir con los hombres por los mejores empleos sino, copiando el modelo de la era victoriana, de parecer agradables, mostrar interés por las artes y encontrar un marido con poder. Quedaba mucho por hacer aún, pero la situación no era mejor en las zonas más rurales, donde existía la creencia, y sigue existiendo aún en determinados ámbitos, de que

---

[34] El *zenana* solía ser la parte de la casa en la cual las mujeres pasaban la mayor parte del tiempo, en contraste con el lugar favorito de los hombres, el *murdana*. La división tradicional de los espacios en casa según el sexo conllevaba a un reparto muy desigual de tareas del hogar y los cuidados.

la educación de las mujeres sería contra natura. Con el ánimo de clasificar la producción literaria hecha por mujeres desde la independencia de India, tomaremos como referencia la división en tres generaciones propuesta por Escobedo de Tapia y Quevedo Revenga (2012) y que continúa en su tesis Ángela Mena Rodríguez (2019), de la Universidad de Oviedo, quien también realiza un estudio de campo de autoras indias contemporáneas, en su caso centrado en la novela.

La Primera Generación de autoras indias emerge a finales del siglo XIX, pero alcanza su clímax entre los años treinta y sesenta del siglo pasado, con el proceso lento y costoso de emancipación del país. Su mayor exponente fue Toru Dutt, la primera escritora y mujer reputada en India. Como el francés aún se consideraba lengua de cultura, no solamente en la antigua colonia del Pondicherry[35] sino en muchas otras ubicaciones, Dutt publicó dos novelas principales, una en francés. *Le journal de Mlle. D'Arvers* (1879) y otra en inglés, *Bianca, or the Young Spanish Maiden* (1878). Otro exponente de esta primera corriente fue Rokeya Sakhawat Hossain, cuya novela corta *Sultana's Dream* (1905) marcó un hito en la escritura femenina india. Para muchas lectoras mujeres se trataba de una utopía llamada "Ladyland", donde las mujeres tomaban el poder en una sociedad donde existía una segregación por sexos al revés, a modo de contrafactual, mientras que los hombres eran confinados en el *murdana*.

La última etapa de esta generación está encarnada por dos escritoras indias reconocidas en todo el mundo. Una de ellas es Kamala Markandaya. A través de sus obras maestras, *Handful of Rice* (1966) y *Two Virgins* (1973) presenta el contraste de las mujeres viviendo en el medio rural, considerado más puro y el de la ciudad, que veían como corrupto y demasiado flexible con los valores, las tradiciones y muy especialmente aquellas que tienen que ver con la distribución de labores en el matrimonio. En *Some Inner Fury* (1955) presenta el ideal de la mujer india engañada por su amante, y en *Pleasure City* (1982) se preocupa acerca de las culturas locales y su riesgo de desaparición por la expansión del neocolonialismo incipiente. Otra figura relevante es Rush Prawer Jhabyala, el primer gran ejemplo de india de adopción, procedente de Alemania. Pasó su infancia en Inglaterra, acabó desembarcando en India, donde encontró el amor y se siente una nativa

---

[35] Antiguo fuerte perteneciente al Imperio francés en India.

más allí. La última de las grandes autoras de esta generación es Nayantara Sahgal, la sobrina de Jawaharlal Nehru[36]. Abrazando el idealismo de su tío, en sus obras refleja la situación política de la India en ese momento, con compromiso social impregnada de un tono más incisivo que el de sus predecesoras.

La Segunda Generación de escritoras indias va de la década de 1960 a la de 1980, una época en la que hay una excelente producción, valorada por la mayoría de la crítica, en un contexto de mayor apertura del país en cuestiones de igualdad de género, de celebrar la diversidad y de convertirse India en un país adulto por fin, sin complejos, reconociendo errores y necesidad de mejoras, sin tutelas de imperios. Predominó como Jefa de Estado democráticamente elegida Indira Gandhi, antes de que estallaran los grandes escándalos de corrupción que dejarían fuera del poder al Partido del Congreso (centroizquierda) en favor del partido nacionalista (centroderecha) de Modi.

La última generación de escritoras indo-anglas, por el momento, arranca a comienzos de los años noventa del siglo pasado y se caracteriza por un mayor impacto de sus obras a escala internacional. Esta última tendencia continúa hoy en día en el marco de la literatura glocal, donde las perspectivas nacionales y locales no paran de progresar y ganar presencia. De esta manera, las costumbres, tradiciones y modos de vida de los pueblos donde se escribe una literatura pueden encontrar su lugar respetable y respetado dentro de un mundo global y de extremo consumo. Entre las más importantes destaca Anita Desai, fundadora de la novela psicológica y pionera de la globalización cultural en la narrativa india (Mena Rodríguez, 2017), y autoras pertenecientes a minorías como Anita Rau Badami (indo-canadiense) y Rokeya Sakhawat Hossain, bengalí y musulmana. La tabla siguiente resume la evolución de las tendencias en narrativa:

---

[36] Político brahmín nacionalista hindú que representó el ala socialista dentro del Partido del Congreso. Es padre de la que sería posteriormente Jefa de Estado, Indira Gandhi.

Tabla 1: *Panorama de la narrativa indo-angla hecha por mujeres*
(de elaboración propia)

Panorama de la narrative indo-angla hecha por mujeres		
Primera Generación	Toru Dutt	*Le journal de Mlle D'Arvers* (1878) *Bianca, or the Young Spanish Maiden (1879)*
	Rokeya Sakhawat Hossain	*The Secluded Ones* (1905) *Essence of the Lotus* (1924)
	Kamala Markandaya	*Handful of Rice* (1966) *Two Virgins* (1974)
	Nayantara Sahgal	*Mistaken Identity* (1988) *A Situation in New Delhi* (1988)
Segunda Generación	Anita Desai	*The Village by the Sea* (1982) *Fasting, Feasting* (1999)
	Shashi Dehspande	*That Long Silence* (1986) *Small Remedies* (2000)
	Nina Sibal	*Yatra. The Journey* (1987) *The Secret Life of Gujjar Mal* (1991)
	Meena Alexandre	*Nampalli Road* (1991) *Manhattan Music* (1996)
	Anita Rau Badami	*The Hero's Walk* (2000) *Tell It to the Trees* (2012)
Tercera Generación	Arundhati Roy	*The God of Small Things* (1997) *My Seditious Heart* (2019)
	Kiran Desai	*Hullabaloo in the Guava Orchard* (1998) *The Inheritance of Loss* (2006)
	Mira Kandar	*Planet India* (2008)

En términos generales, puede decirse que la escritura de las mujeres indias que ha osado transgredir las normas del patriarcado ha generado siempre críticas por un lado, pero sororidad por otro. Para que la mujer pudiera empezar a escribir en India, debía, como diría Virginia Woolf, matar a la polilla que la perseguía desde hacía siglos y le impedía concentrarse en su labor intelectual. Las consecuencias positivas de esa sororidad fue la proliferación de autoras y la posibilidad de ser agentes de su propio destino. La libertad debía ser un valor no simplemente en la justicia o en los ámbitos social o laboral, sino que debía comenzar desde el hogar. Sólo liberándose de la violencia patriarcal en el hogar iba a empezar a retroceder la doble marginación a la que estuvieron sometidas siempre por razones religiosa e históricas: como seres biológicos y como seres sociales.

Para conseguir este fin, a menudo recurren a personajes de la mitología hindú y comparaciones de las mujeres con la naturaleza, elemento sagrado para dicha cultura. La nueva generación de poetas indias se encuentra entre la tradición y la modernidad; escribir para la nación o escribir como versos sueltos, pero interconectados en un mundo global. Esta es una de las problemáticas actuales de la poesía india actual. Las mujeres indias han perseguido dibujar en su poesía un retrato fidedigno de India tal y como es, con sus controversias y contradicciones, usando, además del intelecto, los cinco sentidos, en una poesía muchas veces muy sensorial, como se ha transmitido a otros territorios del Índico.

El afán de representación conlleva también retratar la sociedad tal cual la ven dichas poetas, con sus realidades sórdidas, lo cual las convierte en responsables del cambio social y testigos de dicha evolución cultural a lo largo y ancho del país. Esto posibilita un estudio hermenéutico de sus obras que conjugue literatura y contexto. Paralelamente al marxismo, los movimientos emancipatorios iban ganando adeptos.

En cuanto a la India actual, lo que se puede apreciar es una consolidación progresiva de los logros de las poetas anteriores, con lo cual ya no cabe hablar de poesía colonial o poscolonial sino decididamente glocal y transnacional. Lo transmoderno también aparece ya en la literatura contemporánea india en inglés, en novelas como *Gun Island* (2019) del autor indio Amitav Ghosh, donde fusiona occidente y oriente desde la mitología y la leyenda, con unas características aplicables también al género lírico.

Las poetas del siglo XXI han demostrado llevar consigo el sello genuino de una forma contemporánea de escribir diferente a las generaciones pasadas, pero manteniendo la sororidad. Muchas de estas nuevas autoras pueden contar con herramientas nuevas, como las redes sociales para comunicar de manera instantánea y dar a conocer su poesía. A continuación, muestro en una tabla las etapas de la poesía india escrita por mujeres desde la década de los años treinta del siglo pasado, donde se produjo la implosión de esta poesía femenina en cuyo marco de evolución:

Tabla 2: *Panorama de la poesía femenina indo-angla* (de elaboración propia)

Panorama de la poesía femenina indo-angla en India		
Pre-independencia (1930-1947)	Toru Dutt	*Ancient Ballads and Legends of Hindustan* (1882)
	Sanajini Naidu	*The Golden Threshold* (1905) *The Broken Wing* (1915-16)
Post-independencia (1947 en adelante)	Kamala Das	*Summer in Calcutta* (1965)
	Gauri Dehspande	*Lost Love* (1970) *Beyond the Slaughterhouse* (1972)
	Meena Alexander	*Stone Roots* (1981) *Atmosphere Embroidery* (2018)
La nueva generación de mujeres poetas del siglo XXI	Meena Kandasamy	*Touch* (2006) *Ms Militancy (2010)*
	Ranu Uniyal	*Across de Divide* (2006) *December Poems* (2012)

Aparte de estas figuras representativas, una de las características de la "era de lo líquido" en la que vivimos, término acuñado por el sociólogo Zygmunt Bauman (2022), es que incluso lo que parece estable está en un cambio continuo. Nada permanece, y tendencias minoritarias de mujeres que escriben en India están surgiendo al calor del activismo y de la protesta social. Los conflictos territoriales y las rebeliones no son una novedad en el subcontinente indio, pero sí lo es un gran número de autoras que adquieren un compromiso político. Luchan contra las agresiones sexuales, contra la utilización del cuerpo de la mujer como campo de batalla, contra el uso de los niños para la guerra y los abortos forzados. En la revista virtual *Guerrilla*, Meena Kandasamy refleja la literatura de una de las regiones más significativas en India y con minorías secesionistas, como los tamiles. La poesía de activistas como Kandasamy se inscribe en lo que podría clasificarse como *poesía de guerra* o *poesía de resistencia* en una guerra intermitente. En ella relata las hazañas de las mujeres que participaron en la guerrilla de los *Tamil Tigers*, y se inscribe dentro de un pensamiento feminista, comunista y medioambientalista.

En 1983 estalló en Sri Lanka un conflicto bélico que se saldó con miles de fallecidos. Durante la colonización, siguiendo las máximas de Maquiavelo, los británicos incluyeron Ceylon (hoy en día Sri Lanka) como parte del gran complejo al que se referían como "India", un territorio extraordinariamente vasto y una simplificación de las culturas y formas de vida del subcontinente, de manera que existieran conflictos internos y valerse de la división para imponer el dominio anglo. Lo que ocurrió fue que, actuando así, no tuvieron en cuenta las dos etnias mayoritarias en la isla: los cingaleses y los tamiles, la primera muy importante en la isla, pero la segunda con grandes apoyos en la India continental del momento, concentrados en núcleos poblacionales como Madrás, Bengaluru o Tuticorin. Es esto por lo que hubo un conflicto latente desde la Partición.

Sri Lanka está ubicado en frente del estado indio de Tamil, donde mucha gente comparte la misma cultura, el mismo lenguaje local y los mismos valores que el pueblo Tamil al otro lado de la frontera. Este es el motivo por el cual existe una cierta segregación, tras el trauma de una unificación de India fallida que abarcase diferentes religiones y culturas. A pesar de estos intentos del Imperio británico y de Gandhi por crear un país uniforme en su diversidad, Sri Lanka obtuvo la independencia y se convirtió en una república en 1972, donde los singaleses eran una mayoría y los tamiles una minoría cada vez más visible, pero separada de los tamiles que permanecieron dentro del ámbito territorial indio. La convivencia entre los dos grupos étnicos principales de Sri Lanka no fue siempre pacífica, llegando a organizarse una guerrilla tamil que puso contra las cuerdas en alguna ocasión al ejército del país. Las reflexiones intelectuales de Kandasamy, así como su inconformismo político, están inspiradas en el papel de la mujer en dichas guerrillas, aunque no de manera exclusiva: la vocación universal de Kandasamy la llevo a admirar también a las guerrillas latinoamericanas, donde el papel de la mujer se relacionaba principalmente con la defensa de la tierra, la preservación del medio ambiente y las culturas indígenas contra el imperialismo, en este último caso americano, pues Estados Unidos se había convertido en el Hegemón tras las guerras mundiales y el inicio de los procesos de descolonización.

Para Kandasamy, lo que hay que valorar en el caso de esas mujeres es el coraje, que las hacía luchar en condiciones muy similares a las de sus camaradas masculinos. Las fuerzas militares de Sri Lanka fueron apoyadas por los poderes fácticos indios en el restablecimiento del orden después de las revueltas de los tamiles. Por otro lado, en el caso de los otros, con o minúscula, se encuentra dicho grupo étnico, que se habían integrado en guerrillas como los Tigres Tamiles para intentar salir de una situación de pobreza y de falta de alimento y servicios. El conflicto tocó fin en 2009 aunque el rencor por el daño causado sigue presente en día a día de Sri Lanka e India, un conflicto transnacional. Las razones por las que Kandasamy elogia estos movimientos es por su conciencia de pertenecer a un grupo discriminado, de ser partisanos, camaradas a la misma altura con escasas diferencias entre los hombres y mujeres que se encontraban en la lucha. En modo alguno esto incluía que las mujeres empuñaran las armas de la misma manera, pero sin participar en el cuerpo a tierra podían correr enormes riesgos, como ser violadas o asesinadas por las milicias contrarias, y ser exhibidas ante el adversario como trofeos posteriormente. He aquí un ejemplo de resistencia de las mujeres en la poesía tamil referida por Kandasamy.

> You, who have become
> a refugee in your kitchen,
> because of the storm of patriarchy
> You, waging a silent war with fire!
> Get ready, and come!
>
> Let your self-confidence grow
> and your courage too.
> Do you have any freedom
> to act on your thoughts
> and your desires?
>
> Family life does not exist
> for the have-nots now.
> This is what has continued
> into the twentieth century.
>
> (Captain Vaanati, 2020)

El yo poético en este caso es una mujer integrante de los Tigres Tamil que muestra su hastío para con una guerra donde el resto de las naciones contemplaba con condescendencia e intentaba hacer negocio. La realidad del día a día en la guerra era la de familias perdiéndolo todo, las casas, símbolo de prosperidad, siendo atacadas y destruidas, sobre todo en perjuicio de los tamiles, entre otras atrocidades. Hay una isotopía también con los vocativos en este poema, puesto que la función del lenguaje más potente en él es la conativa, en un intento de persuadir a otras mujeres tamil para enrolarse en la guerrilla e intentar batir a los cingaleses y su ejército. En esta batalla de David contra Goliat, los tamiles corrían el riesgo de sufrir más bajas, de tener que desplazarse como emigrantes y añadir una discriminación más a su intersección, y pesaba más sobre ellos por tanto el esfuerzo de guerra, donde se puede apreciar la presencia de los dos sexos, como en la guerrilla de los tamiles en Bangalore, uno de los centros de operaciones. Para muchas mujeres, esto significó aprender por primera vez técnicas de autodefensa y cómo proteger también a sus familias ante eventuales ataque. Se trata de un desfile de las milicias tamiles en Bangalore en el año 2003, en un intento de exhibir su fuerza.

La poesía escrita por mujeres ha existido desde hace mucho tiempo en India, llegando muchas de ellas a alcanzar muy buenas cifras de ventas y a traducirse en varios idiomas, lo cual atestigua la diversidad cultural y lingüística presente. Algunos teóricos como Mehrotra (1984) han tendido tradicionalmente a menospreciar la poesía femenina por minoritaria, comparándola con cementerios donde se podía encontrar un puñado de cadáveres. Sin embargo, la diferencia numérica se va estrechando entre sexos y desde los ochenta se tiene a encontrar un equilibrio. Peradina, con su aseveración de que "el tono de las mujeres poetas es característicamente femenino" (1972, p. 22) proyecta una serie de clichés que las mujeres escritoras se ven obligadas a confrontar para continuar con su carrera, tachadas de utilizar "débiles" temas y tópicos, autoindulgencia y ausencia de forma. En la batalla entre lo nuevo y lo viejo las poetas más jóvenes en India han tenido que atravesar un largo camino para que su obra sea dignificada y para que se reconozca plenamente su talento.

Mauricio, con capital en Port-Louis, es un país soberano insular situado al suroeste del océano Índico. Como su propio lema, *stella clavisque maris indici* (estrella y llave del océano Índico) sugiere, la isla de Mauricio constituye un enclave óptimo para el desarrollo social, económico y cultural dada su relevancia estratégica y geopolítica. Las ciudades más cercanas son Toamasina, a 900 kilómetros y punto más occidental de la costa malgache, y a 3800 kilómetros del cabo Comorin en el extremo sur de India.

Debido a su interés estratégico, Mauricio fue inicialmente descubierto por marineros árabes y malayos, que habían desarrollado técnicas de investigación que les permitieron ir controlando el océano Índico a partir del siglo X. d.C. Los portugueses también llegaron a la isla, en su caso un poco más tarde (1505 como fecha del primer contacto europeo con la isla), pero esta permaneció deshabitada hasta las primeras incursiones por parte de los neerlandeses en 1638, momento en el que empieza la verdadera colonización. El primer rasgo de colonización se encuentra en la taxonomía o en qué nombre dar a las cosas. Los neerlandeses decidieron llamarla Isla Mauricio en honor a su príncipe, Mauricio I de Nassau, hijo de Guillermo de Orange y de Ana de Sajonia y feroz competidor de Felipe II de España en el control de la navegación a escala mundial como modo de llevar a la práctica políticas imperialistas.

Debido a fenómenos climatológicos extremos como ciclones o la infertilidad temporal del suelo los neerlandeses fueron progresivamente abandonando la isla, dejando el campo despejado para el siguiente proceso colonizador europeo, aquel llevado a cabo por Francia. En 1715 Guillaume Dufresne d'Arsel, capitán bretón y expedicionista desembarcó en la isla y la bautizó como Île de France. La isla permanecería deshabitada hasta unos años más adelante, y el control se cedió a la Compañía Francesa de las Indias Orientales, siguiendo los principios de monopolio y fiabilidad de los británicos en su empresa colonial. La isla se convirtió en un receptáculo de esclavos venidos de los actuales territorios de Madagascar, Mozambique, India y África occidental, lo cual tiene relación con la multiculturalidad que se fue labrando durante décadas allí. Se explotaba la agricultura, sector más potente en la isla, y para ello a cada colono le eran asignados veinte esclavos, a cambio de entregar una décima parte de su producción a la Compañía. Cuando Bertrand La Bourdonnais llegó a la Isla de Francia en 1735 había 638 esclavos en una población de 838 habitantes. Después de esto, "unos 1.200 a 1.300 esclavos llegaron anualmente; en cinco años el número de esclavos se había cuadriplicado a 2.612 y el número de franceses se había duplicado, según fuentes oficiales mauricianas" (Internet Archive, 2023).

Mauricio, además de haber perdido su nombre original, pasaba a formar parte así del triángulo histórico infame del colonialismo, donde barcos salían de Europa para secuestrar nativos de diferentes zonas de circunnavegación en el continente africano, luego llevaban dichos esclavos a plantaciones en las colonias, y los barcos volvían a Europa abastecidos con el resultado del trabajo esclavo, grandes cargamentos de azúcar, especias, etc. Ningún viaje se perdía y todos ellos resultaban altamente rentables, con los únicos peligros de la piratería, los posibles motines a bordo a la competitividad insana entre potencias europeas. Los franceses también se habían implicado en la construcción de puertos navales y de un Jardín Botánico en Mauricio tomando como referencia el de Botany Bay en Sydney, Australia. La nación gala controlaría el territorio mauriciano durante el siglo XVIII, aunque a partir del verano de 1810 la isla pasó a manos británicas. Los franceses habían ganado la batalla de Port Louis liderada por Guy Victor Duperré contra los británicos con Besbut Willoughby al mando, pero no habían ganado la guerra. La isla se vio obligada a capitular en diciembre de 1810 ante el almirante británico Albemarle Bertie, cediendo la posesión de la isla a Gran Bretaña y recuperando su antigua denominación, Mauricio. En el Tratado de París de 1814, los franceses cedieron la Isla de Francia junto con sus territorios, el Archipiélago de Chagos y las islas de Rodrigues, Seychelles, Agaléga, Trom elin y Carajos al Reino Unido. Bajo dominación británica, Mauricio volvería a su nombre original.

En 1835 se le aplica la normativa británica de la ilegalización de la esclavitud y el trabajo de indios y sudafricanos fundamentalmente se ve reemplazado por el de trabajadores en régimen de servidumbre venidos de India y Sudáfrica. Esta nueva afluencia migratoria no solo trabajará en las plantaciones, sino que transferirá lenguas y costumbres de sus territorios de origen. Durante las dos guerras mundiales fue, como ocurre habitualmente, un país de conscripción obligatoria del que la colonia traía a sus hijos para hacer la guerra en Europa. Tras el fin de las hostilidades, Mauricio se unió a la protesta pacífica y a solicitar cumplimiento del mandato de la ONU, de que todos los países tienen derecho a la emancipación, lograda en 1992.

Mauricio es un territorio multilingüe. Esto deriva de razones históricas, al haber oscilado entre los imperios británico y francés, pero también a su población multiétnica, fruto de siglos de flujos migratorios. Las primeras lenguas que se hablaron en la isla fueron el árabe y el persa, al haber sido los primeros imperios en llegar al territorio. También se habla francés e inglés, debido a los procesos de colonización, y zulú y tamil, debido a la llegada masiva de personas de Sudáfrica e India, en un proceso de intercambio muy recurrente entre las colonias invadidas británicas a finales del siglo XIX y principios del XX. También se habla el *bhodjpuri* en algunos pueblos, una lengua indoaria con orígenes al noreste de India y que se cree llegó a la isla, igual que a otros territorios del Índico mediante expediciones. Actualmente sólo lo hablan como lengua materna un porcentaje menor del 10% de la población de Nepal y prácticamente de la mitad en Mauricio (Gobierno de Mauricio, 2023).

A pesar de toda esta amalgama de idiomas, la Constitución mauriciana no declara oficial a ninguno de ellos, siendo el inglés el más utilizado en el ámbito de la administración, el francés la lengua principal y vehicular en la enseñanza y otras lenguas locales se encuentran más bien sometidas a una situación de diglosia. El hecho de que la Constitución esté escrita en inglés y el Código Civil en francés es sintomático de la importancia de las dos antiguas lenguas imperiales en la sociedad mauriciana actual, razón por la cual Mauricio puede ser considerado un territorio francófono o anglófono al mismo tiempo. Sin embargo, el código más popular, y el verdaderamente vernáculo de Mauricio es el criollo mauriciano, una especie de *patois* que entremezcla el inglés y el francés, dotándolo de una sonoridad afectada por lenguas ancestrales como el hindi, el marathi o el tamil. Esta realidad refuerza la idea principal de este estudio de aunar los territorios del sudeste africano y el subcontinente indio en uno, ya que las informaciones objetivas aportadas revelan una relación muy amplia y dilatada en el tiempo entre India y los territorios de Mauricio y Madagascar, al otro lado del océano.

En términos globales, la situación de la mujer ha mejorado tímidamente con el tiempo en Mauricio. El 83% de la legislación promueve la igualdad de género y se ha puesto el foco en la violencia machista. La tasa de nacimientos en mujeres adolescentes, uno de los indicadores que más lastraba su desempeño académico y profesional ha disminuido notablemente. Sin embargo, es necesario aún promocionar, en aras de una igualdad verdadera, la presencia de mujeres en la política (donde ocupan un 20% de escaños en el Parlamento), remover las barreras a la maternidad, destinar más recursos a la educación en planificación familiar y una mayor remuneración de los trabajos relacionados con los cuidados, desempeñados en su práctica totalidad por mujeres, y a menudo considerados inferiores en el imaginario colectivo. En las zonas rurales hay muchos datos difíciles de contrastar pero que dejan entrever focos de violencia de género, violencia sexual y dificultad de las mujeres para acceder a la propiedad de tierras, al ser más difícil que lleguen las políticas del gobierno y al encontrar los medios de comunicación un menor seguimiento entre la población.

En la literatura mauriciana de nuestros días predominan tópicos de protesta social, aunque también se mira hacia el pasado para encontrar respuestas a los porqués en situaciones reales vividas. Se observa el conflicto entre la modernidad y la cultura de los ancestros, la tensión entre el cambio y la permanencia, entre lo global y lo local, se denuncia la pobreza, la discriminación por cuestiones étnicas o de género, o la intersección de ambas, y se elogia la naturaleza como fuente de vida. Muchos de los poetas beben de la influencia de J.M. Le Clézio, ganador franco-mauriciano del Premio Nobel de Literatura en 2008.

Ananda Devi, a través de su poesía, pero también de sus novelas, es la que aporta una mirada más violenta pero real de una isla supuestamente paradisiaca. Ha sido traducida con frecuencia al francés y ha conseguido muchos galardones en el ámbito de la Francofonía. Su novela más conocida, *Eve de ses décombres* (2016) narra la historia de cuatro jóvenes mauricianos de Port Louis atrapados en un círculo de pobreza y destrucción. Por el contrario, existen también poetas como Magda Mamet, franco-mauriciana y con estudios en la Sorbona, que han abordado la pobreza desde una actitud más condescendiente. En su obra *Critères* (1954), un libro de poemas de verso libre ganador del premio Francia-Isla Mauricio, aborda el tema del catolicismo y el alma humana. Sus poemas hablan de pobreza y desesperanza también, pero de manera simbólica.

De la misma época, cabe destacar la figura de Raymonde de Kervern, la primera figura femenina conocida por su poesía entre el gran público de la isla. Ganadora del Premio de la Lengua Francesa en 1949 y el Premio de la Academia en 1952, Kervern nació en 1899, hija de un médico muy famoso. Fue elegida Presidenta de los poetas mauricianos en 1950 y emigró a Francia durante un tiempo. De su obra poética se deduce un gran interés por la mitología, la Biblia, Europa, las mujeres y la naturaleza. En algunos de sus poemas cae en el Orientalismo[37], como es el caso de Aspara la Danseuse, donde recrea la imagen fetiche de la mujer india bailarina, representando los misterios supuestos de la sabiduría oriental: "your dance is sin / under your intimate veils / your wide bronze eyes / lead to the abyss" (Kervern, 1941). En otras obras, sin embargo, muestra gran preocupación por las trabajadoras del campo en Mauricio, muchas de ellas migrantes, y sus condiciones laborales: "On their slender arms / The sweet water of the wells / Chaste, their eyes

---

[37] Término acuñado por Edward Said en su obra homónima (1978) para agrupar todos los clichés bajo los cuales las potencias occidentales veían a los habitantes del centro y sur de Asia, aunque también de otros territorios considerados "Oriente". Se retrataba a los orientales como poco trabajadores, supersticiosos, anclados en el pasado, refractarios al progreso o afeminados, entre otros.

lowered, / Shadowed by fatigue". Sin embargo, no hablaba sólo de Mauricio, sino que dejaba entrever una concepción global, previendo el concepto de *indianoceanismo*[38]. Esto se refleja en su poemario *Raz de marée* (1967), donde resalta elementos de la naturaleza y la necesidad de escuchar la voz de esta región del planeta:

Ah! What is this voice?
It is the deep swell,
Lilac scrolls under the nervous
Sun
The Indian Ocean, hissing like
Fire
Twist and circles under the
Wind of the World".

(Kervern, 1967)

También destacan artistas de la diáspora mauriciana, como Saradha Soobrayen, nacida en Londres, pero de ascendencia mauriciana. Ha ganado varios premios literarios y se han publicado de ella no pocas antologías. Es una escritora comprometida con la minoría étnica africana de Chagos y se describe a sí misma como una artista "creativa". Entre sus obras destaca *Stairs and Whispers: D/Deaf and Disabled Poets Write Back* (2017). Otro ejemplo de diáspora, en el sentido contrario, es Shakuntala Hawoldar, nacida en Mumbai, India, pero residente en Mauricio, ejemplificando de nuevo la conexión entre los dos territorios, con poemarios donde denuncia la corrupción y la ineptitud de los dirigentes, como *The Sun Does Not Set* (2014), o sobre el papel de la mujer en la sociedad.

Madagascar es una República situada al sureste de África, conformada por una isla homónima de gran superficie y numerosas islas de menor tamaño. Es la cuarta isla más grande del mundo y el segundo país insular más extenso.

---

[38] Ideología humanista promovida por el mauriciano Camille de Rauville durante la fundación de la Asociación Histórica Internacional en 1960 en Antananarivo, y que aboga por la observación de la literatura a través de la influencia del océano Índico y de la cultura india. Esta teoría se apoya en el mito del falso continente de Lemuria, del biólogo Plilip Sclater (1864), que apuntaba a la idea de un único continente que incluiría a Madagascar y el subcontinente indio, tomando como evidencia la presencia de fósiles de lémur a ambos lados. Esta teoría fue desacreditada en el siglo XX con la teoría de Wegener (1912) sobre la tectónica de plazas y la evolución de los continentes.

Su capital y ciudad más importante y poblada es Antananarivo. Los primeros asentamientos humanos se producen hacia los siglos II y III d.c. con la llegada de los navegantes procedentes de Borneo y del sur de las Célebes. Esto emparenta a los malgaches con la rama malaya e indonesia, lo cual tiene un impacto sobre todo sobre las lenguas locales. La migración desde Indonesia fue la que tuvo un mayor impacto a la hora de conformar el sustrato cultural de la isla. De estos ascendientes más antiguos se piensa que descienden las primeras tribus de cazadores-recolectores y pescadores de la isla.

La historia escrita de Madagascar comienza en el siglo X. d.C. con la llegada de los árabes, que establecieron puntos de comercio a lo largo de la costa noreste de la isla. Esta era la zona más próspera, dado que favorecía el intercambio con el sudeste asiático, lo cual llevó a una parte importante de personas a asentarse en la isla. Este hecho lleva a que en la isla aún hoy en día se practique el islam y que una parte de la población tenga raíces árabes y persas. No obstante, no es hasta el Renacimiento cuando se asientan británicos y franceses en la isla, al calor de la época de los descubrimientos, en la cual fructificaron múltiples inventos para la navegación. En el siglo XVII se produce un primer reparto de África entre las potencias europeas durante el cual los imperios británico y francés pugnan por el control de la isla. Esta situación es paralela a la de Mauricio, donde esta rivalidad por la influencia sobre el territorio también se daba entre las dos principales potencias del viejo continente. Sin embargo, los malgaches opusieron resistencia mediante la unificación y el reino de Imerina, su gran reducto de poder, que sistemáticamente trató de mantener a portugueses, ingleses y franceses alejados de la isla.

Una de las actividades económicas, muy perjudiciales para la población, fue el comercio de esclavos. Muchos eran trasladados forzosamente al Virreinato de Perú para trabajar en las plantaciones, cuyos descendientes serían comúnmente apodados *manganches*. En el siglo XIX, durante los reinados de Radama I y Radama II, se configuró una alianza estratégica con los ingleses para evitar la conquista por parte de las tropas de Napoleón Bonaparte. Sin embargo, tras la caída de este se volvió a intentar eliminar a los británicos, incluyendo a los misioneros que iban a la isla por motivos religiosos. Esto provocó tensiones internas en el país que se saldaron con la anexión total por parte de Francia en 1895, bajo el reinado de Ranavolona III, monarca que se exilió dejando la isla en manos de un mando militar francés, convirtiéndose en colonia *de facto*. La guerra había dejado un país muy debilitado, ya que Madagascar contaba con un nutrido ejército entrenado por los británicos. Las actividades económicas más importantes en la isla pasaron a ser las plantaciones de café, canela y té, y su posterior comercio a Europa. Por una cuestión temporal nunca fueron esclavos los que trabajaron en estas tierras, ya que la esclavitud había sido abolida ya en Francia, sino mano de obra barata conseguida entre los locales al igual que en India, Mauricio y todas las colonias invadidas de los imperios británico y galo.

Al igual que en los territorios antedichos, a principios del siglo XX comienzan las tensiones nacionalistas que abogan por el autogobierno y progresivamente por la independencia de estos territorios. Por cuestiones estratégicas, los británicos tomaron la isla para evitar la influencia de Japón durante la Segunda Guerra Mundial, que sería devuelta a Francia cuando el país se liberó de la Ocupación Nazi (1944). En 1958 pasó del estatus de colonia al de Territorio de Ultramar Francés, tras lo cual los independentistas moderados ganarían las elecciones y el camino hacia la autodeterminación quedaba allanado. La isla obtuvo la independencia de Francia en 1960 con las políticas de autodeterminación predominantes en la ONU. En ese momento se instauró la República como sistema político, bajo el gobierno del socialdemócrata Philibert Tsiranana, lo cual no impidió la vuelta de nuevo a épocas oscuras con el golpe de estado del capitán Didier Ratsiraka en 1975, que dio lugar a una dictadura de dieciocho años que se vería forzada a acabar convocando elecciones por presión popular.

Si bien el país ha avanzado en derechos para las mujeres y las técnicas de planificación familiar están extendidas, siguen existiendo focos de violencia de género y sexual a nivel local que no se combaten lo suficiente. También es deficitaria la posesión de la tierra por parte de las mujeres, y en aras de mejorar la situación de la mujer es necesario el país comunique todos los datos sobre género para que la ONU pueda realizar una evaluación más objetiva, así como formular propuestas de mejora.

El país malgache comparte con Mauricio una característica muy importante, la multiculturalidad. Sus sociedades están formadas por numerosos grupos étnicos, siendo su población un sumatorio de diferentes minorías, si bien a nivel religioso existe más uniformidad ya que el credo predominante es el cristianismo. Por grupos étnicos, existen genotipos austronesios y africanos, con influencia también india y árabe que obedecen a los intercambios que se produjeron en la Edad Media. En cuanto a la cuestión lingüística, el malgache es la lengua materna para prácticamente la totalidad de la población. Esta lengua tiene sus orígenes en Borneo, con lo cual la influencia de Indonesia se intensifica mucho más en este territorio. Sin embargo, el francés sigue siendo lengua de cultura, de la administración y de parte de los textos escritos, literarios y no literarios. Se da una situación de diglosia similar a la de Mauricio, pero con el francés como única lengua privilegiada, con estatus de segunda lengua. Una pequeña minoría en Mayotte habla además *bushi*, un dialecto minoritario del malgache.

En sus paisajes y especies animales, Madagascar es uno de los enclaves más apasionantes y diversos del planeta. Como el lémur gigante o el cerdo hormiguero de Madagascar. No en vano, la isla surge con la desmembración del supercontinente Gondwana. Se separó primero de África, hace unos 130 millones de años, y de India, hace entre 65 y 80 millones de años. Esto permitió que las especies que en ese momento existían tuviesen una evolución totalmente distinta y particular. Muchas especies migraron o fueron arrastradas a la isla mediante ciclones, y en sus selvas encontraron un ecosistema muy proclive a la biodiversidad. La isla cuenta con una fauna y vegetación únicas, tanto por el elevado número de especies endémicas que alberga como por su diversidad. Uno de los problemas actuales es la desaparición de los ecosistemas fruto de la acción humana, hasta un 90% de la superficie original, según datos del Centro Superior de Investigaciones Científicas (CSIC, 2022). La poesía es uno de los géneros más prolíficos en Madagascar, ya que atrae a los jóvenes con códigos conjuntos en forma de espectáculo y en África existen muchos *slams*[39], juegos de recitación poética y géneros como el *rap* y el *trap*, también muy frecuentes en la Francia metropolitana, que aúnan literatura y reivindicación social. A continuación, se presentan los poemas más icónicos de las poetisas con mayor proyección en Madagascar por su reivindicación descarnada, su juventud y sus ganas de cambio, de olvidar los antiguos clichés y abordar temas tabúes:

---

[39] Competiciones de poesía en las cuales se recita, se canta, se baila y se llevan a cabo diferentes espectáculos mientras se celebra la poesía. Kandasamy es conocida por su participación como *slammer* en África sobre el poema en el que reivindica el dialecto inglés de la India.

Frankly,
I am not already ready
to have this baby.
Just give me nine months
to be ready
One month
to ignore the fact
Two months
to achieve all my goals
Three months
to deny your presence
Four months
trying to fix
my sadness
Five months
to start cleaning

the mess
Six months
to rest
Seven months
to celebrate
your presence
inside me
Eight months
to calm you
down
Nine months
to wait
for your arrival.

(Lalatiana, s.f.)

Rasamoelina Lalatiana Andréa, conocida bajo el pseudónimo de Antígona, es una competidora de poesía, madre precoz y escribe en los tres idiomas principales del país: francés, inglés y *malagasy* (lengua vernácula malgache). En noviembre de 2019 fue elegida embajadora de la Facultad de Letras y Humanidades de la Universidad de Antananarivo como *slammer*[40]. Aborda temas complicados, pero de actualidad en Madagascar con un aire fresco, lo cual conecta muy bien con la población malgache, país con una estructura poblacional muy joven. El poema anterior muestra su preocupación por la planificación familiar, la dicotomía entre desear un hijo, pero a la vez mostrar dudas, el concepto de "estar preparada" para una mujer, con los techos de cristal que podrían esperarla en su carrera o la necesidad de detener sus estudios, en definitiva, matar al "ángel de la casa" de Virginia Woolf (2010) como si de una polilla se tratarse. Este término fue acuñado originalmente por el poeta inglés Coventry Patmore en su poema narrado "The Angel in the House" (1863), del que se extrae un ideal de mujer victoriana, sumisa y dedicada al cuidado de su marido y de sus hijos:

---

[40] Participante en un *slam* de poemas con todas sus artes performativas.

Childhood memory
Lurking in my mind
Quicksand of tiny limbs
Toying with the waves
Dragged by the tide
Swallowed by the sea.
Trail of tears
That led me away
From ever even wanting
To get anywhere close.
I cast before you
The meanders of my mind
Seeking you on purpose
Hoping that your peace

Will flood and bleed onto me [...]
But today, the water has cleared.
Crystal reflecting my newfound
peace.
Water you are
Mother you are
Eternal love

(Na Hassi, s.f.)

En el poema anterior, traducido al inglés por Johana Rasoanindrainy, se aprecia la importancia de los recuerdos, como elemento cultural de suma importancia en la literatura malgache. Desde la perspectiva de lo onírico se abordan temas como los sentimientos ambivalentes hacia la propia madre, la naturaleza como cronotopo típico en la infancia y la nostalgia tras recibir muchas heridas en el proceso de crecimiento. Su autora, Na Hassi, nació en 1989 en Antananarivo, y tiene un máster en literatura francesa tras defender un trabajo en el cual analizaba las imágenes y su dinámica en Esther Nirina, lo cual refuerza la idea de que esta última es ya una poeta consagrada para muchos malgaches jóvenes y formados. Desde 2008 participa en *slams* en Reunión y Costa de Marfil, lo cual sugiere un movimiento panafricanista e indianoceánico de subversión y creación entre las nuevas generaciones de mujeres y hombres escritores.

Myriad possibilities
Even among the rocks
My cactus in bloom
... Breathe
Hopes of old
Distilled into the desert
Ever in bloom
Breathe...

(Raberinimanga, s.f.)

Tsiky Raberinimanga es una artesana de las palabras y poeta desde su temprana adolescencia. Empezó a interesarse por este género durante su adolescencia y se graduó en Literatura por la Universidad de Antananarivo. Su primer poemario fue publicado en 2018, y escribe en francés, inglés y malagasy. Trabaja también como profesora de inglés y su inspiración temática va de la vida interior y la introspección, hasta la escritura creativa. Como miembro de la Operación Bokiko, contribuye a promocionar el acceso de la gente más necesitada a libros, educación y cultura. Esta también es una preocupación compartida de la literatura africana, facilitar su acceso para que todo el mundo pueda disfrutar de la lectura a guisa de pedagogía:

> I talk to the moon,
> The stars and the sun
> To know how you are
> I talk to the sky
> The birds and the fly
> To tell how I miss you
> I talk to the plants,
> The hill and the wind
> To caress you where you are
> And all the nature will be on our side
> To cover our hearts.
>
> (Ampelagie, s.f.)

En el poema anterior se deja atrás el concepto de la religión y se sustituye por una especie de panteísmo donde se puede hablar con los astros, los fenómenos atmosféricos, la tierra, los animales y las plantas. Un enfoque ecológico que denota el amor de los nativos y los jóvenes malgaches hacia sus raíces, que identifican con la tierra. Ampelagie es el pseudónimo por el que se hace conocer esta poeta, periodista y documentalista, llamada en realidad Holy Danielle. Es también editora jefe de *Musichall*, una revista bimensual sobre música:

> Even if I know you are so far
> My heart will continue to send you
> Its tender message
> Telling you something sweet
> Something deep…
> Even if I know
> My hands will not touch yours
> My heart can guess where you are
> Not far from me…
> Just somewhere thinking of me …

Even if I don't know
When we'll meet again
I stay strong and deeply hope
One day, I can sleep in your arms…

(Rakotoandrainibe, s.f.)

La última poeta que mencionaré, Fanha Rakotoandrainibe comenzó a escribir a la edad de quince años en francés y en malagasy. Ha escrito hasta este momento cuatro libros de historias cortas en francés. Su primera colección de poemas en malagasy y francés *Vetsovetsom-Pitiavana-Murmures Sentimentaux* fue publicada en 2008 y su segundo poemario, *Topimaso Regards*, en 2019. En su poesía, esta autora habla del amor, el amor separado por la distancia, separado por la muerte, el dolor de la incertidumbre, un sentimiento y un temor universal que conduce según varios mitos como el de Alfonsina en las culturas hispánicas, que se vuelve loca en la incertidumbre de esperar todos los días en el muelle a su marido, sin saber si lo habrá perdido para siempre.

En resumen, la poesía malgache contemporánea realizada por mujeres aborda temas de preocupación local pero que se dan también en el resto del mundo, de manera global. Entre ellos encontramos el amor, con su opuesto, el desamor, y las circunstancias que pueden llevar a ello. Otro tema sería la protección del medio ambiente y de la naturaleza, interpretando que sus raíces están allí y sus antepasados en la tierra y los astros, la fauna y la flora es garante de preservación. Otro de los tópicos es la maternidad y cómo abordarla, fenómeno que debe resignificarse o cambiarse mediante la corresponsabilidad para que no siga siendo una forma de opresión patriarcal, pues es la mujer quien asume, mayoritariamente, los cuidados. Aparte de los temas, los juegos con la literatura tampoco escapan a estas nuevas tendencias, y se busca siempre que el componente lúdico y entremezclar la poesía con las artes visuales atraiga al público joven.

Conocer en profundidad los detalles del contexto y de la biografía de las poetas que constituyen nuestro objeto de estudio es importante, no tanto como un fin, sino como un medio. Sólo este conocimiento permite analizar los poemas desde el enfoque de la antropología literaria y, más en concreto, poética. De acuerdo con el escenario metodológico presentado para este estudio, para una correcta interpretación del mundo de los sentidos y del mundo de las ideas de las autoras es necesario disponer de un bagaje cultural e informativo extenso sobre las mismas.

3. Análisis de los poemarios

3.1. Espiritualidad y el yo interior

Este primer epígrafe del análisis tiene que ver con la introspección, la reflexión acerca de la propia identidad y la búsqueda profunda en el tan manido "yo" interior de las autoras a través de sus yoes poéticos. Tiene que ver con las diferentes formas de espiritualidad y con el yo interior, también llamado el *ego*, siguiendo la terminología freudiana. Las formas de espiritualidad son muchas y aparecen de diferentes formas en nuestro corpus de poetas. Conviven creencias en dioses locales, hindúes, con elementos propios a las religiones semíticas y, en especial, al ámbito del cristianismo. Las divinidades, formas de vida, valores, lo que hay después de la muerte, el sentido de nuestra existencia en el mundo son preguntas de las que debe encargarse la espiritualidad, a través de la adhesión o no a una religión.

Como caminos intermedios aparecen, por ejemplo, el panteísmo[41], que identifica a Dios con la naturaleza. Esta naturaleza o fuerza suprema puede ser también considerada una inspiración para la creación artística, así como

---

[41] "Incluso la religión debe ser considerada por la filosofía como algo más valioso que el panteísmo así entendido, que no es para Hegel más que un pensamiento carente de substancia, hasta el punto de que no sólo no constituye ninguna filosofía, sino que ni siquiera está presente en la religión. Lo que en religión se llama panteísmo (en relación al hinduismo, por ejemplo), no es una divinización de todo lo finito, sino de la totalidad. Ni siquiera el hinduismo establece que Brahma sea todas las cosas, sino que aparece o se manifiesta en todas ellas, preservando así la diferencia con lo finito, sólo que de manera que la finitud aparece como lo negativo" (Fabo Lanuza, 2021, p. 274).

una fuente de recursos para la mística. También analizaremos la comunicación entre el yo interior y cada una de estas creencias y formas de entender la vida y lo que no podemos explicar científicamente, que la narrativa se manifiesta estilísticamente a través del monólogo interior. De la misma manera, la ausencia de comunicación y de seres sobrehumanos o fados que determinen el devenir caracteriza también la forma de escribir de cada poeta y las creencias que exhibe o rechaza cada voz. Estos mitos no siempre son religiosos, sino que muchas veces beben de la mitología grecolatina, base del pensamiento de las culturas comúnmente consideradas occidentales y muestra de las consecuencias de la colonización y, actualmente, de la globalización, pues han conseguido una repercusión planetaria, sobre todo entre las élites de los diferentes países. En ocasiones, las autoras de nuestro corpus van a recurrir a la metodología para reescribirla y combatir así el patriarcado, ya que tradicionalmente el papel que conceden a la mujer es subsidiario al del hombre y los personajes femeninos suelen quedar desprovistos de acción.

Estos mitos y creencias se han ido popularizando y poco a poco van construyendo la raigambre de las culturas, que se van asimilando en un proceso de enculturación[42] y, en el caso de las diásporas, de aculturación[43]. En suma,

---

[42] (…) un valor crucial al capital cultural acumulado en la propia familia en la formación del de una persona, el *habitus*. En el proceso de enculturación el niño internaliza ciertas disposiciones que se expresan o externalizan más adelante en su pensamiento y comportamiento como persona adulta en forma de una ética y estética específica, así como un stock de conocimientos que constituyen los elementos cruciales de su identidad social (Bourdieu, 1980).

[43] "La aculturación es un proceso de adaptación gradual de un individuo (o de un grupo de individuos) de una cultura a otra con la cual está en contacto continuo y directo, sin que ello implique, necesariamente, el abandono de los patrones de su cultura de origen. Dicho contacto suele derivar en influencias culturales mutuas que comportan cambios en una o en ambas culturas. El proceso de aculturación consiste, por un lado, en la incorporación de elementos de la nueva cultura y, por otro, en el reajuste de los patrones culturales del individuo o grupo, motivados ambos por la necesidad de reorientar sus pensamientos, sentimientos y formas de comunicación a las exigencias de las realidades externas. A través de las actividades de incorporación y acomodación, el individuo va aprendiendo a desenvolverse, con altibajos, en la nueva cultura. Teniendo en cuenta que el proceso responde a una búsqueda de equilibrio (que a su vez implica una reorganización permanente), la aculturación, lejos de ser un proceso lineal, se desarrolla en sucesivos movimientos de avance y retroceso, de prueba y ensayo, de acercamiento y alejamiento entre ambas culturas" (Centro Virtual Cervantes, 2023).

se trata de que la persona se inserte una cultura de grupo, de sociedad y de pertenencia.

De ahí que estos elementos sean de vital importancia a la hora de forjar la identidad en el caso de los yoes poéticos que nos atañen. La presencia de mitos se reparte entre aquellos que son específicamente locales con los mitos globales, pasando por los glocales, es decir, mitos universales que se han adaptado a las diferentes culturas, como el del diluvio universal, que abordaremos a lo largo del siguiente epígrafe. Todos estos mitos, como formas simplistas o simplificadas de ver el mundo, van forjando la identidad de los seres humanos desde la infancia, en algunos casos con aprendizajes provechosos y en otros casos como arma de transmisión de valores como el patriarcado, que luego habrán de ser obligatoriamente desaprendidos para llevar una vida plena y esquivar las relaciones tóxicas.

El primer poema en abordar estas cuestiones se encuentra en el poemario *Simple voyelle* (1980), concretamente en el poema "Croix de boix". El título del poema ya dice mucho puesto que el símbolo cristiano de la cruz comunica el mundo terrenal con el mundo celestial. El poema se presenta como un monólogo en forma de oración dirigido, evidentemente, a Dios, personificado en la figura del Padre. El cristianismo que exhibe Nirina a través de su voz poética es incontestable, con una intertextualidad[44] enorme con las oraciones tal y como son en estas religiones, pues se atribuyen a Dios características muy claras de la ética judeocristiana. Esto se debería a la concepción de la persona como entidad y no en su relación con el medio, como ocurría en la filosofía griega, y que si bien la Biblia afirma que Dios crea al ser humano

---

[44] "La intertextualidad, término inventado por Julia Kristeva, es la relación entre un texto y otro (hipotexto e hipertexto, de acuerdo con la terminología de Gérard Genette); este concepto puede funcionar no sólo para establecer la relación entre dos textos literarios, sino también para propiciar el diálogo entre dos obras de distintas disciplinas: los mitos griegos pueden ser analizados desde la pintura; las novelas y los cuentos pueden ser readaptados desde el mundo de las historietas; el cine toma ciertos recursos y temas del teatro. En todos estos casos y muchos más, la labor docente, dentro de las disciplinas humanísticas, podría dirigirse a la creación de una red que comunique distintos temas y contenidos con el propósito de estimular la investigación y de desarrollar en los estudiantes una serie de habilidades lingüísticas como la retención de información, la asociación, la comparación, la identificación del discurso paródico, la crítica literaria, entre otras" (Macedo Rodríguez, 2008, p. 103).

a su semejanza los hombres con poder intentaron que Dios fuera retratado como hombre, para justificar una sociedad patriarcal:

> En efecto, aunque la filosofía griega haya conferido al hombre atributos personales como la libertad y la responsabilidad, lo cierto es que no sistematiza un concepto de persona, porque el hombre está supeditado a lo universal, sin que tenga razón en sí mismo y por sí mismo. El hombre griego queda sometido en el fondo a la polis de la que recibe seguridad y lo absorbe por completo. Ésta es una filosofía de la naturaleza (physis), no de la persona. La tradición judeocristiana ha sido decisiva a la hora de introducir el concepto de persona, que no existía en la filosofía griega. El concepto de persona nació bajo el cielo de un Dios personal.
>
> (Sayés, 2009, p. 503)

Se trata de una divinidad omnipresente, incita a evitar las tentaciones, pero le da la vuelta y reescribe la oración en la segunda parte, donde anima a los compatriotas a no pensar que Dios los ha creado para la mansedumbre, para convertirnos en los juguetes rotos de los poderosos o, en definitiva, a que no aceptemos la idea de ser seres humanos solo a medias. El poema tiene forma de letanía en el sentido del ritmo, las repeticiones, los vocativos, pero se muestra reivindicativo al mismo tiempo ya que se rebela contra la mentalidad colonial de que los nativos no tienen alma, no tienen cultura escrita, no tienen civilización y, en definitiva, los clichés que los nativos, la población local originaria, tienen que intentar no interiorizar, en aras de algún día ser considerados y reconocidos como seres humanos de pleno derecho:

> (…) Père,
> Toi qui es là présent
> Ne me laisse pas succomber à la tentation
> De « ne plus croire » qu'il est venu
> Aussi
> Pour les miens
> Ne me laisse pas succomber
> À la tentation
> De « croire » que ta volonté est celle
> De nous avoir créés
> Pour être des jouets méprisés
> Que tu nous arrêtes
> À l'état d'homme à moitié
>
> (Nirina, 2019, p. 23)

En el caso opuesto se encuentra Ranu Uniyal, con su poema "My God Is Always Silent", de su poemario *Across the Divide*, donde reconoce sin tapujos el Dios en el que su madre ha tenido toda la vida mucha fe, lo rechaza por haber sido un dios ajeno a la libertad y a los cambios sociales que han operado en India en las últimas décadas. El mecanismo de pragmática del texto más importante aquí es la isotopía sintáctica, ya que se repite mucho la misma estructura, "your God is always", contraponiendo a partir de los adjetivos posesivos de segunda y primera persona, respectivamente, y estableciendo una dicotomía entre tu Dios (el Dios de su madre) y "mi Dios" (el de la hija). La madre anhela estar sometida a una divinidad que permanezca en silencio, que le dé esperanzas para el futuro, que contemple, que sonría mientras otros se manchan las manos de sudor con el trabajo, y que se quede a su lado, invisible, mientras que la hija busca un dios que hable, que aporte esperanzas para el presente, que le seque las lágrimas, que se manche las manos y que no sea invisible, sino que lo pueda exhibir ante sus amigos. Evidentemente se trata de una crítica a la visión de la religión alejada de la realidad, de los cambios en la sociedad y de los problemas del día a día de las nuevas generaciones, que van perdiendo fe por esta lejanía y por la actitud inversa a la resiliencia de sus padres:

Your God is always silent
I wish my God to speak
[...]
I wish my God
To wipe my tears for me
Mama
Your God is smiling
At your sweat-soiled hands
My God I wish would stain
His hands like mine
Your God mama
Is ever by your side
Invisible
My God I wish to show
All the friends I know.

I do not want your God
Will you please make a new God for me?

(Uniyal, 2006, p. 16)

La salud mental es uno de los cuidados básicos de los que hay que proveer a las víctimas, algo que en la sociedad del siglo XXI es crucial debido a la proliferación de problemas de salud mental, sobre todo la depresión, que los médicos coinciden en calificar como la epidemia de los tiempos. Los confinamientos durante la pandemia del COVID-19, la sustitución de las relaciones sociales en persona por la comunicación a través de herramientas virtuales, las relaciones interpersonales líquidas y la falta de familia en sentido amplio con la que estar y compartir momentos han agravado los problemas de salud mental ya preexistentes y los han extendido a personas que antes estaban sanas. Kandasamy pertenece a una generación joven que se atreve sin tapujos a hablar de salud mental y a verbalizar su situación mucho mejor que sus ancestros cuando tienen algún problema de esta índole. Los tratamientos son difíciles y costosos ya que las víctimas siempre corren el riesgo de ver su participación como una "confesión", dentro de una tendencia a la autoculpabilidad muy común.

Paralelamente, en la voz poética de Uniyal también aparecen versos con temática religiosa desde una visión afirmativa, como en el poema "For Moksha", de *The Day We Went Strawberry Picking in Scarborough*, en el sentido de comprender que las generaciones siguientes pueden ir dando pasos hacia una sociedad mejor a través del aprendizaje. Como si estuviera hablando con su propio hijo, de refiere al Moksha, que en la cultura hindú quiere decir liberación de los ciclos, cuando después de las reencarnaciones, y de haber pasado por la forma humana de manera virtuosa, se supera dicho ciclo. En este poema se combinan visiones muy positivas con peligros al final de cada estrofa, con una coda en la que la voz poética alude a los riesgos que comporta cada virtud de su hijo. Esta ambigüedad se concreta en los vocativos con los que se dirige a su hijo, en las tres primeras estrofas en mayúscula, como aludiendo a un término divino, y en la última con minúscula, refiriéndose a su hijo en concreto. Como bien podría abordarse en el epígrafe sobre la educación y la familia, la madre ha de tener un rol de guía y de acompañante, metafóricamente una vela iluminando su camino, que impida que se apaguen la fe y las tradiciones locales en el *maremágnum* global:

> I will make you run
> For water and fun
> And see your legs go wild.
> O son of mine!

It frightens me
The day I see you mild [...]
I will pray for thee
And always be
Like a candle by your side.
O son of mine!
It frightens me
Let love and faith abide.

(Uniyal, 2018, p. 15)

Este concepto de la transcendencia y de la voluntad de que la cultura permanezca también se observa en estas estrofas de "A City of Riots", del mismo poemario que el anterior poema, donde la voz poética pone de manifiesto lo convulso del mundo global y clama por el *sat chit ananda*, la conciencia pura de lo eterno de la dicha[45]. Este poema es sólo abordable desde el conocimiento de dichos valores religiosos que subyacen en el mundo de las ideas de la autora, pero también conocimientos de dónde se ubican las religiones que abogan por la vida eterna, las semíticas, entre el Mar Muerto y el Ganges:

Will you scrub me clean
with mud from the dead sea
and water from the Ganges,

perhaps in confession I will
join you and search for hands,
innocent, before the crime?
[...]
Will you sing of everlasting
joy, *sat chit ananda*, when

---

[45] *Sat Chit Ananda* es sólo un intento de describir a *Atman*, a través de sus cualidades divinas, ya que no se puede definir a *Brahman*. *Atman*, el Sí Mismo individual, es un fractal de *Bhahman*, el Ser Universal.

Vemos en el universo fenoménico la falsedad, la inconsciencia y el dolor. Por lo tanto, el *Atman* que es distinto de *Anatman* es caracterizado con el propósito de facilitar nuestra comprensión como *Sat* (real) en lugar de *Asat* (irreal), *Chit* (consciencia) en oposición a *Jada* (insensibilidad o inconsciencia) y *Ananda* (dicha, bienaventuranza) en oposición a *Duhkha* (dolor, sufrimiento).

Incluso estos términos, no definen a *Atman*, sino sólo lo distinguen, está más allá de las definiciones de las palabras. Aquel que ha realizado *Sat-Chit-Ananda Atman* es un ser liberado. Despierta a la inmortalidad del Ser, es un Ser establecido conscientemente en su Divinidad (Pirola, 2020, s.p.).

bereft of feeling, unattached
and distant, I will betray
all bones

(Uniyal, 2018, p. 19)

Ananda Devi se adhiere al panteísmo de las autoras insulares, que identifican las maravillas naturales con Dios, o al menos con un maestro que dirige los designios de la vida, siendo sus dictados inexorables. En el pormario *Quand la nuit consent à me parler*, poema segundo, la voz poética se dirige a un dios superhombre, creador y director de los designios humanos. Contra las ansiedades cotidianas de la humanidad, la voz poética opta por escapar, atribuyéndoselas de manera inexorable a esa divinidad masculina y punitiva, que no se percibe precisamente indulgente en los enfados a través de los cuales condena a la humanidad, concepción que llega a las religiones semíticas a través de la cultura helénica y que se fue globalizando mediante estratos culturales de unas sociedades a otras. Sin embargo, ocurre siempre lo mismo, que es devuelta, siendo arrastrada por los cabellos, mismo lugar, al más puro estilo del mito de Sísifo[46] que de nuevo avala los conocimientos culturales de Devi sobre las civilizaciones europeas:

Vous le maître de nos destins
Dont je ne connais pas le nom
D'où vous vient cette colère
Cette fureur sans pardon ?

---

[46] "Se ha comprendido ya que Sísifo es el héroe absurdo. Lo es tanto por sus pasiones como por su tormento. Su desprecio de los dioses, su odio a la muerte y su apasionamiento por la vida le valieron ese suplicio indecible en el que todo el ser se dedica a no acabar nada. Es el precio que hay que pagar por las pasiones de esta tierra […]. Los mitos están hechos para que la imaginación los anime. Con respecto a éste, lo único que se ve es todo el esfuerzo de un cuerpo tenso para levantar la enorme piedra, hacerla rodar y ayudarla a subir una pendiente cien veces recorrida; se ve el rostro crispado, la mejilla pegada a la piedra, la ayuda de un hombro que recibe la masa cubierta de arcilla, de un pie que la calza, la tensión de los brazos, la seguridad enteramente humana de dos manos llenas de tierra. Al final de ese largo esfuerzo, medido por el espacio sin cielo y el tiempo sin profundidad, se alcanza la meta. Sísifo ve entonces cómo la piedra desciende en algunos instantes hacia ese mundo inferior desde el que habrá de volver a subirla hasta las cimas, y baja de nuevo a la llanura. Sísifo me interesa durante ese regreso, esa pausa. Un rostro que sufre tan cerca de las piedras es ya él mismo piedra" (Camus, 2005, pp. 59-60).

J'ai eu beau fuir
Vous me ramenez
Me tirant par les cheveux
Comme la dernière des damnées.

(Devi, 2011, p. 12)

Otra de las poetas que reconoce los dioses con pasión y no podría vivir sin ellos es Meena Kandasamy, que además cree en su existencia sin necesidad de cambios. Eso sí, utiliza a las diosas hindúes para reivindicar sus derechos. En el primero de los poemas de *Ms Militancy*, el poema en prosa introductorio, "Should you Take Offence...", Kandasamy aborda también el tema de la soridad declarándose disidente de la escritura patriarcal y apelando a Mariamma, la diosa de la lluvia en el hinduismo; a Kali, la diosa de la muerte y la regeneración, muy relevante en la cultura tamil; a Draupadi, la hija del rey Drupada de Panchala en el *Majabharatta*, esposa poliándrica de los cinco hermanos Pándavas, y Sita, diosa hindú de la cosecha y nombre de la esposa de Rama en el *Ramayana*. A todas ellas les atribuye verbos de acción, que dotan de acción a estos personajes femeninos en manos de Kandasamy como escritora: aullar, matar, desnudase, ponerse en el regazo de un extraño, respectivamente. En este fragmento se encuentra la clave del título del poemario, puesto que todas estas mujeres en manos de la poeta se convierten en militantes:

(...) Telling my story another way lets me forgive you. Twisting your story to the scariest extent allows me the liberty of trying to trust you. I work to not only get back at you, I actually fight to get back to myself. I do not write into patriarchy. My Maariamma bays for blood. My Kali kills. My Draupadi strips. My Sita climbs on to a stranger's lap. All my women militate. They brave bombs, the belittle kings. They take on the sun, they take after me.

(Kandasamy, 2010, p. 8)

De manera similar, Uniyal emplea personajes de la mitología clásica, como Perséfone, para reivindicar esta identidad. Al ser un personaje de la mitología griega su relación con el contenido del poema aparece de manera algo difusa e inexacta, con una cierta transmotivación por parte de la poeta. En el poema "For Persephone -She who Destroys the Light", del poemario *The Day We Went Strawberry Picking in Scarborough*, se ve a este personaje como causante de oscuridad, de falta de fertilidad en los campos, cuando según la mitología griega sería la causante de las estaciones, la primavera cuando está con su madre, Deméter, y el otoño cuando cae en la tentación de Hades, que la mantiene secuestrada. El penar de Deméter al no estar con su hija haría que descuidara sus ocupaciones como diosa, el campo y las plantas:

(…) Devoid of smell
my mornings gape
at the knuckles brown.

Once strong flesh
now pickled with brambles
of undue proportion
stretch beyond recognition
the eyes in waiting
unaccustomed to light.

(Uniyal, 2018, p. 40)

De forma similar, Uniyal recurre en su poema "Medea, c'est moi", en *Across the Divide*, a la mitología grecolatina, durante largo tiempo equiparable al concepto de mitología occidental. La elección de Medea no es casual, sino que obedece a lo contrario de la imagen arquetípica de la mujer de la Antigua Grecia. Medea[47] es una sacerdotisa que aprendió los principios de hechicería y es equiparable a Calipso, hechicera que mantuvo secuestrado a Odiseo durante siete años en la isla de Ogigia, y a Circe, quien mediante el empleo de pócimas mágicas conseguía que sus enemigos se olvidaran de su hogar o los convertía en animales, en lo inusual para su tiempo y en tratarse representaciones de mujeres dotadas de acción. En el siguiente poema aparece representada como una amenaza para el patriarcado, capaz de matar a sus propios hijos para vengarse de Jasón, así como de la nueva mujer de este, Glauce:

Medea, c'est moi
An enigma until I saw you. You chose to kill.
And I do understand why 'tis so. In corridors that had no lights
in rooms that had no love you schemed and planned
and such remorse. And with nothing to hold left for Athens.

---

[47] "Según la mitología griega, hija del rey Eetes de la Cólquida y de la ninfa Idia. Era sacerdotisa de Hécate, a la que algunos consideraban su verdadera madre, y que habría aprendido el arte de la brujería de su tía Circe, maga y diosa" (Sbardella, 2021).

It must have hurt killing them all – your own flesh and blood
to sting her with the poison of your wedding-gift.
He was ambitious. You unforgiving. Easing off grief with unparalleled blaze
they dropped down dead.
And when I sit beside you and think of you
My hands crave for some obscure lines on his face.
I have a heart of stone. And I can sing no more.
I bore him no sons. He shall not father them any more.
Isolated, like never before, I understand you better
And I do sympathise why 'tis so.

(Uniyal, 2006, p. 10)

Para Kandasamy, el uso a su albedrío de estos personajes no sería la mera oposición al patriarcado, sino buscar su identidad escribiendo y reescribiendo sobre mitos del pasado. Precisamente esto es lo que le gusta hacer. En el fragmento de "Should you Take Offence", perteneciente a *Ms Militancy*, Kandasamy niega ser atea y dice respetar la existencia de todos los personajes míticos de los textos sagrados, pero se muestra a favor de su reescritura. Como ejemplos de esta reversión de los mitos encontramos el *Ramayana*, texto épico que data del siglo III a.C, atribuido a Valkimi, y que forma parte de textos no revelados directamente por Dios sino transmitidos por tradición. El *Mahabharatta* es el otro gran texto épico de la cultura india, atribuido a Viasa. También se compara con Mira, Andal y Akka Mahadevi, poetas devotas que expresan su amor a Dios a través de la poesía, y la reivindicación de otra figura femenina, Karaikkal Ammaiyar, a la que se acusa desde el patriarcado de infidelidad por el hecho de ser bella, idea que Kandasamy combate enérgicamente:

I am no atheist -I allow everyone an existence. It is just that I struggle with any story that has stayed the same way for far too long. So, my Mahabharatta moves to Las Vegas, my Ramayana is retold in three different ways. I am unconventional, but when I choose to, I can carry tradition. That is why I am Mira, Andal and Akka Mahadevi all at once, spreading myself out like a feast, inviting the gods to enter my womb. I am also Karaikkal Ammaiyar, suspected of infidelity for being ravishingly beautiful. Like each of these women, I have to write poetry to be heard, I have to turn insane to stay alive.

(Kandasamy, 2010, p. 8)

En cuanto al patriarcado, Kandasamy decide retratarlos empleando figuras arquetípicas de la mitología y la religión hindú que transmiten una supuesta superioridad física o mental de los personajes masculinos, y que popularmente se han atribuido a los varones. Se dirige a dichos personajes con un "tú" poético que pone en cuestión el sistema y sus mimbres mitológicas. En este poema en prosa que constituye el preludio de *Ms Militancy*, Kandasamy comienza hablando de Ram, una de las deidades por excelencia de la religión hindú. Ram representa el modelo de la conducta correcta y tiene por cometido establecer la justicia. Su esposa, Sita, adorada como reencarnación de Lakshmi[48], consorte de Vishnu[49], es considerada comúnmente la personificación de la devoción de las esposas hacia sus maridos. Es por eso por lo que este poema reescribe el mito, puesto que toma la voz de Sita para marcharse y olvidar esa sumisión hacia su Ram. Ram sería una representación de la opresión por parte del patriarcado, junto con el resto de personajes de la idiosincrasia hindú que aparecen en el poema. De la misma manera, Indra[50] engendraría una violencia de la que sería necesario escapar, y de los designios de Brahma[51], considerado el Dios creador y, por consiguiente, quien establecería los designios de una manera fatal de todo el mundo. Manu[52], primer humano y salvador del mundo frente al diluvio universal, según el mito, también aparece como una figura represora. Aquí el "yo" poético se compara con el pez al que Manu salvó, tras decirle el primero que temía ser devorado por los depredadores de las aguas, y al que mantuvo en lotas,

---

[48] Diosa hindú de la riqueza, la buena fortuna, la juventud y la belleza (Cartwright, 2015).

[49] Uno de los dioses más importantes del panteón hindú y miembro de la sagrada trinidad del hinduismo junto con los dioses Brahma y Shiva. Es el preservador de la armonía de las cosas (dharma) y aparece en la tierra en distintas reencarnaciones (avatares) para luchar contra los demonios y mantener la armonía del cosmos (Cartwright, 2012).

[50] Dios de la guerra y del trueno. Proviene de la época védica, anterior a Brahma y su hito fue acabar con Vritra, gigantesco dragón enemigo que robó el agua al mundo sembrando el caos. (Martí, 2021).

[51] Dios supremo, junto con Shiva y Vishnu, según figura en el Mahabharata. Se le considera el Dios primigenio, equivalente de Prajapati. En la cultura hindú sería el Dios creador y, dado su estatus superior al resto, no aparece reencarnado ni en mitos excéntricos. Su figura es relevante en la cultura más allá de India, en países como Tailandia y Bali (Cartwright, 2015).

[52] Equivalente del personaje de Noé, propio del Antiguo Testamento de las religiones semíticas, en la religión hindú. De acuerdo con el hinduismo, Manu habría sido el primer hombre sobre la tierra y el primer rey del mundo, salvador del mundo frente al diluvio universal, mito compartido por numerosas religiones. En sánscrito su nombre proviene de "mente". Se lo conoce también como *Vaivasuata*, hijo de Vivasuat, dios del sol, y de Saraniú, diosa de la aurora y de las nubes.

una especie de recipientes de cobre, hasta que el pez creció tanto que no había lotas de su tamaño y tuvo que soltarlo al mar. Allí el animal advirtió a Manu acerca del diluvio que estaba por llegar. Otros personajes, además de las divinidades, que habrían contribuido a la invisibilización de la mujer en la cultura hindú serían el sabio Gautama, acusado de matar a una vaca que estaba comiendo las cosechas en la historia del río Godavari (Gobierno de India, 2016) y Shánkara, uno de los pensadores más relevantes de India y fundador de la doctrina *advaita vedanta*, descrita más adelante:

> You are the repressed Ram from whom I run away repeatedly. You are Indra busy causing bloodshed. You are Brahma fucking up my fates. You are Manu robbing me the right to live and learn and choose. You are Sage Gautama turning your wife to Stone. You are Adi Sankara driving me to death. You are all the men for whom I would never moan, never mourn. You are the conscience of this Hindu society.
>
> Your myths put me in my place. Therefore, I take perverse pleasure in such deliberate paraphrase.
>
> (Kandasamy, 2010, p. 8)

Todos estos mitos anteriores guardan una estrecha relación y un parentesco muy evidente con otros pertenecientes a diferentes religiones que aparecieron en la Edad Antigua, como el cristianismo, y en muchos casos se encuentran vasos comunicantes con la filosofía griega, de la que emana buena parte del conocimiento y de la estructuración del cosmos en Occidente, frente al temido caos en las civilizaciones de la época. De estas doctrinas, la más importante en India fue el *advaita*, un camino hacia la disciplina y la experiencia espiritual, que regresa al monismo tras rechazar el dualismo cuerpo/alma que empezaban a instalar, con mucho éxito, las religiones semíticas. Rechaza que existan almas individuales, pues esto sería únicamente fruto de una ilusión, *maia*. Según esta doctrina, todas las almas individuales, *atman*, serían una en el fondo, *Brahman*. Esta unión de las almas con una divinidad que abarcaría todo cuanto existe exhibe importantes similitudes con el panteísmo, que tan frecuente es en las culturas indianoceánicas, como doy cuenta en este epígrafe y en el de naturaleza y vida.

Uniyal también reclama a las divinidades hindúes más atención en su poema "In Confidence", en *The Day We Went Strawberry Picking in Scarborough*, donde la voz poética reclama para sí, en tanto que mujer, más atención por parte del semidiós Jatayu[53] y su hermano Sampati[54]. La idea del inframundo aparece en el contexto de India como un elemento global, común con la tradición griega. El inframundo se concibe como una sala de espera que nunca termina, un sentimiento de incertidumbre y soledad, con campos semánticos de muerte como "orphan", "bones", "collapse", etc. La voz poética se dirige al dios Jayatu para rogarle que la levante y la expulse del inframundo, donde está confinada, una idea que contrasta con el panteísmo y la confluencia de todas las almas en Brahma, como preconizaba la doctrina *advaita*[55]:

> Will you be there for me my *Jayatu*
> to lift me up from the muggy earth?
> Throw me like a meteor
> and let me spank the sun for
> not giving me enough of its shine
> Like *Sampati*, I am confined
> to the underworld and have lost
> all courage, to face the light.
> My bare bones collapse,
>
> I am the wind that blows
> like an orphan, and is without
> a friend to rest her arms on.
>
> (Uniyal, 2018, p. 22)

Según el *Ramayana*, Jayatu habría sido un venerable águila o buitre, sólo vencido posteriormente por Ravana, quien le cortó las alas, en la conocida como la Guerra de los Buitres. En la primera mitad de este poema, el "yo" poético de Uniyal realiza un apóstrofe a Jayatu, una solicitud de ayuda para levantarse de la tierra húmeda, sin fuerzas, y que la lance contra el sol, en un intento de recuperar su ímpetu. Carente de fuerzas, Uniyal compara a su "yo" poético con Sampati, confinado, incapacitado y que no volvió nunca más a ver a su hermano, quedándose en una profunda y clara soledad.

---

[53] Sobrino de Garuda y semidiós en la épica del Ramayana, representado en forma de águila, que quiso volar hacia Surya, la deidad solar (Noguera, 2008).

[54] Hermano mayor de Jayatu, que en forma de águila habría salvado a su hermano de quemarse al entrar en la órbita del sol, y que se habría quemado las alas por él. Habrá quedado incapacitado y bajo la protección del sabio Nishakara en las montañas, donde nunca habría vuelto a ver a Jayatu (Noguera, 2008).

[55] Doctrina contraria al dualismo (Hernández Quiroz, 2022).

Este mito local guarda similitudes con otros mitos emparentados, como del de Ícaro y Dédalo, que tanto ha influido en las culturas europeas y, por extensión, occidentales, la historia de Ícaro y su padre Dédalo, un inventor de la Antigüedad en plena época de expansión de la navegación. En un intento de alcanzar el sol, a Ícaro se le derriten las alas de cera que habían diseñado para volar. Este mito, considerado contemporáneo y que se ha convertido en global, puesto que representa el sentimiento innato de la curiosidad, la temeridad de la adolescencia y el interés por aprender y ascender a lo más alto en la juventud.

Esta reescritura de la mitología de la cultura hindú responde a la necesidad de tomar consciencia de una forma de discriminación. Algo similar ocurre con Nirina en "Simple voyelle", en el poemario homónimo, cuando habla de la mujer tomando conciencia de la doble discriminación a la que se encuentra sometida, pues también es sujeto poscolonial. Compara esta esta toma de conciencia con la llegada de una nueva estación, muy anheladas en la cultura malgache donde solo existen dos, la seca y la húmeda. Es muy significativo el verso introductorio, "un jour", que hace énfasis en lo concreto de ese momento y pone como notarios de dicho cambio a los elementos de la naturaleza, que forman parte del cronotopo[56] que distingue su identidad, desde un punto de vista ecocrítico, donde el "yo" poético se fusiona con elementos de la naturaleza como la luz, el sol, los guijarros blancos, tan propios del paisaje austral:

(…) Un jour
Dans la conscience du silence
Un regard
Du soleil
Fera
De ces mains mêmes
Mille lumières minérales

---

[56] "A la intervinculación esencial de las relaciones temporales y espaciales asimiladas artísticamente en la literatura […] Este término se utiliza en las ciencias naturales matemáticas y fue introducido y fundamentado sobre el terreno de la teoría de la relatividad. Para nosotros no es importante ese sentido especial que posee en dicha teoría; nosotros lo trasladamos aquí a la teoría literaria, casi como una metáfora (casi, no totalmente); nos importa la expresión en él de la indivisibilidad del espacio y el tiempo (el tiempo como la cuarta dimensión del espacio). Entendemos el cronotopo como una categoría formal y de contenido de la literatura" (Bajtín, 1989, p. 269).

Pour l'ut majeur
Du caillou blanc

Aujourd'hui
Peut-être
Cette
Saison retrouvée
                    (Nirina, 2019, p. 31)

En el mismo poemario, Nirina continúa con esta toma de conciencia en el siguiente poema, "Mon coeur ne bat plus", en el que establece una distancia entre el "yo" poético y el "tú" poético, de enorme carga simbólica. Oponiendo estos dos pronombres está abogando por empezar a pensar en ella misma y no tanto en su relación. Para ello, y como veremos en el tema sobre naturaleza y vida, el mar se convierte en una fuente de inspiración. El mar da forma a la arena al igual que a sus pensamientos, guiando sus manos y su acción. Las poetas poscoloniales reivindican estos elementos del paisaje para salirse del esquema estético europeo y centrarse en lo más inmediato, lo local:

> Is it possible for the colonized to see and speak of his or her landscape and natural environment in the language of Europe? And since this language comes to its own "aesthetic schema", how do postcolonial poets simultaneously use and subvert this schema, in the light of the different of their natural environment and the resistance it poses? [...] The palm tree is as much a proper subject for poetry as a rose.[57]
>   (Garuba, 2011, p. 212)

Nirina emplea asimismo el arcaísmo *cène*, de influencia cristiana, cuyo uso se ve restringido a la Última Cena como elemento de cultura religiosa, pero que Nirina transforma en algo mundano, encontrando la transcendencia en lo cotidiano de la cena:

(...) Mon cœur ne bat plus
Au rythme du Je du Tu
La conscience de la mer
Guide mes mains

---

[57] ¿Es posible para el sujeto colonizado ver y hablar de su paisaje y de su entorno natural en el lenguaje de Europa? Y si este lenguaje tiene su esquema estético propio, ¿cómo usan y subvierten simultáneamente los poetas poscoloniales ese esquema, a la luz de lo diferente de su entorno natural y la resistencia que esto genera? [...] La palmera es un tema tan válido para la poesía como una rosa.

À Élargir
Ma table de cène
Aussi
Les vagues façonnent le sable
Lisse est la plage
Comme l'arcade de ma porte
Qui refuse vos battants

(Nirina, 2019, p. 33)

Para Ananda Devi, el aire insuflado de los dioses se puede percibir en su introspección cuando habla del arte, de la creatividad. Su obra *Quand la nuit consent à me parler* finaliza con una serie de poemas en prosa, como el que vamos a abordar a continuación, "Les mots meurent de mort lente", donde aparece este fenómeno. La poesía aparece como motor de vida, como una suerte de energía que movería a los seres humanos y a la naturaleza, que encaja bien en la noción panteísta de Devi, heredera en parte de su identidad india a través de sus padres como de las creencias africanas. La lectura del poema conduce a la sensación de quedarse sin aliento, un juego con los sentidos que va en la línea de las sinestesias y el exotismo de Devi. Casi al comienzo encontramos una aliteración del fonema bilabial oclusivo /m/ tanto en el título del poema como en su primera línea, en una suerte de imitación de los alientos de una persona antes de fallecer, así como la ausencia de cualquier signo de puntuación, lo cual provoca una enorme fatiga al leer. Este poema, tanto en la no utilización de comas, puntos u otros signos de puntuación ni la diferencia entre mayúsculas y minúsculas, constituye una transgresión de las normas de la lengua que encajan más en la transmisión de un pensamiento libre, un monólogo interior que fluye sin reglas que lo encaucen.

Aparece también el elemento fálico al hablar de lo contrario de la poesía, de la emancipación, la capacidad de acción, que sería la sumisión de la recepción de una eyaculación de desprecio en la lengua, "ne reçoit que l'éjaculat du mépris", metáfora con el sexo oral enfatizada aún más por la presencia del "ne" expletivo, que denota que esa lengua sería lo único que recibe, y donde el semen también aparecería en la boca a través del término metafórico "un jus tiède et fade", que sin ambages describe dicho fluido humano. La actividad sin poesía se compara también a la masticación de este líquido, en medio de movimientos espasmódicos de un estómago reblandecido o a pasar una hora hablando de nuestras ideas sin tener éxito apenas en transmitirlas a los oyentes:

> (...) Envie de poésie parce que sans elle les mots meurent de mort lente les mots égarent les sens ensevelis et les tournures troubles d'une langue explorant des pays carmin sans elle la langue ne reçoit que l'éjaculat du mépris la bouche s'ouvre sur un jus tiède et fade déversé par ondes interposées et nous pauvres complices subjugués par ces mastications inutiles ces épanchements paroxystiques d'un ventre mou nous pauvres conjurés d'un jour d'une heure gaspillant notre voix et nos convictions sans autre consolation parce que ainsi persuadés pauvres convaincus.
>
> (Devi, 2003, p. 45)

Este mismo recurso a la poesía como manera de canalizar la ansiedad de sentir estar en el margen, de saberse sujeto poscolonial, aparece también en el poema "Facing the Music", de *Ms Militancy*, de la mano de Meena Kandasamy. La música se convierte en una manera de apaciguar el dolor en los malos momentos, como con la pérdida de un ser amado. Aparece el campo semántico de la muerte, con términos como "suicide", para el cual eres demasiado débil, y "murder", la venganza por el homicidio cometido contra el ser querido, para el cual eres demasiado suave. Tras el trauma, y al igual en las otras autoras que conforman nuestro objeto de estudio, la poesía en sus diferentes derivaciones se convierte en la única manera de vivir tras el trauma, una vez pasado el momento de incredulidad y el posterior estado de ira que constituyen las primeras etapas del duelo.

Otro de los elementos relevantes en este poema tiene que ver con la deconstrucción del ser humano, en dos vertientes distintas, la del que sufre por la muerte y el que ya ha fallecido. Para el primer supuesto aparece el campo semántico del sufrimiento, que se padece desde la incredulidad, con términos como "shell-shocked", "spellbound", y un tercer ojo que intenta mantener el cuerpo alejado de la pesadilla. La sangre corre a aportar sangre a las lágrimas, y el "yo" poético va experimentando una serie de cambios, enumerados a través del paralelismo entre versos en la tercera estrofa, como volverse sorda ante la música o sacrificar el sueño para imaginar que todo sigue tal cual estaba. En cuanto al fallecido, su cuerpo aparece deconstruido en "handfuls of ash" y "defiant bone". Al final del poema, se recrea una escena paralela, fabricada por la mente como parte del proceso de duelo, en la que se cree estar de nuevo con el ser amado, que se presenta en forma de espíritu ("in a ghostly presence") al caer la noche, "moonglow". Esta imagen pone de manifiesto la expansión del cine como elemento de intercambio cultural global, y muestra intertextualidad con la escena principal de la película *Ghost*[58] (1990) en la que la protagonista, en pleno proceso de duelo, siente la presencia de su amado fallecido, hasta tal punto que le seca las lágrimas:

> Your lover was lynched
> For one of those readily available reasons
>
> Too week for suicide, too meek for murder
> You live. Post-traumatically, poetically.
> You live as if he has never died.
>
> Shell-shocked, spellbound, your third eye
> Clamped shut to keep the nightmare away,
> Your blood bears the salt of withheld tears.
> Never do you mention that your man -so alive
> Even when being set alight -was humbled
> Into handfuls of ash and defiant bone.
>
> You turn deaf to face this faulty music
> You sacrifice all sleep to live this fragile dream.
> [...]
>
> (Kandasamy, 2011, p. 21)

Ese momento es un ejemplo de cómo una película local estadounidense se convierte en un fenómeno transnacional que ha marcado a toda una generación, la de Kandasamy, ofreciendo una visión romántica de la muerte y del duelo tras perder al ser amado. La imagen que dibuja Kandasamy al final del poema no se puede desligar de Molly (protagonista, papel interpretado por Demi Moore) moldeando arcilla y el fantasma de Sam (coprotagonista, interpretado por Patrick Swayze) aparecido, escena clave de la película *Ghost* (Zucker, 1990), acompañada de la canción "Unchained Melody", cantada por los Righteous Brothers como banda sonora, que se

---

58 Drama romántico producido en Estados Unidos en 1990, bajo la dirección de Jerry Zucker y con una banda sonora compuesta por Alex North y Maurice Jarre. Fue nominada al Óscar a la mejor película, a la mejor actriz de reparto, a la mejor banda sonora y al mejor guion.

escuchó en prácticamente todo el mundo, teniendo en cuenta que el cine es un arte transnacional.

Continuando con el tema de la vida después de la muerte, este carácter transcendental también aparece en el undécimo poema de *Quand la nuit consent à me parler*, de Ananda Devi. Desde la ética judeocristiana del castigo, aparece también la figura del diablo, abordada y reescrita de forma positiva por Devi. La idea de la tentación se contrapone a los principios del cristianismo irredento de los primeros siglos de su existencia, cuando aún era una religión perseguida. La idea del infierno, del latín *ínferos*, lo que hay abajo, a donde se desciende, sincretiza las ideas de la Grecia clásica de almas atrapadas en manos de Hades, divinidad de la muerte, y el nuevo cristianismo de la Plena Edad Media que quería incorporar, en un afán de manipulación de la sociedad, el pecado como respuesta a la tentación del demonio como motivación para sufrir castigos posteriores. El más temido, en una época de analfabetismo y horror, era el del diablo. En este poema Devi deconstruye esa idea del diablo con la que las sociedades occidentales, y muy especialmente las metrópolis, intentaron durante siglos imponer a sangre y fuego sus religiones bajo el pretexto de una pretendida mayor sofisticación, que en el fondo sólo respondía al hecho de que la cultura escrita respaldaba los credos europeos y eurocéntricos:

> (…) Danse avec le diable qui seul
> Sait rire et seul sait souffrir
> Rien d'autre ne compte
> Danse avec le diable
> Qui t'offre le monde
> Dans un grain de sable
> Et l'infini dans la chair des dieux
>
> (Devi, 2003, p. 22)

Después del nacimiento, el otro gran punto clave en la concepción judeocristiana y, por extensión, de las religiones y culturas subsidiarias semíticas, en la vida es la muerte. En este tránsito, el "yo" poético de Devi reflexiona sobre la transcendencia de los seres y de la identidad propia. Este poema, vigésimo primero en el poemario *Quand la nuit consent à me parler*, constituye un homenaje a todas aquellas mujeres que la precedieron, en una bella muestra de sororidad. Devi comienza empleando la técnica típicamente africana del *hainteny*[59], que consiste en partir de elementos cotidianos, en este caso de la naturaleza, como las mareas sinuosas y el sol, elementos propios de los paisajes australes indianoceánicos, los elementos que permanecerían de la memoria de dichas ausentes ya fallecidas. Sin embargo, de ellas quedarían virtudes abstractas, como las virtudes ("vos vertus") y la diligencia con la que supieron sobrellevar sus obligaciones, "vos faix"), opuestas, respectivamente, a sus dolores y sus risas ("vos douleurs" et "vos rires") del verso anterior. Este uso de la antítesis tiene como finalidad realizar un balance de los momentos buenos y malos de la vida, aunque añadiendo una antítesis secante entre los dolores y las risas, sentimientos concretos de los que se nos despoja en el tránsito final, a las virtudes, que permanecen como abstracción y se despliegan en la mente de los que siguen en vida y recuerdan a sus seres queridos:

> Quand ne restera plus de nos mémoires
> Que les chemins des marées
> Et la moisson du soleil
>
> Vous partirez en nombre profilées de vous-mêmes
> Sans lutte et sans sourire pour avoir trop vécu
> Dépossédées de vos douleurs et de vos rires
> Déployées de vos vertus et de vos faix

> (Devi, 2011, p. 32)

El momento del tránsito de la vida a la muerte constituye una sala de espera donde se evalúa la vida. En la misma línea de Devi, Nirina muestra con este poema, "En quel lieu places-tu", de *Lente spirale*, los prolegómenos de la muerte y en qué cabe pensar cuando el final de la vida se acerca, animando a la mujer a cuestionar su papel a través de su "yo" poético. En él cuestiona la idea de Dios tal y como se ha contado y transmitido en muchas ocasiones, un Dios con características masculinas desde el primer libro de la Biblia, el Génesis. Es necesario plantearse si es preciso seguir creyendo en un Dios siempre caracterizado como un hombre en unos libros considerados Sagradas

---

[59] Forma tradicional de la poesía oral y la literatura del sureste africano, en especial de Madagascar, que conlleva un uso importante de la metáfora, yendo de lo más concreto a lo más abstracto. La Selva de los Hainteny. Poesía tradicional de Madagascar (Pedrosa et al., 2003) es una recopilación que pone en relieve el uso de esta técnica de micropoesía, estudio que bebe del pionero, *Hainteny. Poesía Tradicional Malgache* (Fox, 1990), en el que se teoriza por primera vez sobre esta cuestión.

Escrituras escritos por hombres, con los valores de hace hasta cuatro milenios. Esta idea de Dios como padre en vez de como madre, que ha encontrado tantos hombres que hablaran de ella y dejaran testimonio escrito, se contrapone a la idea de la mujer, a la que apela mediante apóstrofes en este poema, dirigiéndose a ella en segunda persona, como aquella cuya memoria no ha encontrado escriba, acabando olvidada, "oubliée", en la historia, un adjetivo al que Nirina ha querido, mediante la disposición del poema, proporcionar un lugar prominente.

El poema finaliza abriendo la gran cuestión de reflexión hacia la mujer, si permanecerá al lado de Dios a pesar de todas estas circunstancias, pero que a la vez es una pregunta retórica, ya que se refiere a un Dios mortal, que no puede ser otro que los hombres que están detrás de las religiones cuando estas se emplean como herramienta represora y como manera de hacer pedagogía de la opresión. En este caso se habla de un Dios transnacional, con el que todas las personas creyentes podrían identificarse, no uno en concreto, dentro de la forma deísta de ver el mundo de Nirina, propia de cualquier cultura con un crisol de creencias como es la malgache. Nirina traslada, mediante este poema, una cuestión local al ámbito global, entendiendo que todas las mujeres del mundo, incluso las que viven en jaulas de oro, han sufrido discriminación por el hecho de serlo, y que las religiones y las costumbres, manejadas por los hombres, han sido en muchas ocasiones un pretexto para mantener a las mujeres en una situación de subalternidad[60] y a que la interiorización de la misma fuera más fácil de generación en generación, desde el mito de Eva, retratada como *femme fatale*, que incita a Adán al pecado, desencadenando la expulsión de ambos del paraíso o Edén, mito que, por otro lado, comparten las grandes religiones semíticas, catolicismo, judaísmo e islam, y que congregan entre las tres a la inmensa mayoría de creyentes del mundo:

---

[60] "El criterio histórico-político en que debe basarse la investigación es este: que una clase es dominante de dos maneras, esto es, es "dirigente" y "dominante". Es dirigente de las clases aliadas, es dominante de las clases adversarias. Por ello una clase ya antes de subir al poder puede ser "dirigente" (y debe serlo): cuando está en el poder se vuelve dominante, pero sigue siendo también "dirigente" [...] La dirección política se convierte en un aspecto del dominio, en la medida en que la absorción de las élites de las clases enemigas conduce a la decapitación de éstas y a su impotencia. Puede y debe existir una "hegemonía política" incluso antes de llegar al gobierno y no hay que contar sólo con el poder y la fuerza material que éste da para ejercer la dirección o hegemonía política" (Gramsci, 1981 p. 107).

(…) En quel Dieu places-tu
Ta foi
Lignée de père à peau bleue ?
Toi
Dont aucune mémoire
N'a trouvé de scribe

Il y a eu trop
Et pas assez
De genèses
Pour ton compte

Oubliée

Aux côtés du Dieu mortel
Seul mythe
De notre vérité
Tu y demeures ?

(Nirina, 2019, p. 65)

El empleo torticero de las instituciones, la manipulación de las escrituras y la búsqueda de interpretaciones rigurosas de las mismas ha constituido desde hace milenios un arma de opresión contra la mujer, y sigue siéndolo hoy todavía en muchas partes del mundo. En algunos lugares, como en el ámbito indianoceánico que estamos estudiando, se conjuran dos historias de opresión, la de las religiones y creencias locales y las de las religiones principales, semíticas, que se convirtieron en globales mediante la colonización en sus diferentes etapas. De manera complementaria, es preciso señalar el siguiente poema, "D'autres sages", tomado de *Lente spirale*, de Esther Nirina, en el que reflexiona sobre la necesidad de alterar el orden establecido y modificar esa Palabra y esa Historia en mayúsculas que desde antaño se habían impuesto. En él aboga por una nueva historia, más plural y diversa, como sostén cultural del mundo, en la que la mujer tenga un papel fundamental, el de aroma, un elemento muy alabado en la poesía de Nirina en particular e indianoceánica en general, como base de numerosas metáforas y sinestesias:

(…) D'autres sages
T'ont pris dans le filet invisible
De la Parole
Pour une nouvelle

Histoire
Où tu ne pourrais être
Qu'arôme !
(Nirina, 2019, p. 65)

En un tono más combativo, pero con la misma convicción acerca de la necesidad de cambiar los discursos hegemónicos, sobre todo el religioso por su influencia en imaginar la existencia o la esencia *post mortem*, Devi continúa el poema dedicado a sus antepasadas con un elogio a un valor muy arraigado en las culturas africanas, como es la solidaridad, no sólo entre mujeres sino con toda la comunidad, y expresada en este caso en negativo, "votre mépris de l'envie", el desprecio hacia lo material, se sobreentiende una vez leída la integralidad del poemario. También se habla de la transmisión de esos valores de madres a hijas.

Este proceso de enculturación, en vía matrilineal, se produciría metafóricamente a través de la dispersión de gotitas de líquido amniótico, lo cual adelanta también otra de las líneas de nuestro estudio, el de la mujer y su cuerpo como fuente de vida, que abordaré posteriormente. En este poema, Devi alaba a todas las mujeres en su conjunto como tales, puesto que cuando ellas tienden la mano el mundo se pliega, y cuando tienden los ojos el mundo se arrodilla. A pesar de todo ello, sentencia que la igualdad se les sigue negando. Esta negligencia en cuanto a los derechos de la mujer es un fenómeno glocal, con una vertiente universal, puesto que en todos los países existen formas de discriminación sexista más bien implícitas o explícitas, mientras que la respuesta que se da a dicha discriminación es una lucha con tintes locales, en el caso de la literatura indianoceánica reivindicando a las mujeres como trabajadoras incansables y venerables que al final de su vida deben ser homenajeadas, como refleja bien la poeta mauriciana en este fragmento del poema vigésimo primero del poemario *Quand la nuit consent à me parler*:

(…) Votre mépris de l'envie
Semant des gouttes de vous-mêmes
Sang liquide amniotique pertes blanches
Tout ce qui fait de vous des femmes
Mais est-ce tout, n'est-ce que cela que faites-vous
Du reste puis crevasse trou d'inexploré
De rage magnétique de puissance maléfique

Vous tendez le doigt et le monde se plie

Vous tendez les yeux et la vie s'agenouille
Mais l'égal partage vous est interdit

(Devi, 2011, p. 32)

La idiosincrasia africana es crucial también para entender los poemas de nuestro corpus de autoras indianoceánicas, puesto que muchos de estos pueblos emigraron a zonas insulares para trabajar en plantaciones, contribuyendo al estrato cultura de las islas. Muchos son los estudios que han intentado abstraer una serie de ideales a través de las formas de vida africanas[61]. La idea que se ha visto con mayor nitidez fue la de la importancia de la solidaridad en todos los ámbitos de la vida, como el migratorio o el carcelario. Se presta especial atención en la literatura al respecto a la solidaridad entendida como ayuda entre mujeres, la sororidad, y cómo la vida en comunidad es fuente de todas esas solidaridades. Sin embargo, vivir en comunidad tiene un precio muy caro, y es aceptar todas sus normas y principios sin rebelarse a ellos, aceptando su lugar como individuo dentro de estas sociedades. Algo similar ocurre en India, y por eso las mujeres de estos territorios que nos atañen, los Indianoceánicos, perciben su vida como una continua sensación de indecisión, al no querer perder el calor del núcleo familiar y de su comunidad, pero a la vez ser individuos libres que muestran una actitud crítica acerca de la alargada sombra del patriarcado a nivel local y global.

A lo largo de este epígrafe hemos abordado, en definitiva, la búsqueda de la identidad, y los diferentes mecanismos por los que esta se va forjando, desde ideas religiosas hasta mitos de la religión bien asentados en las culturas autóctonas, pasando por las convicciones y formas de ver la vida de la familia y la comunidad. En él hemos visto también cómo existe un sesgo de género importante que se refleja en ese forjado de la identidad, y que tiene que ver

---

[61] Del tema de la solidaridad en África se habló largo y tendido en el II Congreso de Literaturas Africanas, organizado por la Universidad de Oviedo en el año 2023, y que llevaba por título *Representaciones de la solidaridad en las literaturas de África y de sus diásporas*. En el mismo, y tras escuchar las ponencias venidas de diferentes universidades y países, se llegó a una serie de conclusiones comunes basadas en concomitancias que se habían encontrado, independientemente del área geográfica (Magreb, África Subsahariana, sudeste) y de la lengua y costumbres de las potencias colonizadoras decimonónicas.

con una educación sexista basada en la opresión y en unos roles de género muy fuertemente marcados.

Las grandes religiones semíticas, sobre todo el cristianismo y el islam, llevaron mediante algunos de sus dogmas e interpretaciones fanáticas una opresión al continente africano que aún es patente hoy en día, basada en la supremacía del sexo masculino. Las mimbres ya eran muy proclives al patriarcado ya que existían estructuras similares en las culturas locales. En las literaturas africanas se está hablando mucho de esta cuestión, ya que la pertenencia al grupo, a la comunidad, en este continente acarrea ventajas y apoyo pero a la vez compromete a no mostrarse desafecto frente al *statu quo* y, de la misma manera, en India ha ocurrido algo parecido, antes, durante y después de la colonización, con las agresiones patriarcales mucho más sofisticadas en el caso de las potencias hegemónicas y que, por tanto, han legitimado y banalizado los discursos misóginos y patriarcales.

No se puede dar por cerrado este epígrafe sin reparar en su carácter propedéutico, es decir, el análisis de la espiritualidad y del yo interior a través de los yoes poéticos, matriz que da sentido al resto, porque justifica la importancia de hablar de los cuerpos femeninos y los espacios, de la educación y del rol de las familias y de la importancia de la naturaleza en la vida y fuera de esta. Esto nos lleva a la idea clave de la identidad como reflejo y fuente de todo aquello que ocurre en nuestra vida, y por ello este epígrafe ha de ser leído como una llave maestra que permite comprender en plenitud los siguientes.

3.2. Cuerpos y espacios

En los procesos de colonización, el concepto del espacio siempre ha estado muy presente. Cuando una potencia europea llegaba a un nuevo territorio, se aplicaba la doctrina del *terra nullius*[62] para apropiarse de la misma. La falta de cultura escrita por parte de los pueblos colonizados servía como excusa para penetrar en el territorio, implantar sus instituciones y formas de vida y, lo más importante, colonizar la mente a través de la educación y mediante la imposición, particularmente, del lenguaje y la religión. La colonización de

---

[62] En español jurídico, "territorio sin dueño", la condición necesaria para la adquisición válida de la soberanía mediante la ocupación de un territorio en el que en ese momento no exista soberano alguno (Diccionario Panhispánico del Español Jurídico, s.f.).

los territorios se convierte en una alegoría de la colonización de los cuerpos, donde el invasor va penetrando y estableciendo su propia ley y estableciendo su visión del mundo como la única válida.

A lo largo de este epígrafe analizaré esta colonización de los cuerpos en correlación con la colonización de los territorios, centrándonos en las alegorías al cuerpo de mujer como territorio poscolonial, como fuente de vida, como una patria a defender. Sin embargo, en otras ocasiones, durante esa colonización y en procesos de descolonización, los cuerpos son vejados, mutilados, violados. Esta necesidad del respeto a la integridad física forma parte de la garantía de derechos de las mujeres hoy en día de manera universal, aunque su defensa se hace más importante en India no tanto por el número de agresiones sexuales, que en Nueva York en un día podría hasta superarlas, sino por cuestiones culturales que radican en las creencias religiosas, como las Leyes de Manu,[63] que aún parecen seguir vigentes hoy día. Esto se da especialmente en zonas rurales, donde se concibe la violación como una deshonra para la familia. También analizaremos los diferentes espacios, interiores y exteriores, rurales y urbanos.

Sin embargo, además de la agresión sexual en sí aparecen muchos peligros para las mujeres aún presentes en el siglo XXI, como su utilización como moneda de cambio en los conflictos bélicos, la situación de las mujeres exiliadas o refugiadas y las políticas de control de la natalidad en culturas donde tener un hijo se considera más válido que tener una hija, dada la condición de subalterno (Spivak, 1998) que las mujeres aún ocupan en muchos lugares del mundo, donde tener una hija significa tener que pagar una dote mientras que tener un hijo significa recibirla y las dificultades económicas de la familia ponen siempre a las hijas en una situación límite. Estas creencias derivadas de una estructuración social extremadamente patriarcal acabarían por, paradójicamente, promocionar el aborto en los segmentos de población más desfavorecidos. Estas prácticas son consideradas amorales y, por lo tanto, en muchos lugares impiden que salga a la luz, sobre todo en aquellas sociedades donde impera una mentalidad conservadora que se erige en guardiana de los valores, pero permite, al mismo tiempo, una serie de prácticas que atentan contra dicha cultura. Mención especial merecen, en esta visión

---

[63] Código ancestral por el cual la violación es considerada una deshonra para la familia, lo cual lleva a las mujeres que la sufren al silencio por miedo a las represalias.

transnacional, las mujeres que se encuentran en campos de refugiados y que ven restringidas sus libertades más básicas y son sometidas a vejaciones y a agresiones sexuales, al igual que las niñas, o incluso los niños, en conflictos bélicos como el israelí-palestino.

Otros problemas para las mujeres han surgido a raíz de la promoción del transexualismo en un gran número de países occidentales, que penalizan a mujeres que se han sometido a una operación de reasignación de sexo pero que acaban arrepentidas, sin posibilidad de revertir la mutilación de sus senos y e incapaces ya de producir estrógenos de manera natural, habiendo de serle suministrados de por vida artificialmente y aumentando los beneficios de determinadas compañías farmacéuticas. Bajo una lógica neoliberal, se entiende la expansión de este fenómeno en países bastante conservadores en materia social como Estados Unidos. Sin embargo, en algunos países, como Reino Unido o Finlandia, las reclamaciones millonarias a los que los estados han debido hacer frente por daños y perjuicios, tras la denuncia de personas que se habían sometido a operaciones de reasignación de sexo sin seguir un proceso de valoración garantista por parte de profesionales.

Esta transición se daría en un principio por el celo de algunas tendencias de la psicología en sobrediagnosticar la disforia de género o simplificar problemas de socialización o de depresión haciéndolos pasar por dicho trastorno. No son pocas las chicas que afirman querer transitar hacia "ser" varones para evitar así los clichés asociados a su sexo biológico[64] (De Miguel Álvarez, 2015).

De manera similar, que el concepto de mujer ya no sea interpretado por los estados como una categoría material y biológica podría comprometer la libertad sexual de las mujeres, pasar a carecer de espacios seguros y que los puestos reservados para mujeres puedan ser ocupados por hombres que

---

[64] "Ana de Miguel analiza de manera crítica el concepto de libertad que subyace en las elecciones de las mujeres y enfatiza su vínculo con los mecanismos de socialización diferencial en los ámbitos de la cultura y la creación artística. La filósofa argumenta que los feminismos, por muy diversos que sean, tratan de evidenciar -a través de teorías o acciones- que existe un sistema de dominación que se ha percibido y se sigue percibiendo como *consentimiento*. La irrupción del feminismo en el mundo académico ha comenzado la deconstrucción del androcentrismo de la filosofía y, con ello, de toda la cultura occidental. Ya no es posible ignorar la dureza y severidad con que se ha conceptualizado -desde la filosofía, literatura y ciencias naturales o sociales- la inferioridad femenina ni lo arraigado de esta legitimación cultural, invisible y silenciosa, bajo el manto de lo abstracto, universal y natural" (Miranda Mora, 2015, p. 212).

han querido transitar hacia el género femenino, derivando todo esto lo que desde el feminismo clásico se ha llamado el "borrado" de la mujer[65], término utilizado en la Escuela Feminista Rosario Acuña de Gijón en la edición de 2023 con el que filósofas como Ana de Miguel o Amelia Valcárcel mostraron su disconformidad con las premisas sobre las que reposa la conocida como *Ley Trans*.

Esto no quiere decir que todas las corrientes del feminismo tengan la misma opinión sobre este tema. En el feminismo deconstructivista, que es más proclive a asumir las tesis del movimiento *queer*, se habla de la autodeterminación del género, entendido como sexo, en tanto en cuanto la sociedad tendría que aceptarlo como tal. Esto tiene su base en la teoría de la performatividad del género[66], según la cual las orientaciones e identidades sexuales y la expresión de género formarían parte de un constructo cultural y que no existen como tales en la naturaleza humana (Butler, 2007). Una de las principales críticas desde el feminismo clásico a dicha teoría es que mete en el mismo saco conceptos como orientación e identidad de género, cuya similitud es cuestionable, o que algunos hombres podrían hacer un uso espurio de los cambios de sexo legales, como ocupar espacios hasta ahora considerados seguros para las mujeres o la inscripción como mujer para participar en competiciones deportivas.

Pero me gustaría comenzar este análisis hablando de espacios percibidos como positivos. Se trata de los cronotopos, una fusión entre el yo, el aquí y el

---

[65] "En definitiva, las feministas creemos que, tal y como señala Amelia Valcárcel, «Ser individuo no es asunto individual». Es decir, más allá de lo personal, toda la organización social, económica, cultural se funda en el dualismo genérico. El patriarcado se estructura en torno a dos tipos de roles y funciona sobre la explotación y sumisión de la mitad de la humanidad a la otra mitad. El feminismo no combate, pues, la dualidad biológica sexuada de la humanidad. El feminismo sabe que el problema no es el sexo sino el género. El objetivo del feminismo no es que las personas cambien de género sino destruir el género, dinamitar esos corsés, lograr un mundo donde no se le impida a nadie —en función y razón de su sexo— construirse y construir su vida como desee" (Aguilar Carrasco, 2022, p. 16).

[66] "A partir de la ampliación de las ideas de John Austin sobre la teoría de los actos de habla; de la concepción de ideología y aparatos ideológicos de estado de Louis Althusser; de la visión construccionista de la sexualidad de Michel Foucault; de la teoría de la deconstrucción de Jacques Derrida; del psicoanálisis lacaniano; así, como de los planteamientos feministas desde Simone de Beauvoir, Judith Butler erige su teoría de la performatividad del género, en el marco del paradigma de la política de la deconstrucción antiesencialista" (Duque, 2010, p. 87).

ahora, como ya vimos en nuestro enfoque metodológico, que constituye un refugio para nuestras poetas a través de la voz que expresan en los poemas. El primer caso que analizar es el de Ananda Devi, cuyo cronotopo son sus islas. En su poema en prosa "Poétique des îles", en *Quand la nuit consent à me parler*, dichas islas del Índico son comparadas con una constelación, y el mar con el cielo. El agua, el suelo volcánico, con términos con connotaciones positivas, cálidas, que harían a la voz poética sentirse en su propio hogar. Por otro lado, se habla de raíces balsámicas, también en la órbita de la curación, que convierten las islas en un lugar perfecto para estar. Sin embargo, esto contrasta con el término "amenuisés", disminuidos, para referirse a los seres humanos que las habitan. Este poema habla de la necesidad de dejar de seguir esperando y de no mirar al pasado, sino convertirse en dueños de su propio futuro tras la descolonización. Un ejemplo de esa búsqueda del éxito, para evitar "mordre et de manger cette poussière-là", es la de Devi como escritora, buscando una inspiración para su poesía, que busca incansablemente como pepitas literarias:

> J'aurais pu écrire poétiquement les îles puisque se trace au gré de leurs constellations notre destin sur l'océan ; parler au fond de cette résonance, du lapement d'eau sur les sens et oublier que leur sol volcanique et leurs racines balsamiques sont le seul ancrage qui les empêche de dérader, qu'elles portent en elles le piétinement du temps, de l'époque, des hommes amenuisés que nous sommes devenus. Et puis non. Je n'en ai que faire la poétique des îles. Des infusions de verdure en homéopathie sublimée, du bleu fallacieux de nos ciels [...]. J'en ai marre de mordre et de manger cette poussière-là, de la gratter de mes pattes grêles à la recherche de pépites littéraires.
> (Devi, 2011, p. 49)

Esta loa a la tierra de manera crítica con sus gentes aparece también en los poemas de Esther Nirina. En su poema "Champ de labour", en *Simple voyelle*, describe a su país de una forma muy similar a la de Devi, puesto que el propio título, "Campo de trabajo", nos devuelve a la época colonial y a los esclavos africanos llevados a Madagascar para trabajar en las plantaciones. De nuevo aparecen palabras con connotaciones positivas muy frecuentemente, como "attachante" (con capacidad de atraer), "qui aspire" (que aspira, en el sentido de no dejarte marchar más), "mes racines" (mis raíces), "terre ferme" (encontrar tierra firme es algo muy positivo en el contexto marítimo), el espacio donde coge forma el follaje, y el color azul, un *leitmotiv* en los poemas de Nirina representando la paz y la infinitud del océano. Nirina también hace referencia a su sensación del *entre-deux*, en inglés referida como *in-betweenness*, aludiendo a las dos tierras a las que pertenece, francesa para los malgaches y malgache para los franceses, aunque embriagada ante la naturaleza de su tierra natal. En el verso "deux saisons" se puede encontrar una polivalencia entre las dos estaciones distintas que se darían entre Francia y Madagascar, al encontrarse en hemisferios diferentes, o bien puede referirse a las dos estaciones del país austral, una estación caliente y lluviosa entre los meses de noviembre y abril y una estación fresca y seca de mayo a octubre:

(...) Attachante
La terre
Qui aspire
Mes racines

Terre ferme
L'espace
Où prend forme
Le feuillage

Deux terres
Deux saisons
Pour agrandir
Mon arbre

Et le bleu
Du feu
                   (Nirina, 2019, p. 44)

El poema continúa con el proceso de apropiación de la tierra, y cómo se convirtió en suya con la mirada, con el caminar cotidiano. Llama a la tierra en un apóstrofe para agradecerle haberle dado su alma y su carne con sus colores, asumiendo la dicotomía entre cuerpo y alma tan presente en las religiones semíticas, con orígenes en la filosofía griega, pero que se ha universalizado, sino desde el punto de vista religioso, al menos cultural, en buena parte del mundo:

(...) Elle
Terre
Devenue mienne
Par le regard
Et la marche

De tous les jours
Toi
Terre
Qui m'a donné
Mon âme
Et ta couleur à ma chair
Champ de labour
Ouvert
Aux tables de la nuit

(Nirina, 2019, p. 44)

Por último, en su poema "Cet océan qui bat", también contenido en el poemario *Simple voyelle*, Nirina se refiere como en el caso de Devi al cronotopo reforzado por la insularidad, hablando del océano y volviendo de nuevo al motivo de la ventana, tan presente en sus poemas. Los ojos son una representación de la propia voz poética, una sinécdoque con la cual se pretende que escriban las palabras del sueño con el que se describiría Madagascar. Esta isla comprendería paisajes y lugares sólo concebibles oníricamente, el sueño de un niño recién traído al mundo:

Cet océan qui bat
Devant ma fenêtre
Mes yeux écriront
Pour lui
Les mots
D'un autre rêve
Aussi réel
Que l'accent circonflexe
Dans le cri
D'un enfant
Mis au monde

(Nirina, 2019, p. 43)

Sin embargo, esta descripción, comparada a la que podría formular un niño en sus sueños, plena de inocencia, no exime a las islas de la crítica, por la necesidad de mirar al futuro y prosperar de nuevo. En su poema "Dans son ventre", de nuevo en *Simple voyelle*, Nirina compara metafóricamente a Madagascar con el vientre de una mujer embarazada que no acaba de dar a luz, como la tierra que no acaba de dar sus frutos, consolándose de nuevo con el azul desde el amanecer hasta el anochecer. Este sueño en comunión con la naturaleza muestra la necesidad que tiene el sujeto poscolonial de recuperar su tierra[67]:

Dans son ventre
Depuis des siècles
Chaque fibre
Portera
Un rêve
La femme reste
Stérilement enceinte
Du fruit
Qui pour aujourd'hui
Déborde sur les lèvres
Des murs fêlés […]
(Nirina, 2019, p. 32)

Si transitamos, como en estas metáforas de Nirina, del concepto de la tierra, la patria, al concepto del cuerpo femenino. la poeta de nuestro corpus que de forma más abierta critica los abusos contra la mujer es Meena Kandasamy, quien aborda de una forma nítida y cruenta la cosificación del cuerpo de la mujer. Es la primera en destacar la contradicción evidente en las sociedades del sureste asiático, conservadoras en temas sociales, pero donde el infanticidio puede estar bien visto en determinados sectores cuando se tiene una hija o para los bebés de cualquier género cuando la relación entre sus padres no es aprobada por la comunidad o podría considerarse causa de deshonra, como ocurre en las violaciones:

On some days of the week
They come up with the lotuses
And greet the first rays of the sun
In all their fresh/flesh/flush pinkness.

---

[67] "Colonial dispossession has created a rupture in the relationship between the colonized and their land, but this division had been largely addressed through the deployment of the poetics of recuperation and restoration" (Garuba, 2017, p. 217).
La desposesión colonial creó una ruptura en la relación entre el colonizado y su tierra, pero esta división ha sido tratada ampliamente a través del despliegue de una poética de la recuperación y de la restauración.

Surfacing, as in a pointillist canvas,
Speckling the grey-green temple-tank,
The float around like fish-food
Bloated, just-born, just-dead babies.

In a tight-lipped, time-tested way,
The holy temple removes all traces
Of these floundering ones. Chlorinated,
The bathwater turns pure once more.

(Kandasamy, 2010, p. 13)

Las grandes ciudades se convierten poco a poco en megalópolis, espacios transnacionales donde conviven varias culturas, no siempre con diálogo efectivo
entre unas y otras. Las ciudades no siempre son un cronotopo seguro para
la mujer, ya que, en algunos casos, como veíamos en el poema anterior, no
consiguen frenar las pulsiones de aquellos que pretenden continuar llevando
a cabo prácticas aberrantes arguyendo la necesidad o el derecho incluso a
preservar su cultura. En general en el ámbito de las literaturas poscoloniales
la imagen de la ciudad tiene una implicación negativa, dada la importancia de
la naturaleza en las mismas como medio de búsqueda de la identidad propia
y de nostalgia de la infancia y de tiempos pretéritos mejores. Las megalópolis
actuales en esas regiones del mundo son herederas de esta asociación negativa.
Los espacios urbanos aparecen, por tanto, retratados de forma diferente al
tratarse de poesía transnacional, en un primer estadio poscolonial, los retratos
que de ciudades como Toronto realizan los autores de las diásporas:

The city is everywhere in western poetry. The city that emerges is an agglomerate
of the material practices and representations of a particular intersection of time,
space and life. Since the lives of the postcolonial immigrant within the metropole
and the living practices in the postcolonial cities of the global South bring distinc-
tive rhythms to the fore, the urban spaces emerge differently in the postcolonial
poetry of those cities.[68]

(Nerkelar, 2017, p. 197)

---

[68] La ciudad está presente en todas partes en la poesía occidental. La ciudad que aparece
retratada es un conglomerado de prácticas materiales y una intersección de espacio,
tiempo y vida. Habida cuenta que las vidas de los inmigrantes poscoloniales en la
metrópolis y las prácticas de vida en las ciudades del sur global aportan ritmos diferentes a las primeras, los espacios urbanos son retratados de manera diferente en la
poesía poscolonial de dichas ciudades.

En el caso de estas poetas, si bien la naturaleza se entiende como un lugar pacífico, incorruptible, la ciudad aparece como el origen de ciertos males. A menudo comparan el placer inmediato que se puede obtener en las ciudades con la carne, mientras los suburbios o el medio natural, sus refugios, se asimilarían a la mermelada o a frutos sabrosos por su dulzura, exhibiendo de nuevo el sentido del gusto para describir sensaciones como forma de regresar a la infancia y recobrar su propia identidad.

Kandasamy también trata el tema de las ciudades desde la perspectiva de la corrupción, frente a la utopía rural. En el poema "Big Brother" de su poemario *Ms Militancy*, Kandasamy retrata la ciudad del pecado, "Sin City"[69], como un lugar especialmente peligroso para la mujer, donde su cuerpo se cosifica y se pone a disposición de hombres que van a jugar en casas de apuestas o casinos, a hacer lo que en su casa no se atreverían y a contemplar los cuerpos desnudos de mujeres. Critica también la pobreza, la inseguridad y la delincuencia, que a menudo se invisibilizan en los relatos. Como tras un mal sueño, el yo poético se despierta y sólo quedan allí el cuentacuentos y el *slumdog*, una persona que vive en los barrios más desfavorecidos de la ciudad con los pocos medios de los que dispone. Este efecto de despertar de un mal sueño se lograría mediante el encabalgamiento entre el penúltimo y el último verso. Es interesante, asimismo, destacar con qué frecuencia se emplean los posesivos masculinos ("his") y sustantivos masculinos también ("guy", "brother") para hablar de los usuarios habituales de estos locales, así como el campo semántico del juego, que puede acabar llevando a la perdición a esos hombres que lo apuestan todo allí, inclusive sus esposas y sus casas, por medio de palabras como "dice", "Poker don" o "slot machine":

In that Sin City, with its slot machines,
This gaming guy lost all to loaded dice-
His brothers, his bonds, his villas, his wife.

His sanity -untouched by poker dons.
Slipped when he saw his lady leave for work:
A high-heeled item, a stripper queen.

---

[69] La idea de la "ciudad del pecado" ya estaba presente en la serie de novelas gráficas *Sin City* de Frank Miller, editada por primera vez en 1991, donde se retrataba a Basin City como un lugar lleno de crímenes, drogas y sexo desenfrenado.

Jailed and exiled, the brothers served their term
plotting stick war that lasted eighteen days
with mafia shoutouts on the streets, and then

There were none but the Storyteller and the Slumdog

(Kandasamy, 2010, p. 15)

Este sentimiento de lo urbano como algo temible se exacerba en el caso de las diásporas. Además de esta concepción que nos ofrece Kandasamy, una sensación de incomodidad vertebra los versos de la voz poética de Uniyal quien, con tintes autobiográficos, relata la experiencia de la emigración, en este caso en Europa. En su poema "Landing", perteneciente al poemario *Across the Divide*, Uniyal expresa el rechazo por parte de la sociedad británica hacia la inmigración, y su necesidad de adaptarse al nuevo ecosistema en el que vive. La negrita expresa en primer lugar sus pensamientos, preguntándose si los demás compartirán esa sensación de ansiedad ante la dislocación, mientras que después sirve para recordar las frases de los xenófobos en las que la instan a regresar a su país, a "limpiar" Gran Bretaña de inmigrantes, mientras que afirma con rotundidad que ella ha llegado para quedarse, confrontando los discursos racistas. Esto demuestra una nueva opresión, la de la mujer racializada en el llamado Primer Mundo, en la terminología marxista:

[...]
I am on a permanent vigil.
The egg-shells, empty cans of lager,
potato peel, dirty plates, cigarette ends.
What is wrong with the bits that cracked and split?
I want to know if others live the same.

Distancing myself from the day long session at the
immigration, our last night's brawl, the broken
nails, the disapproving laughter of the streets
Hey Bog Go Home! Unchecked, a host of pleas
coruscate the underground **Keep Britain**
Clear of foreigners. I once had a home and I still
think of it. But it's late now. Abide a brass
Laxmi, ma's mottled pink saree, few photos and
letters. Nothing more will I know of those whom
I left amidst tears. **Can't you see I am here**
to stay? I am now like a mole very close

to your eye and you know as much as I do
it is not easy to excise me.

(Uniyal, 2012, p. 29)

El mismo sentimiento que describía Ranu Uniyal de no pertenecer a ningún lugar en Inglaterra lo experimenta durante su estancia en Bélgica, como refleja en su poema "In a Distant Land". El hecho de obviar el nombre de ese lugar de transición demuestra aún más esa dislocación tras abandonar India. En este ejemplo, de nuevo tomado de su poemario *Across the Divide*, podemos observar un ejemplo de la dureza de la experiencia de la inmigración, esta vez en el corazón de Europa, considerado paladín de los derechos humanos. Durante esa experiencia ella descubre su diferencia con respeto a los europeos, observando hogares con muy poca vida, caras enmascaradas por el maquillaje, el color pálido de la piel. La comida típica, el pescado con patatas, sustituye contra la voluntad del "yo" poético las frutas tropicales que habían caracterizado su infancia, al igual que esas flores que no huelen, y que le impiden disfrutar del sentido del olfato que siempre la acompaña en las descripciones. Uniyal también critica el uso de una tradición religiosa, la Navidad, como pretexto para el consumismo, donde los europeos compran cosas que realmente no necesitan, en detrimento de sus propias economías y del planeta. Si bien un enfoque ecocrítico sería excesivo en este poema, al ponerlo en relación con otros del mismo poemario ese compromiso de preservar el medioambiente y de sostenibilidad quedaría más patente:

She must have got it all wrong
the neighbours whisper behind closed doors
and the so-called friends turn away with shame [...]
It is as plain as the summer sky
they have no room for her.
Yet she begs and hopes
she pleads and mopes.
Will someone tell her there's none who'd understand her
weep for her? They have no time for sentiments here.
They live on tinned salmon and French fries.
Time is short. There is Christmas shopping on the cards.
Much they would receive
and a lot to throw away...
So why bother with anything but shops that sell
flowers without smell.

(Uniyal, 2012, p. 41)

La sinestesia en Uniyal llega a su máxima expresión en su poema "The Taste of Your Tongue", de su poemario *The Day We Went Strawberry-Picking in Scarborough*, con la representación de la identidad de la voz poética. Una segunda voz le echa en cara lo agrio de su lengua, que podría atenuar con melaza. Sin embargo, la voz poética se siente muy orgullosa de no haber tocado la melaza, pues habría sido castigada por la abeja, y mantener la sangre del Himalaya que la caracteriza, sin haber sucumbido a las presiones de la sociedad para ser de una u otra manera. Este carácter lo aprendió de su madre, con el trauma de los saqueos durante la Partición[70], y el uso de mujeres como arma de guerra con abusos sexuales, muy bien retratados en este poema. Estos hombres de la guerra son comparados con "hungry wolves", que arrasaron con el hogar y la familia que lo habitaba. Sin embargo, la resiliencia se convierte en la única estrategia para sobrevivir. La identidad a través de los sentidos, con la visión del Himalaya y el sabor del tamarindo aparecen a lo largo del poema, aparecen como elementos subversivos frente a los agresores:

> This tongue of yours is tart and pickle
> Have you not an iota of molasses
> That stick like a gum and erode
> The sourish taste of tamarind forever
>
> I am no doubt the taste of tamarind
> my Himalayan blood survived
> [...]
>
> she had seen her mother
> confront those wicked troops
> face inert eyes glued to the weapons
> hidden inside their blighted bellies
>
> they came and burnt their mud huts
> took away their sacks full of paddy
> emptied the bowls of toddy and filled

[70] Fenómeno histórico que tuvo lugar tras la Independencia de India del Imperio británico (1947), tras la cual llegó la división de la colonia en tres países principales: India, de mayoría hindú, y Pakistán Occidental y Oriental, de mayoría musulmana. El fanatismo religioso impidió que se cumpliera el sueño de Gandhi de una India unida en su diversidad religiosa, cultural y lingüística.

them up with the waste from their bladder
[…]
It is the hungry wolves who stepped out
in rage and tore his flesh before the feast.

(Uniyal, 2018, pp. 3-4)

La colonización del cuerpo y de la mente también aparece a través del miedo y la agresión. Con la colonización, se invaden los espacios físicos del territorio, hecho a la vez comparable con una violación, en tanto que penetración no deseada. De nuevo en el poema "The Taste of Your Tongue", Uniyal emplea el pasado siempre, traducido[71] en español para hacer el relato de los hechos que acontecieron durante dicho proceso de colonización. Además, las connotaciones de algunos verbos donde el agente sería el colonizador son muy negativas, recordando a los parásitos: "consumieron", "succionaron". La miel reaparece como elemento que nos envía de nuevo a la infancia de la voz poética a través de los sentidos, concretamente la textura y el sabor, que pasaría de ser dulce a rancio con la invasión. El colonizador también se llevaría el oro y hasta los huesos de los nativos, una hipérbole que refleja cómo la población de la antigua colonia india se vio obligada a poner hasta el último aliento como mano de obra del colonizador, concretamente en el sector textil y en la agricultura. Este robado de la miel se compara con el robado de la libertad sexual de la madre de la voz poética, que sufriría una agresión sexual conjunta a este proceso de ocupación:

(…) some guests overstayed
ransacked our homes interred dreams
consumed our nights and left us dry
they searched for sweetness everywhere

she opened her skirts and showed us
where she stored all that honey
and how it turned rancid
but she held on to it

they came again
and sucked all the honey
the colour of gold
even from our bones

(Uniyal, 2018, pp. 4-5)

71 Traducción de Carmen Escobedo de Tapia (2020).

Uniyal continúa su relato para centrarse ahora en la nueva penetración por parte del imperio, cuyo objetivo último sería la colonización de la mente. Esta se consigue a través de la imposición del lenguaje. Borrar todo tipo de rastro de civilización, y muy particularmente la cultura escrita, resulta de suma importancia para que el colonizador legitime su ocupación de un territorio, bajo el pretexto de llevar la cultura y el progreso. Sin embargo, aquí se observa un caso de polisíndeton donde Uniyal va enumerando una serie de cosas que el colonizador destruyó deliberadamente, siendo lo más importante el alfabeto, indicativo por excelencia de que una sociedad emplea códigos verbales escritos, y las nanas que aprendieron de su madre, una de las primeras tomas de contacto con el lenguaje a través de la instancia socializadora más importante que, tal y como veremos en el epígrafe sobre educación, es su madre. También se les hurtó la capacidad de acción, dejando a estos nativos y muy especialmente a las mujeres desempoderadas, sin posibilidad de escribir su propia historia. El otro elemento de colonización, además del lenguaje, orientado a colonizar las mentes, es la religión. Se transmite la religión cristina como única fe válida, propia de pueblos civilizados, según la metrópolis. Sin embargo, esta religión se transmite a India de una forma adulterada, añadiendo algunos elementos que se crearon en la Edad Media en Europa, como el infierno, para ahormar la ética judeocristiana mediante la imposición del castigo eterno *post mortem* a quienes no cumplieran las normas y el modo de vida que indica su religión:

(…) they came again
and tore our alphabets
and beat us when we
sang our mother's lullaby

they came again
and grasped our pens
and made us write
that we will burn in hell
(Uniyal, 2018, p. 5)

La idea de continuidad, de sororidad aparece también como brizna de esperanza entre el caos y la violencia del proceso imperialista y patriarcal. El tamarindo simboliza un cronotopo donde sentirse a gusto, muestra de permanencia frente al cambio que supone una invasión. De todo lo robado, sólo permanece dicha planta, de la familia de las leguminosas y muy propia de zonas tropicales, como las áreas en torno al Índico que constituyen el objeto de estudio de esta investigación. A través del mundo sensible podemos aprehender la agrura del fruto del tamarindo, un motivo que se repite a lo largo del poema. Al principio el sabor "tart and pickle" retrotraía al "yo" poético a su infancia y resultaba agradable. Al final, el recuerdo que traía consigo, tras perder a los varones de la familia, era demasiado amargo. Se trata de una metáfora de la amarga victoria que implica la colonización, que permanezcan generaciones nuevas dispuestas a cambiarlo todo a pesar de los daños causados por la colonización:

(…) Only daughters survive
Now we are left with
The taste of tamarind
Tart and pickle.

(Uniyal, 2018, p. 5)

Las agresiones sexuales cometidas contra las mujeres y el uso de elementos exóticos para representarlas metafóricamente también aparecen en muchos de los poemas de Uniyal, con metáforas como introducir los dedos en una fruta, el cantalupo[72], con el daño que eso causa a la víctima. Esto muestra la poca conciencia de ese sujeto gramatical, "he", que no comprende lo que está haciendo porque piensa que el cuerpo de la mujer es de su propiedad. Este tipo de comparación parece atenuar lo sórdido de la agresión para centrarse en que su crítica constante hacia los delitos contra la libertad sexual perpetrados por el patriarcado de una manera que resulte soportable para el lector, puesto que representarlo de manera muy literal podría desincentivar a aquellas personas con mayor sensibilidad. El uso del cantalupo como término imaginario de la comparación también muestra una vuelta a la infancia a través de las texturas y los aromas, como hemos visto en prácticamente la totalidad de los poemarios analizados a lo largo de esta investigación.

Esta creencia dentro del marco del patriarcado de que el hombre es dueño del cuerpo de la mujer aparece también, aunque de forma más tímida, en los poemas de Ananda Devi. Tras el acto sexual, el hombre se seca la boca con

---

[72] Variedad de melón de piel fina y anaranjada propia de climas tropicales, siendo China su mayor productor.

desprecio, mientras ella debe secar la suya con sus lágrimas, una paradoja. Esta mujer que ha perdido en el juego de las relaciones y el amor se siente como una sombra que ha perdido su cuerpo, en la concepción platónica de los cuerpos separados de las almas. La catarsis en el curso de las emociones negativas permite la escritura y la creatividad de lo bello, aunque triste, como podemos apreciar en el poema "Le songer dire", de *Le long désir*:

> (…) Il s'essuie la bouche avec son mépris.
> J'essuie la mienne au dos de mes larmes.
> Je suis une ombre qui a perdu son corps.
> On me cherchera longtemps après la nuit.
> L'incertitude de la poésie ne cesse de troubler la source.
> L'huile me coule d'entre les doigts.
>
> (Devi, 2003, p. 73)

Uno de los rasgos del patriarcado es que, incluso dentro de la propia familia, las mujeres aprenden desde la infancia que su cuerpo está controlado por los hombres. Desde pequeña en la mesa observaba cómo su padre impedía hablar con la boca llena como excusa cuando quería evitar una conversación durante la cena. Que las mujeres vivieran con la boca cerrada, sin poder recurrir a la sororidad, a compartir su lamento con otras y buscar vías para la emancipación es una de las principales bazas del patriarcado desde el principio de los tiempos. Uniyal combate en su poema "Love Letter from a City: Lucknow to Mumbay", de *The Day We Went Strawberry Picking in Scarborough*, la doble colonización que han padecido las mujeres de su comunidad. Este poema se escribe desde la perspectiva de la diáspora, durante la estancia de Uniyal en Europa. En ella representa una amenaza para las dos grandes opresiones que padece a través de la escritura. Con la pluma, la voz poética se empodera y recupera la capacidad de acción. Mediante la anáfora del adverbio de frecuencia "often" muestra que tiene la posibilidad de elegir cuándo leer y cuando no hacerlo, cuando escribir y cuando parar. Los sentidos reaparecen mediante los colores, los contornos, los relatos, las canciones, un mundo mucho más diverso. Los discursos hegemónicos se contraponen a la escritura libre de su pincel, que los deconstruye:

> Often the words smack of dry dust,
> ochre robes, patent greed.
> Often the knife cuts suave silk

slices of melon, a tongue.
Often the pen becomes her enemy,
unmerciful and crude, a reckless tool.
Often the book remains unread
hiding tales, perhaps tomorrow.
Often the colours swallow the map,
spinning contours, invisible address.
Often the song shelters the storm,
clutching children, after the floods.
Often the tears, disagree with the night
to let loose, captive loneliness.
Often the answers set a prelude, to
uneasy questions, shredding wisdom.
Often the brush traces a legend,
deconstruct, death in exile.

(Uniyal, 2018, p. 10)

La idea del cuerpo como primer paso para tomar conciencia de la propia existencia y de la identidad también es una idea que aparece en el poema de Uniyal "Games Bodies Play", en *The Day We Went Strawberry Picking in Scarborough*. En él representa la corrupción del cuerpo con el paso de los años, y su gusto por los sentidos. Primero, el placer provendría del mundo de los sentidos, de "prestar" su cuerpo al ser amado. Luego llega el mundo de los sentidos, y la satisfacción mediante "espíritus", o mediante ideas. El cuerpo de deconstruye, con adjetivos con denotaciones negativas como "endeble", el símil con un palillo chino entre los dedos de otro, que indican flaqueza y fragilidad. En definitiva, la unión entre presente y pasado se da en esa fragilidad, en ese límite constante en el que se aferra a la vida, y que es lo único que le queda:

This body that is always perfect
despite the imperfections
the sluggish arms, bleak
as perforated cans of fruit beer

open in strange rooms
and often seek comfort
from strangers who barely
stand and smile.
[…]
This body tenuous, ready

to betray, like a chopstick
poised between the two fingers,
is the only proof that I exist.

(Uniyal, 2018, p. 35)

El *beatus ille* también aparece en el poema "On Getting Old", del mismo poemario, el "yo" poético de Uniyal recuerda su imagen de niña a través de la de una anciana. La naturaleza cumple de nuevo una función importancia a la hora de regresar a la infancia, con el gorrión que aletea, contra el alféizar de la ventana. De esta misma forma la voz poética se mantiene viva. Una voluntad de respetar su cuerpo, de valorarlo a pesar del paso de los años, como su único hogar:

Today the woman in her struggles to sit straight, but
the child in her is still bubbly with delight.
Somewhere a sparrow fluttered and the feathers
held on to her windowsill. Like a sapling in grief

(Uniyal, 2018, p. 30)

Siguiendo con el mismo poemario, y volviendo de nuevo al tema del idioma, en el poema "Her Lost Tongue" Uniyal se pregunta cómo es posible perder la lengua materna, y si el asimilacionismo cultural puede llegar hasta ese extremo. Compara olvidar la lengua materna con olvidar a una madre, con una carta del primer olor. De nuevo la compara con un aroma, en este caso el de las gachas de avena que cocinaba su madre o el *khadi*[73]. en oposición al del Ovaltine[74], comida artificial, frente a lo natural, lo producido con las propias manos. Son esos aromas y esos vocablos indios sin traducir, en una puesta en práctica del *code-switching*:

El fenómeno sociolingüístico de las lenguas en contacto se caracteriza por la injerencia, en mayor o menor medida, de una lengua en la estructura de otra. Las consecuencias de este contacto implican, en un primer momento, la coexistencia de ambos códigos en contextos específicos y particulares. Tal situación se observa de manera especialmente notoria en el caso de las obras de la literatura chicana que optan por utilizar simultáneamente en su discurso tanto el idioma inglés como el español.

(Zeromska, 2003, pp. 290-291)

---

[73] Tinte a base de henna y plantas de naturaleza ayurvédica.
[74] Marca de productos con sabor a leche malteada, azúcar y suero de leche.

La función del code-switching, utiliza fundamentalmente por autoras chicanas pero que fue popularizándose en toda la literatura poscolonial, en la
actualidad global, tiene como objetivo reivindicar la lengua materna de los
autores y las culturas de las que dicha lengua es subsidiaria. Uniyal vuelve
así a recurrir en "Her Lost Tongue" a esta técnica mediante la representación
el rito del bautismo, que pone en comunión el mundo de los sentidos y el
mundo de las ideas. Durante el mismo, se realiza una ofrenda a *Hanuman*,
dios-mono y uno de los avatares de Shiva, en forma del *besan panjiri*, un dulce
que se consume en India durante este tipo de ritos con la familia:

It is hard to believe when she says
I have lost my tongue.
Shifting homes by choice, you incurred losses,
but the loss of tongue I fail to understand.
How can you lose it after having lived with it
the tongue that blessed your childhood

for those seventeen odd years? I am not sure.
Just as it is impossible to forget one's mother
how is it possible to lose the mother tongue?
Is it an old love letter from a previous boyfriend
she prefers to destroy? The smell of Ovaltine has
stayed with her all these years.

It is the smell of burnt porridge that
often wakes her up at night
The sound of mango leaves rustling
like her mother's crips *khadi* often
forces her to shut her apartment windows at night.
The sight of unclad neighbours' children

at her house in Aliganj often wakes her up
in the middle of her noon siesta. The taste
of her nani's *besan panjiri* comes back to her
every Tuesday, as she folds her offerings to *Hanuman*,
intact, entrenched, fastened like the clips of her inner garment.
it has always stayed with her and put up with all the fuss

(Uniyal, 2018, p. 20)

La necesidad de tomar posesión de su propio cuerpo para romper las cadenas
de la opresión en tanto que mujer y en tanto que sujeto poscolonial marca
también la temática del poemario *Le long désir*, de Ananda Devi. En su primer

poema, "Vous", del que comentaré un extracto, realiza un primer ejercicio
de toma de conciencia de dicha opresión y se emancipa de los postulados del
patriarcado y del colonialismo afirmando que ya nunca volverá a ser esclava
ni de otros ni de las ideas interiorizadas autodiscriminatorias, que tanta
importancia han tenido en esta investigación como veremos en el epígrafe
dedicado a educación. El uso del futuro simple en repetidas ocasiones, así
como el paralelismo en lo relativo a la estructura sintáctica de los versos,
recuerda a una lista de resoluciones para una vida mejor a partir de cierto
punto de la vida, una toma de conciencia. Se propone beber de las fuentes
del "tú" poético, irse como un animal herido, esperando sólo ver su rostro
en la oscuridad. Como toda mujer que ha abrazado el conocimiento, la luz,
le esperan malos presagios, la muerte frente a la vida, llevar la muerte en el
vientre, entre otros castigos:

> (…) Je ne serai plus jamais esclave ni d'un autre ni de moi
> Je boirai certes à la source de tout ce qui en toi est toi puis
> Je m'en irai comme une bête déchue certaine que rien
> D'autre ne m'attend que mon propre visage dans le noir
> Je suis femme comme toute femme qui un jour a osé aimer une source une
> lumière me hante ce n'est pas la vie mais la mort que je porte dans mon ventre
>
> (Devi, 2003, p. 70)

En Devi también aparece el exotismo y los olores como una forma de
regresar a la infancia, en este caso de las especias. Es necesario recordar que, en el Índico, y especialmente en la Reunión, el legado hindú es
un estrato que forma parte esencial de la raigambre cultural de la isla.
La sinestesia vuelve a mostrarse como un recurso literario fundamental
para este regreso en el tiempo, puesto que emplear el verbo "écouter", a
fuerza de escuchar los olores de las especias el corazón se acelera y los
ojos se llegan de lágrimas. Sin embargo, y a pesar de esta sensación de
morriña y desasosiego, este disfrute aromático estimula partes dormidas
en el cerebro:

> (…) Il y a des odeurs d'épices qui sont comme un langage. À force de les écouter,
> on pleure des yeux et le cœur se ravage. Mais leur goût est comme un conte : il
> ranime les palais endormis qui avaient oublié la fête des sens.
>
> (Devi, 2003, p. 71)

La toma de conciencia de la propia opresión y de la necesidad de luchar contra la misma en ocasiones se percibe a través de otras mujeres. Afortunadamente, siempre hay esperanza ante estos abusos contra los cuerpos femeninos y sus espacios, una sospecha de recuperación de la dignidad tras los abusos sexuales, el uso de las mujeres como escudo o arma de guerra, la cosificación de sus cuerpos o el deterioro biológico de los mismos.

Finalmente, vamos a analizar el sufrimiento y la ansiedad que llegan en el crepúsculo de la vida, unidas a los cambios físicos o al hastío tras haber vivido una concatenación de circunstancias desesperadas. Por ejemplo, Kandasamy, en su poema "I Am a Dead Woman", en *Ms Militancy*, representa con su voz literaria como instrumento un sentimiento de encontrarse muerta en vida, una paradoja que ocurre cuando eres mayor y tu vida se resume a pasear por los pasillos de un manicomio, con una enumeración de adjetivos negativos que transmite un halo de desesperación, de ganas de morir de una vez gracias a los momentos vividos, una voluntad que se refleja muy bien en el epígrafe siguiente a través de autoras como Devi que hablan sin tapujos de la muerte y del momento de aceptarla una vez que su momento ha llegado. Estos adjetivos se encontrarían en los sintagmas "faltering step", "felted, flying hear" o "pendulous breasts", que denotan la deconstrucción, poco a poco, del cuerpo, en este caso femenino. Esta idea es reforzada por la anáfora o repetición al principio de los versos y el paralelismo en cuanto a la estructura gramatical en alguno de ellos.

Todos estos mecanismos del mundo de los sentidos y de la gramática y el léxico nos conducen al mundo de las ideas, con referencias culturales transnacionales adaptadas al contexto local. En la primera estrofa encontramos el mito de *The Madwoman in the Attic* (Gilbert and Gubar, 1979), una mujer encerrada o institucionalizada por estar supuestamente histérica por vivencias negativas o desestabilizadoras. En la segunda estrofa aparece el mito glocalizado de *Alfonsina*, que esperaba mientras le decían la loca del muelle de San Blas, pero ella mantuvo su espera férrea de aquel hombre al que tanto amaba, en el primer caso un pescador, en este un comerciante con dudas sobre la relación:

I am a dead woman walking asylum corridors,
With faltering step, with felted, flying hair,
With hollowed cheeks that offset bulging eyes,

With seizures of speech and song, with a single story
Between my sobbing, pendulous breasts.

Once I was a wife; beautiful,
Married to a merchant shifty-eyed,
Living the life, until he was lost in listless doubt.

(Kandasamy, 2010, p. 17)

En su poema "On Getting Old", en The Day *We Went Strawberry Picking in Scarborough*, Uniyal toma el testigo de esta reivindicación de la mujer a envejecer. En él establece una dicotomía entre la niña que fue y la mujer que ha ido envejeciendo. La columna vertebral es su punto débil, uno de los chacras en el yoga, y de ahí se derivan otros problemas de salud como la dificultad para mantener el equilibrio. El motivo del gorrión representa la vida se detiene en la ventana, sin querer apartarse del alféizar. Es la voluntad de vivir de una mujer mayor, en este caso llena de sonidos que recrean el imaginario de la senectud, de lo decrépito, como "hiss" o "sigh":

Rambunctious. The word strikes her down
With a heaviness that tickles at the base of her spine.

Today the woman in her struggles to sit straight, but
the child in her is still bubbly with delight.
[…]
The narrow slit of her eyes hissed in pain and she
Clutched the word with an amazing sigh.

(Uniyal, 2018, p. 30)

En esos momentos de la vida, el "yo" poético de Ananda Devi también afronta la muerte como un fenómeno inexorable. Aquí aparecen dos motivos propios del universo poético de Devi, la puerta y el espejo. El modo verbal predominante es el imperativo y, por consiguiente, la función comunicativa predominante es la conativa, intentando influir en el comportamiento del "tú" poético al que se dirige la voz poética de Devi, en consejos como el de cerrar la puerta, cerrar tu destino, borrar del espejo el glaciar de tus ojos, una hipérbole de la mirada más fría que dan los años. También exhorta a temblar de rodillas en el umbral de las virtudes imposibles. En las dos últimas estrofas vuelve a aparecer la deconstrucción del cuerpo femenino anciano hablando de desmembración de cuerpos desarmados que ya no pueden hacer lo mismo

de antes, pero manteniendo esos colores de identidad indianoceánica tan
característicos. Todo este desmantelamiento del cuerpo femenino antes de
la defunción se enmarca en el tópico del *tempus fugit*:

> (…) Ferme la porte, clos ton destin
> Efface du miroir
> Le glacier de tes yeux
>
> Tremble à genoux
> Sur le seuil dérobé
> Des vertus impossibles
>
> Ni jamais être femme
> Si le corps écartelé
> Ne peut plus vous offrir
>
> Sa glaire empoisonnée
> Ni la soierie fine
> Si finement déchirée
>
> Si richement démembrée
> Par l'assaut des couleurs
> Quand le noir n'a plus lieu
>
> (Devi, 2003, p. 14)

Devi va más allá y glocaliza en tierras mauricianas este sentimiento de
ganas de morir, cuando la vida ya no te aporta lo indispensable. En este
poema, también del compendio *Quand la nuit consent à me parler*, Devi
se pregunta retóricamente por qué impedir el tránsito hacia la muerte,
con una comparación que denota bastante exotismo y el mundo de los
sentidos, a través del gusto, el sentido y el tacto, como el olor del mar, el
cieno cuando se seca o las algas marinas que invaden los umbrales. Cuando
la arena se vuelve negra, que el viento en la lengua sabe a ahogamiento,
cuando la sal del océano y tu cuerpo se encuentran, en esos momentos se
está proyectando la propia muerte. Con ese tránsito se van los recuerdos y
las vivencias, una perspectiva nihilista por la cual sólo quedarían las huellas
de los ausentes para atestiguar su paso por la vida. Este eufemismo de las
culturas poscoloniales para referirse a los muertos es muy frecuente y puede
contemplarse en obras de arte universales como la canción "Yo pisaré las
calles nuevamente", en las que la voz poética de Pablo Milanés se refería

a los represaliados por el golpe de estado de Augusto Pinochet en Chile (1973) como los ausentes:

> Et pourquoi t'empêcherais-je de fuir
> Quand le limon se dessèche
> Que le goémon envahit le seuil
> De l'odeur face de la mer
>
> Quand le sable est si noir
> Que le vent sur la langue
> A un goût de noyade
> Et que le sel te troue la peau
>
> Que la vérité sorte de ces corps
> Fracturés sur leurs récifs
> Le limon entre dans leur bouche
> La grève s'éloigne des galets
>
> Fuient rêves et mémoires
> Visages immergés
> Ne restera de l'île
> Que les pas des absents.

(Devi, 2003, p. 18)

Para finalizar este epígrafe, vamos a comentar los poemas que arrojan un mayor optimismo acerca del futuro para las mujeres. En otro fragmento de su poema "Vous", el "yo" aparece el motivo del espejo, donde la mujer compara su cuerpo presente con el pasado. La voz poética de Devi insta a las mujeres a olvidar el otro lado del espejo, pues no conduce sino a la nostalgia. A continuación, llama a la mujer a tomar posesión de su propio cuerpo como una sala de espera, no para un hombre sino para ellas mismas, un cuerpo cambiante que desaparecerá, pero cuya esencia permanecerá, una idea muy arraigada en Devi. El campo semántico está formado por el cuerpo y sus hipónimos, como los dedos y los labios, todos ellos bajo el control de una mujer que debe luchar no solo contra la opresión sino también contra sus propias ideas interiorizadas y apriorismos:

> (…) Oublie, oublie, oublie, l'autre versant du miroir. Sa face cachée sans tain qui garde le souvenir de tes mues. Le mensonge de tout visage renversé, côté gauche, côté droit, rien de tout cela n'est toi.

Quand cesseras-tu de pousser ton cri de porcelaine ? Regarde-toi en face, ne te détourne pas. Laisse tomber ces tissus qui te mensongent. Nue. Tu es. Ta peau est un territoire d'attente. Attente des doigts qui y grèvent leur mystère, attente de lèvres qui l'exploseront de rires.

(Devi, 2003, p. 18)

En resumen, se puede afirmar mujer del Índico se encuentra en una situación de doble discriminación, la primera por su sexo y la segunda como sujeto poscolonial. Esta opresión no se acaba ni en India ni en los territorios india-noceánicos, sino que alcanza su clímax en los países que reciben inmigración, ya que las mujeres racializadas padecen además odio y discriminación. La identidad de muchas de nuestras poetas es resiliente, habida cuenta de las circunstancias que han tenido que atravesar durante su infancia. Experiencias como la guerra y el uso del cuerpo de las mujeres son enormemente trau-máticas y requieren de mucho tiempo y resiliencia para ser superadas. La sororidad con otras mujeres tanto en el seno de la familia como fuera del hogar, y la creación de una comunidad ayuda a la reflexión y a ir superando las barreras preestablecidas. Algunas de las amenazas existen incluso en las diásporas, con aberraciones como el matrimonio concertado, la coerción al aborto cuando el hijo no es varón, o el mantenimiento de estrictos roles sexistas en el hogar, replicando el patriarcalismo milenario.

Las sinestesias, el uso de los aromas y sabores de la infancia y las metáforas retrotraen a las voces poéticas a momentos negativos, en muchos casos de agresión sexual, de su infancia y adolescencia. Estos momentos de intros-pección sirven para hacer balance de lo que ellas han conseguido avanzar por todo el colectivo de mujeres en su edad adulta. Los frutos y el exotismo constituyen a menudo un arma para el colonizador a la hora de asignar este-reotipos de inferioridad al colonizado y, en este caso, a la mujer como sujeto poscolonial, pero nuestras autoras muy brillantemente se apropian de ellos para identificarse y conferirles un significado entrañable.

La violencia se puede percibir desde el mismo momento de la gestación, donde en muchos lugares aún de forma abierta y, en otros, bajo secreto y de manera ilegal, se empuja a las mujeres que esperan una niña a abortar. Desde la adolescencia comienzan las muestras de violencia sexual y de pretender que prevalezca siempre el placer del varón, siendo sometidas las mujeres a prácti-cas no consentidas o consensuadas. En la edad adulta aparecen muchas otras formas de opresión, algunas más implícitas, como la ocupación de sus espacios, las violaciones, el maltrato, y en otras más de forma más implícita pero más aceptadas socialmente, como la imposición de unos cánones estrictos de belleza o el edadismo, que siempre perjudica más a la mujer que al hombre, puesto que de la primera se busca más la belleza en términos físicos y del varón se valoran otras cualidades que el patriarcado no aprecia en la mujer.

Las vías de escape para la mujer en tanto que sujeto poscolonial vuelven a ser la naturaleza, sobre todo en los paisajes de la infancia, y muy relacionados el océano y la vegetación y los fenómenos atmosféricos tropicales, y también la homosocialización, el tiempo pasado con otras mujeres de su comunidad que les transmitió seguridad. De este tema, precisamente, hablaremos en el siguiente epígrafe, dedicado a la naturaleza como fuente de vida. La naturaleza es a menudo un cronotopo para nuestras poetas, entendido como un lugar de seguridad, de buenos recuerdos de infancia, de sororidad, pero también es una fuerza que actúa de manera inexorable.

3.3. Naturaleza y vida

El medio natural juega un papel fundamental en las literaturas tradicionalmente llamadas poscoloniales. Se trata del elemento más cercano a la identidad del individuo, de lo que ha acompañado durante toda su infancia y período de crecimiento al sujeto poscolonial. La naturaleza puede entenderse como un refugio al que acudir de vez en cuando, pero también como un arma para luchar contra el colonialismo y defender su tierra como parte de esa identidad, una ambivalencia de la que se han valido las poetas de nuestro corpus a la hora de abordarla en sus poemas:

> Since colonization is first and foremost about territorial and epistemological dispossession, postcolonial poetry of the landscape and the environment also had to strive to reverse this by reclaiming cognitive and epistemological ownership of the land.[75]
>
> (Garuba, 2017, p. 210)

---

[75] Puesto que la colonización va en primer lugar y sobre todo de una desposesión territorial y epistemológica, la poesía poscolonial del paisaje y del medioambiente también tuvo que luchar para revertir esta idea reclamando la propiedad cognitiva y epistemológica del territorio.

En la literatura indianoceánica, en concreto, los paisajes más recurrentes son el mar y los bosques tropicales, con frutos como el tamarindo o el cantalupo, así como los olores y las especias que, como hemos visto anteriormente, retrotraen a las voces poéticas a momentos pretéritos. La naturaleza se relaciona con la vida puesto que nuestras autoras la conciben como fuente de ella. Es el lugar del que venimos y al que vamos, nuestra procedencia al nacer y nuestro destino al morir. También predomina una concepción cíclica de la vida, en contraste con la visión lineal de Occidente. En el caso de las autoras con mayor influencia religiosa, se da el fenómeno del panteísmo, es decir, identificar a Dios con todo lo que nos rodea, y más específicamente con la naturaleza. Los fenómenos climáticos también contribuirían a manifestar la acción divina o constituirán la manifestación de una naturaleza omnipotente en la tierra.

La naturaleza también es un campo de batalla en el neocolonialismo, pues los países que se han emancipado políticamente siguen dependiendo económicamente de las grandes potencias que controlan sus recursos. Igual que con el cuerpo de las mujeres, el neocolonizador controla la extracción de recursos y con ello las economías de los países, incluso con industrias aparentemente inocuas como el turismo. Con muchas de las políticas que se deciden en los países con mayor capacidad de influencia se ponen en riesgo los entornos naturales y el medio de vida de la mayor parte de la población global. Por todos estos motivos se hacía imprescindible un epígrafe dedicado a la naturaleza, sin la cual el discurso poscolonial y global no tendría sentido, pues la preservación del medioambiente y de los recursos que nos da la tierra tienen su origen en luchadoras indígenas como Rigoberta Menchú y han encontrado ecos en los defensores de la Amazonía en Brasil o el movimiento ecologista en Colombia o incluso en países de otros continentes, como en India. Es decir, esta contienda por la naturaleza se replica en todos los territorios del mundo que han sido colonias, protectorados o virreinatos, sin importar el imperio del que formaran parte.

Al igual que en las religiones semíticas, como el cristianismo, que aboga por la máxima "en polvo eres y en polvo te convertirás", la concepción de la vida de las poetas de nuestro corpus, influenciada por el hinduismo, describe la tierra como unidad de destino y final del proceso, lo cual une al nacimiento y la muerte, aunque la muerte dé lugar a otro tipo de vida en comunión con la naturaleza, y donde los aprendizajes de la vida anterior sean puestos en valor. La naturaleza se convierte, por tanto, en un cronotopo para la contemplación y el disfrute en paralelo con la vida. En las autoras insulares el elemento de naturaleza indispensable es el mar. El mar se entiende como una fuente de vida y fuente de muerte, como el inicio y el final de un ciclo. En este fragmento de "Le songer dire", de *Le long désir*, Devi deconstruye el relato bíblico de la mujer de Lot (Génesis 19), que al mirar atrás mientras escapaban de la destrucción de Sodoma, contrariamente a la orden de Dios, se convierte en estatua de sal. La mujer aparece convertida en sal como elemento con connotaciones positivas, pues le permite formar parte del mar, que tanto admira:

> (…) J'ouvre la bouche au sel de la mer. Il entre en moi par brises soufflées, par gorgées de lourdeur et je l'avale. Je suis sel. Il me dévore. Il laisse dans ma chair d'étranges lacérations, comme on incise un arbre. La brûlure est pleine. J'aime l'odeur et le bruit et le goût du sel. Son amère substance, son insolence. À l'intérieur de moi, il soigne plus cautérise la blessure.
>
> (Devi, 2003, p. 70)

Meena Kandasamy, en su poemario *Touch* también elogia los elementos de la naturaleza, aunque rechaza los clichés asociados habitualmente a la mujer y que desembocan en prejuicios de género, como la seda escarlata o el oro brillante, lujos y vanidades que en las culturas occidentales se asocian con la feminidad. Un ejemplo de ello es el poema "My Bed Smells of Textbooks". Para Kandasamy, su mundo, su naturaleza, es también el agua, el color fucsia de los pétalos de flor y de los atardeceres, un fruto exótico de nuevo, en este caso la lima, así como el olor de sus libros en la cama, una idea de que la capacidad de actuar y la rebelión contra los roles de género empieza en la educación y continúa con el hábito de la lectura. En su poema relaciona la libertad con la pluralidad de colores, en antítesis con la esclavitud del blanco y negro, también los fluorescentes colores artificiales, y elogia los colores de la tierra:

> My bed smells of textbooks
> and it is more than a month or so,
> since i dreamt of sunlight and the sky's
> embrace. even a woman's lush vanities –
> scarlet silk and shining gold – have been lost
> on me. i am snared in a world of aqua, fuchsia,
> and lime set dangerously against black and white.
>
> (Kandasamy, 2006, p. 20)

Al contrario de la naturaleza, representada en los mapas físicos, los mapas políticos son el resultado de relaciones del país hegemónico con el resto de países. De ahí ese "tú" poético que representa a Reino Unido, pero que es extensible a Francia, Rusia o Estados Unidos, cualquier país que haya mantenido una ideología imperialista en algún momento. El hecho de utilizar al colonizador como sujeto agente, junto con verbos de acción que denotan coerción hacia el resto del mundo abundan más en esa idea de responsabilidad por las aberraciones cometidas. Llamaron países a territorios que no lo eran, como India, pues la colonia abarcaba mucho más de lo que desde hacía milenios venía llamándose Bharat. De hecho, el país se encuentra, paradójicamente, en un proceso de debate acerca de un posible cambio en su denominación.

El nuevo nombre sería Bharat o el Hindostán, nombre empleado fundamentalmente por los mongoles. Esta política de juntar religiones y culturas que, a priori, iban a poder convivir difícilmente, obedece a la lógica maquiavélica del divide y vencerás, para que estuvieran ocupados en sus cuitas internas en vez de rebelarse contra los británicos, que declaraban territorio suyo a aquellos que oficialmente no tenían un documento escrito que diera la propiedad a los nativos. Las autoridades poscoloniales han intentado, a su vez, utilizar esta misma estrategia de acuerdo con sus intereses y objetivos. Sin embargo, en la mentalidad indianoceánica no cabe la idea de pertenencia ni al Reino Unido ni a cualquier otra potencia. Lo que sí pueden hacer los colonizadores es expoliar los recursos de todo un pueblo. Pero nunca apropiarse realmente de un grupo de seres humanos, pues en esta mentalidad, compartida por todas las áreas geográficas que hemos analizado, solo pertenecemos a la tierra.

De nuevo en *Touch*, Kandasamy ataca el imperialismo y sus prácticas. En el siguiente poema cuenta como un día, sirviéndose un vaso de agua, encontró a una serpiente escondida debajo de su nevera. Aquí cuestiona el mito bíblico de la serpiente, que supone la expulsión del paraíso del primer hombre y la primera mujer según el cristianismo, Adán y Eva. El símbolo tan menospreciado de la serpiente en la ética judeo-cristiana se convierte en la salvación en este cuento en forma de poema, titulado de forma muy elocuente "Another Paradise Lost: the Hindu Way". La serpiente se dirige a la voz poética en tamil, y con ello la cautiva. Es una exiliada, posiblemente política, del nacionalismo indio excluyente, y la compara con Salman Rushdie, quien tuvo que huir de

Pakistán por la fatua o condena de muerte lanzada contra él por el régimen de los Ayatolás en Irán, como consecuencia de la publicación de su novela *The Satanic Verses*. Al igual que una serpiente expulsada de un paraíso, aquellas personas que se rebelan contra la opresión, en ocasiones ejercida por países emancipados contra uno de sus pueblos, como India contra el pueblo tamil, pueden verse metafóricamente convertidas en serpientes, condenadas a reptar en busca de refugio y expulsadas del Edén:

> (...) 'Stop it', the snake hissed in pure Tamil
> connecting with me in the language of
> my prayer and poetry. 'I am an exile'.
> and I configured mental images of political
> refugees. it wriggled out and I saw that
> it was balding, almost Rushdie-like, perhaps
> with a death sentence too. controversy was a
> crowd pulling a catch-phrase, to witch I dutifully
> succumbed. acid bottle in hand, I heard the
> snake preach to me about living in the detachment
>
> (Kandasamy, 2006, p. 40)

Esta idea de pertenencia a la tierra es bastante reiterativa también en Ananda Devi. En el poema "Absence", de *Le long désir*, Esa pertenencia a la tierra se ve incrementada por una concepción cíclica de la vida, es decir, de nuevo aparece la idea de que de la tierra provenimos y a ella volveremos (la tierra del retorno y también de la primera partida). También la conciencia de que somos una generación más, aportando algo a las anteriores, pues al igual que ellos vemos las mismas estrellas y llevamos nuestro sudario de tanto esforzarnos. Y de nuevo un elemento de la naturaleza muy considerado en los paisajes indianoceánicos, junto con el mar: la luz, potente e inexorable. Estos elementos se ven como un cronotopo, donde se juntan la voz poética, un momento y un lugar, en plena tranquilidad, frente a la fiera de la colonización, para cuya descripción desencadena todo un campo semántico negativo como los acantilados de sangre, los rostros de cristal o los árboles trueno:

> (...) La terre du retour était celle du premier départ : il y poussait des arbres ton-nerre, des falaises de sang et des visages de cristal. Je voyais ses étoiles comme les premiers hommes les virent, portant en eux leur suaire d'attente. Aucune peur ne salissait le tissu mouillé de lumière.
>
> (Devi, 2003, p. 51)

El resultado de la colonización es una enorme desigualdad. Volviendo a la idea de expoliar los recursos del colonizado, el ser pos-colonial tiene que encontrar su identidad entre la cultura robada o eclipsada por el colonizador y la del nuevo país donde se encuentra, revelando una posición de *in-betweenness*. En su poema "Mid-Life Spring", perteneciente al poemario *The Day We Went Strawberry Picking in Scarborough*, mediante una técnica muy parecida al *hainteny*, Uniyal transita también de lo concreto a lo abstracto en la forma de explicar el fenómeno del arraigo en esta búsqueda descarnada de la identidad. En él va desgajando los elementos de la naturaleza que, desde su infancia, han ido conformando su identidad. Entre ellos cabe mencionar especies animales, como los pájaros, o incluso aves nobles, como el águila. En todos casos, y volviendo al mito tan apreciado por Uniyal de Ícaro y Dédalo, estas aves se acababan fundiendo por osar mirar al sol, salvo el águila que, con su coraje, planea sobre la tierra. Se trata de un cronotopo de tristeza, pero donde la autora se encuentra, a través de su "yo" poético, con la epifanía que supone la muerte de los seres queridos y los referentes.

En la escena que nos imaginamos como lectores aparecen un yo, el "yo" poético en el que Uniyal se ve proyectada; un aquí, el momento preciso de toma de conciencia del paso del tiempo y de lo efímero de la vida, y un ahora, el de decir adiós a los ausentes. Esa concepción del paso del tiempo que cambia, la fugacidad de la vida y lo inexorable del destino, con términos que a menudo anuncian la muerte, en culturas de manera transnacional, como "muerte" a la que se atribuyen características humanas en una suerte de prosopopeya mediante el empleo de términos como "walks barefoot", "distant", "winds", un campo semántico que recrea una situación de tristeza y de malos augurios. Tras esto, en la cuarta estrofa el pronombre "she" inaugura un nuevo tempo en el poema, de mayor actividad y ritmo, y aporta algo de optimismo frente a la atmósfera gris que el poema traslada, con verbos asociados a esa mujer como "walks", "seeks", intentando encontrar otra vida en comunión con la naturaleza:

The birds
are facing the sun
and their bodies
have merged

with the distant
winds […]

She walks barefoot,
and the lush green
carpet transformed
by her touch,

seeks life everywhere
She becomes the earthen
pot brewing wholesome
tea leaves from Assam[76].

To be able to survive
she has always
looked at lives
that are no more.

Sexton[77] and Plath[78],
and now Vazirani[79],
she has noted every bit
of information with
fertile interest
and felt reassured.

(Uniyal, 2018, pp. 12-13)

Tras fijarse en vidas que ya no existen, Uniyal cambia el marco del mundo de los sentidos a algo más acogedor, como "interés" o "fértil", campo semántico muy distinto al del comienzo del poema, pues esas mujeres ya muertas se convierten en una inspiración para las que están por llegar. También aparece una referencia velada a la literatura europea, que Uniyal admiró siempre, mediante la introducción del mito sobre el que se basa *La bella y la bestia*[80].

---

[76] Uno de los veintinueve estados de India, conocido especialmente por su té, comerciado de manera global, aunque del que se aprecian las características locales.

[77] Anne Sexton (1928-1974), escritora y poeta estadounidense, profesora de la Universidad de Boston y ganadora del premio Pulitzer con su obra *Live or Die* (*Vive o Muere*).

[78] Sylvia Plath (1932-1963). Poeta, novelista y cuentista estadounidense, que se suicida al no encajar en los valores patriarcales acerca de cómo debía ser una mujer en pleno siglo XX.

[79] Reetika Vazirani (1962-2003), nuevo modelo a seguir en el feminismo indio, en este caso perteneciente a la minoría india en Estados Unidos, donde fue poeta y educadora.

[80] Película dirigida por Jean Cocteau (1946) que acabaría dando lugar a la adaptación al cine infantil y juvenil de Disney en los noventa y a la representación de la obra dramatizada en forma de musical por buena parte de los auditorios de toda Europa.

Se convierte en una tetera, de nuevo para servir a los demás, en este casi el exclusivo té de la región de Assam. En el siguiente poema que vamos a presentar, "All Is Fair", en *The Day We Went Strawberry-Picking in Scarborough*, Uniyal ya va asumiendo el paso del tiempo y habla del momento en que su madre le explicó que las mujeres jóvenes eran como flores, atribuyéndoles una cualidad compartida, la fragilidad. Esta idea generaba una represión puesto que situaba a Uniyal en el marco de pensamiento del patriarcado. Ella probó la fruta prohibida, y por tanto pagó el precio de no pertenecer ya al Edén lleno de esas flores. En el fondo, persiste en la India rural un pensamiento similar al de África, que se toca en las literaturas indianoceánicas, de la necesidad de cumplir una serie de normas para pertenecer a una comunidad que se entreayuda y de la que, ante la falta de sumisión a sus dictados, puede ser expulsada:

> I was a child then. She held my hand
> And took me to the flower
>
> Smell it, but never pick it
> Tomorrow it will be gone.
>
> Young girls as fragile as flowers
> In full bloom, must not desire.
> [...]
> Every call and every smile had a taste of the
> Forbidden fruit. Until a reckoning claimed me
>
> (Uniyal, 2018, p. 17)

La metáfora de la flor para referirse a las mujeres está bastante extendida y, de manera combativa, otras autoras de nuestro corpus la recogen. La idea de la rosa acarrea entre sus semas cierta fragilidad, pero también lo difícil de alcanzar, sus espinas que la protegen, su belleza. La rosa aparece como la mujer con la que muchos hombres buscan un entretenimiento pasajero, pero no tienen la intención de llegar a una relación estable.

Nuestras autoras de rebelan contra las metáforas sobre las mujeres elaboradas por el patriarcado para intentar conferirles fragilidad. Otro ejemplo es el de Barbie, la muñeca, un ejemplo que no es ajeno a buena parte de la población mundial, ya que precisamente con Barbie como protagonista se estrenó una película homónima (2023) que reescribe las historias de princesas o mujeres dependientes de su marido que se habían generado tradicionalmente en torno a Barbie, así como otras ideas que se revierten como valorar la belleza sobre todas las cosas. La elección de la muñeca Barbie no es azarosa, sino que responde a un producto cultural transnacional conocido en la inmensa mayoría de países. Cada territorio tiene sus propias Barbies, con ciertas adaptaciones según la cultura, pero tradicionalmente todas respondían a un ideal de sumisión al hombre, de hipersexualización y de tomar como único valor la belleza, un claro ejemplo de glocalización en el sentido económico, que adquiere en este poema dimensiones literarias:

> A Barbie is not what I want to be.
> In a distant land
> She must have got it all wrong
> the neighbours whisper behind closed doors
> and the so-called friends turn away with shame.
> As if none but her is to blame
> and yet she begs to be understood
> how foolish of her to have asked for
> understanding and love
> from those masked faces, unlit houses [...]
> They live on tinned salmon and French fries.
> Time is short. There is Christmas shopping on the cards.
> Much they would receive
> and a lot to throw away...
> So why bother with anything but shops that sell
> flowers without smell.

> (Uniyal, 2006, p. 17)

En poema anterior, "The Dream Vulture", contenido en *Across the Divide*, el "yo" poético de Uniyal ha traspasado fronteras y se encuentra en Inglaterra. Allí afirma que no quiere ser una *Barbie* más, siguiendo el arquetipo de belleza anglosajón. Se encuentra en una atmósfera que le genera emociones negativas, por el carácter frío y el rechazo de la gente en un primer término, lo cual se puede percibir por el campo semántico del ruego, que muestra disconformidad, con verbos como "begs", "hopes", "pleads" o "mopes". Kandasamy impregna su poema con la idea de la dislocación[81].

---

[81] Término de la teoría poscolonial calcado del inglés y que equivaldría a la palabra "desarraigo" en castellano (Fernández Ruiz et al., 2021, p. 12).

El poema describe a una joven de India viviendo en Inglaterra, donde la población local no hace mucho por aceptarla, y donde se da cuenta de que ese sitio que tanto admiraba no la acoge de la forma tan cálida que esperaba, con expresiones que poseen esas connotaciones de frialdad en el plano de las ideas como "closed doors", "no room for her", "masked faces", "unlit houses", etc. También hay lugar para la hipérbole partiendo de prejuicios, propios de la decepción tras la etapa romántica en el comienzo de un viaje cuando esta se ve truncada por un choque cultural, como en "they have no time for sentiments here" o "they lived on tinned salmon and French fries". De nuevo, al igual que en otros epígrafes, se encuentra una relación estrecha de sinestesia entre los sentimientos y los sabores. Kandasamy hace hincapié en la falta de sabor de estos alimentos tan anodinos, al igual que de la falta de olor de las flores ("flowers without smell") en las tiendas.

Uniyal, al igual que Kandasamy que entremezcla la naturaleza y su proceso de formación de una identidad propia con la experiencia migratoria. En Reino Unido, su país de recepción, y la metrópolis, de la que esperaba mucho más de lo que realmente encontró. Las ciudades inglesas resultan ser un lugar inhóspito, sin sabores auténticos, sin aromas auténticos, sin el espíritu de vida en comunidad a los que estaba acostumbrada en India, y que son compartidos también por los grupos étnicos de la zona austral del continente africano, trasladándose, por extensión, a la cultura indianoceánica:

I know I am a foreigner in this country
Yet how swiftly I unlearnt Namaste and wheeled in Hi!
That cool ambience with which I ignore
Those I wish not to exchange words with
I just walk by with an indifferent air.
My long legs, in black-ribbed tights
Spread easily over cans of lager.
Fuck you and piss off! Two distinct jewels,
I wear them like silver rings on my toes.
Men are bastards, Maria claims.
Adds Mary: Unless they prove otherwise.

(Uniyal, 2006, p. 5)

El poema anterior, "Across the Divide", titulado al igual que el poemario del que forma parte, Uniyal muestra una profunda nostalgia, y se sorprende de haberse integrado tan rápido en Reino Unido, irónicamente, pues aprender palabras groseras más que una forma de adaptación es una mímesis con un ambiente donde el lenguaje se encuentra tan degradado como las relaciones sociales. Se autoproclama "foreigner" y se sorprende de haber olvidado la espiritualidad del "Namaste" como saludo para pasar a un simple "Hi". También podemos observar una transformación de la Virgen María, pues en las culturas cristianas el nombre siempre nos envía a ella, como figura, en este caso no como una mujer sumisa, sino que insulta a los hombres, los llama "bastards" en un tipo de conversación y expresión proclive a la generalización excesiva que forma parte de las conversaciones anodinas occidentales. En cuanto a la interiorización de valores del lugar de recepción, en el caso de las diásporas, es muy representativo el uso del verbo "unlearn", como antónimo direccional de aprender, que más que un borrado del aprendizaje constituye la sustitución la cultura propia por la cultura del *Otro*, por necesidad, para adaptarse o medrar en un ambiente hostil.

Ananda Devi, en *Quand la nuit consent à me parler*, pone en conjunto todas las descripciones de los paisajes indianoceánicos a través de las emociones que estos generan. El hecho de escribir proporciona energía a su "yo" poético, y es una forma de homenajear a sus islas, que compara con constelaciones en el universo. Este poema nos lleva a través del tacto del agua, de la visión de los paisajes volcánicos, al conocimiento del mundo de los sentidos de la autora, entendiendo los diferentes elementos como un anclaje ("ancrage") con su identidad, a pesar del paso del tiempo:

> (…) J'aurais pu écrire poétiquement les îles puisque se trace au gré de leurs constellations notre destin sur l'océan ; parler du fond de cette résonance, du lapement de l'eau sur les sens et oublier que leur son volcanique et leurs racines basaltiques sont le seul ancrage qui les empêche de dérader, qu'elles portent en elles le piétinement du temps, de l'époque, des hommes amenuisés que nous sommes devenus […].
>
> (Devi, 2011, pp. 49-53)

En dicho poema en prosa, "Poétique des îles", Devi resalta el carácter insular de estos territorios entre India y el sur de África, elogiando sus paisajes volcánicos, sus especies animales y vegetales, sus colores, sus aromas y todos aquellos elementos de la naturaleza que los definen. Todos estos territorios quedarían unidos por el océano y las constelaciones, dos de los motivos que aparecen con más frecuencia en los poemas de Ananda Devi. Continuando la lectura del poema, se aprehenden los temas fundamentales de la literatura indianoceánica, tales como la naturaleza, la infancia como modo de pervivencia y de continuidad, la educación y la vida en comunidad y la búsqueda de la identidad propia, todo ello en el marco de una naturaleza que simboliza el origen de la vida, pero también nuestro final.

En una concepción cíclica de la naturaleza, la muerte no es el final, sino un nuevo principio. Esta idea tardó mucho en penetrar en el constructo cultural al que conocemos como Occidente, puesto que imperaba tradicionalmente la visión lineal de la vida, que comienza con la concepción y termina con la muerte, la llamada vida terrenal, de acuerdo con la ética judeocristiana imperante en Europa y que los anglosajones y los españoles de afanaron en implantar en América a partir del Renacimiento. Devi pone en relación la naturaleza con el paso del tiempo, entendiendo la naturaleza como algo por explorar y el tiempo como un bien limitado, tal y como se observa en el siguiente fragmento del poema "Le songer dire", en *Le long désir*:

> (…) Ici et là en même temps. Tout ce qu'il y a d'inexploré dans l'immesuré de nos envies. Suivre un parcours fait d'impuissances et d'inespéré, épuiser son âme comme une main trop tendue, devenue clair-fantôme, la chair transparente d'un fantasme. Les striures du temps sur mon visage ressemblent aux doigts d'ombre qui dessinent la lumière. Un jeu sur une surface pluviale, une crête de bitume soulevé de chaleur ou un délire de mer -ce temps que tu décomptes, lancé à rebours, tu l'ouvres comme un livre jusqu'à sa première page, et là, tu le vois : il n'y avait rien d'écrit.
>
> (Devi, 2003, p. 70)

Aquí, Devi describe el escenario de la muerte que se repite en la mayor parte de culturas africanas, es decir, un fallecimiento tras el cual los antepasados permanecen con los vivos alumbrando su camino y guiándoles en sus decisiones. Es importante el monólogo interior que se produce con el fluir del pensamiento fomentado por la falta de utilización de puntuación. Devi busca su identidad en su naturaleza de color, a través de sus antepasados, y lo compara con el color que da vida y al que se regresa a la muerte, una concepción transnacional, como la versión cristiana del "polvo eres y en polvo te convertirás" (Gen 3:19), pero que adquiere características particulares dependiendo de la cultura en la que se produce. De nuevo, un elemento de la naturaleza le recuerda que está viva y le transmite energía, el sol, que con su luz dota de color al resto de elementos de la naturaleza, incluidos los seres humanos:

(…) Transparente je reflète la couleur des âmes mais au fond de moi caché je retrouve le noir ma seule couleur

Née du noir je reviendrai au noir lorsque le tourbillon sera clos

Ce soleil d'un instant me fait sourire et m'anime mais il suffit d'un œil pers pour que je m'abîme demandez-moi ma couleur et je vous parlerai du noir

(Devi, 2003, p. 31)

Como en el epígrafe de la espiritualidad, el panteísmo que exhiben las autoras de nuestro corpus da pie a una interpretación de la naturaleza donde los diferentes fenómenos que se suceden marcan el principio y el final de la vida. En este caso la lluvia es lo que marca el final, sinónimo de renovación en el crisol de culturas mauriciano, una lluvia larga e incesante como es propio en climas tropicales. Devi continúa su *hainteny* con otro elemento concreto, la oración, comparando la lluvia con una letanía. En el primer párrafo del poema tercero de *Quand la nuit consent à me parler* predomina el campo semántico de las borrascas, mientras que en el siguiente predomina algo más abstracto, las marchas, entendidas como militares, con términos tomados prestados del himno de Francia, como "sillon" (surco), "marche" (marcha) a modo de marcha fúnebre hacia la muerte. Con ello se cierra un ciclo, como quien termina una oración, como ave con las alas perforadas que ha encontrado la muerte:

(…) Que cette pluie soit la dernière
Le dernier mot de la prière
Avant que les lèvres s'éteignent
Dans la bouche du vent

Que cette marche solitaire
Dans le sillon de vos pas
Ne revienne plus en arrière
Chercher les ailes percées

(Devi, 2011, p. 13)

La misma idea de la muerte como retorno al universo aparece en la poesía de Esther Nirina, en el caso de su poema "Aujourd'hui", de *Simple voyelle*, con otro elemento de la naturaleza al que va descubriendo poco a poco, que se adivina al final, con sinónimos como "l'astre qui se pare", y características que le son propias, como la "lumière", que da tonalidad a las vocales, comparando el espectro de sonidos vocálicos con la escala cromática. También deconstruye el ser humano con su fragilidad, al borde de la muerte, con una serie de sinécdoques como "tes bras d'airain", "tes cheveux d'oiseaux" y "tes jambes de bronce", que nos hacen pensar en el envejecimiento, en un avance renqueante, en la proximidad del final:

(…) Aujourd'hui
L'astre qui
Sur le faîte
Se pare du grand large

Sa lumière
Module la tonalité des voyelles
Dans nos orbites

Avec tes bras d'airain
Tes cheveux d'oiseaux
Avec tes jambes de bronze
Avance sur le balcon

(Nirina, 2019, p. 48)

Nuestra existencia, en un punto muy concreto, se revela insignificante para Nirina. Para referirse a nuestro planeta hace uso de la hipérbole para definirlo como "ce point minuscule", y aparece el color del mar, uno de los motivos más recurrentes en las autoras de nuestro corpus, sobre todo entre las insulares, como hemos apuntado previamente. Otra de las figuras a las que recurre es el oxímoron, con la presencia de la escarcha y las quemaduras en la misma frase, como si la primera tradujese a la segunda. Esto revela la concepción del planeta desde la naturaleza de contrastes que la rodea. La personificación que viene a continuación recuerda a la teoría de Gaia[82], en tanto en cuanto habla de la tierra como un lugar habitado de recuerdos ("habitée par des souvenirs"), al igual que la memoria humana, recorrida hasta los huesos por las lágrimas del río ("la déchirure du fleuve"), refiriéndose al agua que aporta, como la sangre en los seres humanos, y cómo se prepara para las estaciones que van a llegar, lo cual marca el tiempo en la

---

[82] Hipótesis de James Lovelock por la cual la Tierra sería comparable a un organismo vivo.

cultura malgache, al medirse popularmente los años como el tiempo que tarda en regresar una estación, puesto que en este espacio sólo habría dos, la estación seca y la húmeda:

> (…) Est-ce terre
> Ce point minuscule
> Silence bleu
> Sur qui
> Le givre traduit les brûlures
> De ce qu'elle doit taire ?
>
> Terre habitée par des souvenirs
> Terre qui brasse du souffle
> Pour les saisons à venir
>
> Mais aussi
>
> Celle à qui la déchirure du fleuve
> Va
> Jusqu'à fendre l'os.
>
> (Nirina, 2019, p. 56)

Estas culturas indianoceánicas están muy orientadas a emplear los sentimientos como punto de partida (mundo de los sentidos) para llegar a través de estos a las ideas, a lo intelectual (mundo inteligible). Devi, en el poema decimotercero de su poemario *Quand la nuit consent à me parler*, relaciona la muerte con la pérdida de esos sentidos, recurriendo a la sinestesia, como forma habitual de describir los sentimientos: "le goût du vent", o cómo aprehender el mundo a través de ellos, como "la mollesse d'autres lèvres", "l'odeur de la terre", "le toucher d'un autre corps", sobre todo después del amor, lo cual da lugar a otra forma de entender los cuerpos y el erotismo en mayor comunión con el paisaje y el medio natural:

> (…) Ce que j'ai oublié :
> Le goût du vent et de la mollesse
> D'autres lèvres. J'essaie de m'en souvenir,
> L'odeur de la terre
> Par temps d'après la pluie,
> Le toucher d'un autre corps
> Par temps d'après l'amour

La somme des instants n'aboutit à rien
Inutile survie -la mort est très surfaite
Il n'y avait rien avant et rien non plus après

La nuit ne t'en veut pas d'être :
C'est le jour qui se venge de toi.

(Devi, 2011, p. 24)

En su poema "Trois boutiques", de *Le long désir*, titulado como su barrio de la infancia, Devi también relaciona la muerte de los seres humanos con la muerte de la naturaleza, del planeta, siguiendo el modelo de la teoría de Gaia. Para describir este proceso de destrucción, Devi regresa a sus influencias europeas proponiendo un escenario similar al del caos griego, donde grandes gigantes ponían en peligro la naturaleza. La noche, la oscuridad, se cierne sobre la naturaleza y los terribles ciclones salen como los volcanes en plena erupción. Todo un campo semántico de los desastres naturales se moviliza, como "paysages d'apocalyse" o "les rochers vacillaient". Los ciclones con también otra referencia a ese fin del mundo, legado de la cultura cristina, que aparece como una posibilidad en la poesía:

(…) Pendant ce temps les cyclones jaillissaient de la nuit comme des volcans de sciure. L'odeur du soufre perlait sur la campagne les rochers vacillaient sur les pentes comme des dents descellés dans la bouche des vieux

Paysages d'apocalypse grands nids éjectés de leur arrimage On croyait voir l'océan s'effondrer sur une terre culbutée qui n'avait plus de pôles Les gens barricadés, qui dans leur chapelet, qui leur japmala chaîmes infinies de prières comme des appels de fantômes

Om Hari Om Les prières éblouies par la pluie s'effritaient dans les vases clos Sur nos têtes des chapeaux déformés qui se transformaient en bateaux de papier

(Devi, 2003, p. 98)

En todas las autoras de nuestro corpus encontramos un fuerte apego a la naturaleza, que se puede considerar como en cronotopo, de forma global, pero con características locales, según el territorio en el que crecieron. Se trata, por tanto, de una combinación de un quién, un dónde y un cuándo que las reconforta y las ayuda a reencontrarse con su identidad. El caso más evidente es el de Ranu Uniyal, cuyos poemarios, sobre todo *Across the Divide*, abordan su estancia en

Europa, primero en Bélgica y luego en Reino Unido, desde el punto de vista de una inmigrante India, como es su caso. En sus poemas encontramos a la poeta identificada de una manera prácticamente total con su "yo" poético.

En el siguiente poema, titulado "Against the Grain", Uniyal presenta el lugar donde nació, India, que valora por encima de todas las cosas, como el bienestar material, su clima tropical, tan cambiante y extremo, con sus episodios de calor y sus estaciones de lluvia, los monzones. Las sonrisas desesperadas, a pesar de las necesidades que pueda haber, no superan el sentimiento de pertenencia, la paz interior que le aporta su patria. Este sentimiento de pertenencia contrasta con el sentimiento de dislocación que encuentra en Reino Unido, concretamente en la ciudad de Hull[83], donde pasó parte de su vida. Este sentimiento de nostalgia se ve exacerbado por el tiempo que pasó ya desde que dejó India, ese país al que puede considerar suyo ("the one I can call my own"), porque, como expresa en otros momentos, los británicos le hicieron sentir que Reino Unido no era el suyo, que allí siempre sería *el otro* con minúsculas, o *la otra*, que implica un segundo nivel de discriminación, por ser extranjera y por ser mujer.

Esta otredad no empaña en modo alguno el amor por la naturaleza, por los suaves inviernos cerca de la costa, por las lluvias tan características del lugar, el agua como fuente de vida, de cambio. Una vez más, menciona la literatura como aquello que le da energía, otra característica común a todo nuestro corpus. En esta situación de debilidad emocional, deja de cultivar hierba en su cabeza, metáfora de dejar andar a su imaginación creadora, reconociendo que escribir historias lleva tiempo y que, mientras tanto, empleando el símil de una mariposa, decide satisfacerse viajando, enriqueciendo esa cultura en la que creció, de homosocialización entre mujeres y de sororidad, pero que necesitaba una ampliación en cuanto a culturas y formas de ver el mundo que sólo el viajar le podía proporcionar:

This is the place where I was born
and I hope to live however harsh
its weather and its desperate smiles.

It has been a long time
since I left this country the one
I can call my own.

---

[83] Ciudad industrial del noreste de Inglaterra.

There were days I missed the
soft winters of Hull
and craved for the rains to continue

I often caught up with the long
Queues at Banks and marvelled the way
Ashraf[84] slogged in the heat.
[...]   (Uniyal, 2006, p. 45)

Sobre casta, felicidad y añoranza del cronotopo de la infancia también habla
Kandasamy, oponiendo el amor a los placeres mundanos, el bienestar emocional frente al bienestar material. En el poema titulado "Mariamma", del
poemario *Touch*, Kandasamy pone de relieve la vida en los barrios desfavorecidos, los "slums", con todo un campo semántico que parte del mundo de
los sentidos, como el trabajo, la pobreza ("poverty", "labor") para acabar en
el mundo de las ideas, en el marco de pensamiento marxista que exhibe la
autora, imbricado en la lucha de clases. Esas mujeres a las que los medios y las
corrientes sociales del poder proyectan como modelos a seguir son retratadas
en el fondo como una "good-girl", una chica buena que cumple con todo lo
que se espera de ella, empezando por aceptar el matrimonio concertado por
sus padres sin ningún tipo de resistencia y aguantar violaciones, en este caso
con otro neologismo, "father-fucked", muy propio de Kandasamy, sórdido a
la vez que soez, pero real, puesto que aguantar agresiones sexuales por parte
de varones de la familia se considera también un valor, puesto que es preciso
permanecer en silencio para no deshonrar a la familia y la casta en la que
esta se inserta, sobre todo si son los de castas superiores, como los *Brahmin*,
pero que aplica también a las otras cuatro.

Perder la casta equivale a convertirse en *dálit*, intocable. Pero para el
"yo" poético de Kandasamy es mejor no tener que soportar cierto tipo de
situaciones que vivir en carros dorados, "Golden chariots", equivalente de la
metáfora de las jaulas de cristal, tan frecuentes en los discursos feministas
occidentales. Las religiones a menudo se han puesto al servicio de los poderosos y han abandonado a los pobres. Esto es lo que Kandasamy achaca a
su cultura, encarnando esta unión entre castas superiores y la religión en la
figura de Maariamma, diosa hindú del tiempo meteorológico, y en origen

---

[84] Casta alta en el sistema social de los musulmanes del sur de Asia, paralelo al de la India
antes de la Partición (1947).

muy popular en las zonas rurales del sur de India. Kandasamy intenta apropiarse de este símbolo de nuevo, aludiendo a representaciones de esta diosa acompañada de gallos y cabras, animales propios de esas zonas donde tanto se la veneraba, eminentemente agrícolas y donde los valores tradicionales del patriarcado eran difíciles de subvertir:

> (…) We understood
> Why upper caste Gods
> And their 'good-girl' much-married, father-fucked,
> Virgin, vegetarian oh-so-pure Goddesses
> Borne in their golden chariots
> Don't come to our streets.
>
> We know the reasons for their non-entry into slums
> Actually, our poverty would soil their hearts
> And our labor corrupt their souls.
>
> But Maariamma
> When you are still getting
> Those roosters and goats,
> Why have you stopped coming to our doors?
>
> Maari, our girl,
> When did you join their gang?
>
> (Kandasamy, 2006, p. 53)

El poema finaliza con un apóstrofe para dirigirse a la diosa de manera afectuosa, con el diminutivo *Maari*, que no deja de denotar una suerte de deconstrucción del carácter inalcanzable y venerable de los dioses en la idiosincrasia hindú le pregunta abiertamente en qué momento decidió unirse a los poderosos y alejarse de los parias, con quienes habría estado tanto tiempo cuidándolos de enfermedades como la viruela. Otros valores como la virginidad y la pureza son prueba de pertenecer a dichas castas, aunque las agresiones sexuales muestran la hipocresía, a ojos de Kandasamy, con la que una parte muy conservadora de la población india sigue permitiendo el desgarro que provoca el patriarcado en su forma más cruel mientras alaba la abstinencia femenina.

En Devi encontramos de nuevo la idea, ligada a la muerte, es decir, al regreso a la naturaleza, cuando el "yo" poético se convierte en un *nosotras*, femenino plural. El tema de este poema, el vigésimo en *Quand la nuit consent à me parler*, son las ausencias, tras una vida de permanecer calladas, con los labios manchados por el uso prolongado de "muselières", muchos años dedicados a desgastar las manos a costa de trabajar, a llenar de polvo sus velos con esas tareas y a ablandar los ojos poco a poco al sol, realizando sus labores a cielo abierto. Se trata de un homenaje a todas aquellas mujeres que sostuvieron a la generación posterior con su trabajo, sin ver para sí mismas ningún derecho reconocido como mujeres y, por consiguiente, como seres humanos:

> Trop d'absence
> Ainsi sommes-nous parties
> Lèvres longtemps tachées
> Du jus des muselières
> Graver dans nos vieilles mains
>
> L'ombre poudreuse de nos voiles
> Assouplir nos yeux
> Grevés de trop de ciel
>
> (Devi, 2011, p. 31)

La idea de la sororidad acaba con el abrazo de la última figura de mujer en abrazar, la de la muerte, en el imaginario indianoceánico. Este poema se construye sobre la base de paralelismos sintácticos y de la deconstrucción de normas del lenguaje, en este caso sobre la estructura de las oraciones condicionales. Sin saber a quién se refiere, Devi nos habla de un hipotético encuentro con una amiga. Luego, podemos observar sin ambages la sexualización de la escena y parece referirse a una amante. En medio de la intriga, esa representación de un cuerpo femenino nos mira con la imagen de Madona, la Virgen sonriente y pura. Al final del poema "Vous", de *Le long désir*, sabemos que se trata de la muerte, que se echa encima del "yo" poético, una voz también femenina que acaba de encontrar su final:

> (…) Si elle était venue tard l'après-minuit, je l'aurais accueillie en amie.
> Si c'était au matin, comme un soleil levant, j'aurais ouvert mes jambes à cet amant.
> Si à dix heures trébuchantes au seuil de clocher elle m'effleurait, j'aurais certainement décroché […]
> Dans un foulement de gorgones et un sourire de madone
> Un silence aux mains clouées et une évidence de sablier
> Elle est descendue sur mon corps, mon repaire, mon rivage, ma mort
>
> (Devi, 2003, p. 38)

La idea de la muerte como regreso de la mujer a la naturaleza, y de continuidad de la vida, en forma de esencia para la difunta y de existencia para los vivos, es también recurrente en la poesía de Esther Nirina. El siguiente extracto del poema "Simple voyelle", del poemario homónimo, Nirina nos sitúa, de nuevo mediante la técnica típicamente malgache del *hainteny*, en un escenario de lo concreto desde el cual llegar a lo abstracto. Parte del final de un día, el crepúsculo, para representar el final de una vida. De nuevo se percibe la vida, por influencia cristiana, como una realidad humilde, que acabará con nuestros cuerpos convertidos en polvo, creencia transnacional por la expansión de la religión, y que llega a lo local con las descripciones de color y sabor de los territorios indianoceánicos. Para este final, Nirina decidió situarnos en el volcán de Imerina, llamado así debido al reino que durante muchos años constituyó la entidad política de Madagascar. El paisaje volcánico y el color rojo son el último paisaje malgache que Nirina ha querido retratar con palabras para permitirnos transportarnos a su país natal:

(…) À l'orée du crépuscule
La poussière de ta chair
Rejoindra la terre rouge
De l'Imerina

Mais le pèlerin
Reprendra son bâton
(Nirina, 2019, p. 34)

Sin embargo, la muerte, de nuevo, al igual que en el resto de autoras, no es un final, sino una demostración de cómo las generaciones venideras toman el relevo de las ausentes. Esto pone de manifiesto la interpretación de la mujer como vector de continuidad cultural, de progreso y de sororidad entre generaciones y todo ello sin dejar de lado nuestro lugar de procedencia y nuestro destino, la naturaleza. En el poema anterior, a la muerte le sigue el homenaje del peregrino, un ser humano que nunca se detiene, que vuelve a coger el bastón y prosigue su marcha. En el poema que figura a continuación, "Dans son ventre", de *Simple voyelle*, Nirina retrata de manera metafórica el anhelo de la maternidad, cómo las mujeres embarazadas llevarían un sueño en cada una de sus fibras, lo que representa la esperanza de la igualdad. Esta es la visión onírica de continuidad en la lucha y de búsqueda de libertad de la generación que vendrá:

(…) Dans son ventre
Depuis des siècles
Chaque fibre
Portera
Un rêve

(Nirina, 2019, p. 32)

Como conclusión de este epígrafe, puede afirmarse que la naturaleza es consustancial a la búsqueda de la identidad en estos contextos en su estadio poscolonial y que ya han evolucionado hacia lo transnacional y lo global. En el caso de las mujeres, debido a los roles de género asignados desde pequeñas, esta relación con el entorno cercano puede ser incluso más intensa, convirtiéndose la naturaleza y los paisajes de la infancia y la juventud en cronotopos cargados de emociones positivas.

Estos conjuntos de elementos naturales que conforman la identidad son concebidos por nuestras autoras como únicos e irrepetibles. En toda experiencia migratoria o en las diásporas siempre se van a echar de menos las especies autóctonas, los olores, los sabores, como recuerdo profundo en la mente que hace pensar en la infancia, en los seres queridos y en los momentos vividos junto a ellos. La fuerza de la glocalización sobre el transnacionalismo, a pesar de todo, porque la identidad esencial está ligada a la tierra donde nacemos, aunque las culturas sean construcciones arbitrarias, el ser humano necesita insertarse en un marco glocal donde cobra fuerza el concepto por mucho que vivamos en un mundo transnacional y, aún más, inserto en la transmodernidad.

En los antepasados, y muy concretamente en las mujeres, nuestras poetas han encontrado la inspiración para luchar por una verdadera igualdad y denunciar los abusos del patriarcado, cuya mera existencia es la prueba de la misoginia aún instalada en buena parte de la población mundial. Se trata de un fenómeno transnacional que ha adquirido diferentes rasgos a nivel local y, por tanto, ha de ser combatido mediante respuestas glocales. Nuestras autoras muestran agradecimiento a las mujeres que las precedieron y se erigen en garantes del progreso para las mujeres que vendrán, siguiendo la proclama de Maya Angelou[85] "we are braver and wiser because they existed, those

---

[85] Poeta y activista política en contra del racismo y la segregación de la población afroamericana en Estados Unidos, nacida en Missouri en 1928.

strong women and strong men… we are who we are because they were who they were. It's wise to know where you come from, who called your name"[86] (Vázquez Hernández, 2018).

La naturaleza no es sólo fuente de vida, sino lugar de destino. En la naturaleza nuestra existencia será procesada de nuevo tras la muerte para dar lugar a un nuevo tipo de existencia, enmarcado en una concepción cíclica del tiempo, fusión de presente, pasado y futuro característico del contexto indianoceánico, de los que India sería el epítome, ya que la cultura hindú no sólo tiene una visión de la vida circular sino en forma de espiral, añadiendo una dimensión más, la del crecimiento, en la sucesión entre una existencia y otra. Este progreso se concretaría, en el caso de las poetas que hemos analizado, en avances en el reconocimiento de los derechos y libertades de las mujeres.

3.4. Educación y familia

En este último epígrafe de análisis las ideas de educación y familia en las cuatro autoras que forman parte de nuestro corpus. Para ello, indagaremos en las instancias socializadoras primarias del niño, en primer lugar, su propia familia, empezando por la figura de la madre, y pasaremos del reconocimiento e identificación del niño como individuo independiente a la adultez y la pérdida de los progenitores. Se encuentra que estas instancias socializadoras tienden a ser las mismas a nivel global, aunque adquieren tintes locales en función de cada cultura en concreto. Existen ideas impuestas por el patriarcado que se han extendido con carácter transnacional a lo largo de los siglos, bajo diferentes formas, y con respuestas locales también diferentes en función de la cultura en la que se inserta cada una de las autoras de nuestro corpus.

Comenzaré con Esther Nirina, puesto que es la primera en abordar la infancia desde el momento más temprano, el nacimiento. En el poema "Simple Voyelle", del poemario homónimo, aparecen términos cargados de connotaciones positivas, que podemos percibir a través de los sentidos, como la miel, cuya dulzura aprehendemos a través del gusto, la imagen del goteo tranquilo, que aprehendemos a través de la vista, y la leche, elemento

---

[86] Somos más valientes y más sabios porque hubo mujeres y hombres fuertes. Somos lo que somos porque ellos eran lo que eran. Es de sabios saber de dónde vienes, quién te dio tu nombre.

de vida más importante desde una de las primeras grandes ciudades de la Edad Antigua, Alepo, que comunicaba oriente y occidente. También aparecen términos, como no podría ser de otra manera, referidos a la sexualidad, pues el nacimiento es producto de esta, mediante metáforas tan universales como la luna, que la poesía lorquiana ya concebía como el elemento de feminidad por excelencia. En este poema se reconoce, además, una alegoría que compara la tierra dando sus frutos con la madre dando la vida, ambas de manera infinita, lo cual aporta una idea de permanencia, que veremos en los siguientes poemas, de unión entre mujeres de una generación y de otra con la capacidad de concebir y dar a luz. De ahí la asociación entre tierra y mujer.

La familia constituye la fuente de socialización primaria, por lo cual el padre y fundamentalmente la madre como figura de apego son los responsables del proceso de enculturación de sus retoños, mediante el cual van aprendiendo a comportarse de forma autónoma. Este proceso conlleva momentos no solamente de amor, sino de rechazo, que han de verse solucionados tras la adolescencia, al ir madurando, donde las hijas, en este caso, adopten de la madre los valores y las prácticas que quieran, y sean críticas con el resto, sin perder su amor y admiración. A veces muchas de estas ideas pertenecen al patriarcado, y son transmitidas a las hijas a través de sus madres, con lo cual un abordaje crítico de las mismas implica necesariamente tener que desaprender muchas de estas enseñanzas, sobre todo las que se han adquirido de forma más implícita y, por consiguiente, con una menor verbalización.

En definitiva, podemos afirmar que en la educación se dan una serie de rasgos transnacionales, que adquieren aún más similitudes entre las diferentes literaturas indianoceánicas. De la misma manera, se dan algunos factores diferenciadores locales que hay que tener en cuenta para el abordaje de la educación como un proceso de desarrollo, de maduración y de adquisición de conocimientos de tipología glocal.

La madre se ve representada como una figura de apego y un componente irreemplazable en el proceso de socialización. Un hecho transnacional, la maternidad, se convierte así en símbolo de vida, esencial para la perpetuación de la humanidad, y en diferentes parajes, en diferentes situaciones globales se elogia esta posibilidad de alumbrar una nueva vida, desde los diferentes ritos y celebraciones locales, y con una concepción más o menos positiva de la maternidad según el cronotopo, es decir, el cuándo, el dónde y los valores de cada mujer. En el poema siguiente se aprecia una comparación del acto sexual que daría lugar a la vida, con la leche de la luna y la miel de las flores que recorren los surcos de la tierra, adquiriendo esta última la imagen de mujer. En el poema se elogia la infinitud de la vida y se califica como magia esta posibilidad de procreación. La unión entre el cuerpo y el alma representaría la fusión entre el mundo de los sentidos y el mundo de las ideas, los dos *leitmotivs* de uno de los primeros poemas de *Simple voyelle*, de Esther Nirina:

> (…) Lieu de naissance
> Du lait de lune
> Et miel fleuri
> Qui ruisselle
> Pour donner vie
> Terre de femme
> Carré dans les carrés
> Quand la lumière mauve efface les angles
> Son corps libéré
> S'allie à l'esprit
> Pour la magie
> De donner
> À l'infini
>
> (Nirina, 2019, p. 55)

En todas las autoras analizadas se da, además, una identificación con el resto de mujeres desde la crianza, a medida que se va desarrollando en ellas un sentimiento de sororidad. De manera muy expresiva, Ranu Uniyal representa en su poema "In the Company of Women" en *The Day We Went Strawberry Picking in Scarborough*, esta realidad mediante la sororidad. Para ello establece una dicotomía entre la juventud y la vejez, con connotaciones positivas en el primer caso y con connotaciones negativas en el caso de la segunda. Se oponen, por tanto, vitalidad y senectud. Lo que les aporta la juventud, sentirse más libres, más realizadas, es algo que pueden encontrar en el espacio seguro que ocupa con otras mujeres. Estos espacios de la casa, del trabajo, del ocio, se convierten en su cronotopo de sororidad o solidaridad entre mujeres bajo el apelativo de "camaraderie" que hasta ahora se habían preocupado sólo por la felicidad de los varones de la casa y no por la suya propia. En este cronotopo las mujeres pueden volver a ser íntegras, a ser ellas mismas sin necesitar a sus maridos como complemento, esas mujeres abnegadas cuya vida se definiría con términos pertenecientes al campo semántico de la pena, como los malos olores, verbos como "corns" y "aches", que transmiten sensaciones negativas, propias de vidas que se han visto truncadas por el patriarcado:

I am often asked
why is it that I prefer being
in the company of women

not all, but certain women
I prefer. Let this be clear.

For years they have slogged to keep
Themselves warm, and men happy.

Warts or boils, corns and aches
they refuse to shudder.

Sights and smells
travel far and with them
I have seen my own sadness
stumble and dissolve into a mist
of hope. I become perky and young,
forget my swollen thighs
and cauterized uterus.
a healthy camaraderie
between us flits and warms
me inside out. Tucking in
the fragrance of
jasmine and basil,
we become whole
and lovely, all at once.

(Uniyal, 2018, pp. 39-40)

Siguiendo con el tema de la sororidad, para Kandasamy es crucial, si queremos lograr una igualdad de género pleno y que mujeres y hombres caminen de la mano, educar en el respeto al género opuesto, en este caso a las mujeres, cuyas voces han sido periféricas y centrífugas, de acuerdo con la terminología bajtiniana, durante mucho tiempo. En el centro se encontraban las voces de los varones, que tradicionalmente han vituperado y condenado a ciertos grupos de mujeres a las que consideraban más libres o inteligentes que ellos y que, en definitiva, habían tomado conciencia de que su opresión proviene de un sistema patriarcal. Entre estos colectivos el más aplastado desde sus inicios es el de las prostitutas. Estas mujeres se encontrarían triplemente discriminadas: primero por ser mujeres, en segundo lugar, por pertenecer a la casta de los intocables, y en tercer lugar por ejercer la prostitución, o bien ejercer libremente su sexualidad y ser etiquetadas y estigmatizadas como prostitutas sin serlo. En su poema "Backstreet Girls", de Ms Militancy, Kandasamy formula una crítica del discurso del patriarcado por lo cual toda mujer que quiera exhibir su cuerpo, que tenga una estética no convencional o que disfrute practicando sexo no es una prostituta. Para ella, esta realidad tampoco implicaría culpabilizar a la mujer, sino que le quita el estigma utilizando de manera reiterativa el término peyorativo *slut*, para apropiarse del término y que pase a tener una connotación positiva y liberadora:

> To the moral police
> This woman, she is the slut. And that girl
> Over there, she is the glutton. And I am
> A bitch with tatoos on my lusty thighs.
> This dark lady has storm in her speech,
> That one strikes gold as part-time witch,
> And I am a shrew with summers in my name.
> [...]
> There will be no blood on our bridal beds.
> We are not the ones you will choose for wives.
> We are not the ones you can sentence for life.
>
> (Kandasamy, 2010, p. 14)

En este poema, que se puede localizar en el poemario Ms Militancy, es la demostración de la militancia feminista de Kandasamy. Para empezar, recurre a todo el campo semántico de la prostitución, que relaciona con otros oficios considerados diabólicos por instituciones patriarcales como la mayoría de las iglesias: "bitch", "slut", "glutton" o "bitch with tatoos". Muy inteligentemente, la autora da la vuelta a las connotaciones negativas de estos términos para convertirlos en apelativos cariñosos y que dan un sentido de comunidad, de protección de grupo, como ocurre a menudo con otros colectivos como los homosexuales o los transexuales. Esta apropiación convierte los insultos en palabras con connotaciones positivas, de lucha, que generan una percepción de pertenencia a un grupo social que reivindica sus derechos. Kandasamy menciona aquí, en concreto, que no buscan ser esposas de los hombres, sino pasarlo bien con ellos, en aras del derecho a la felicidad y el libre albedrío, a utilizar el sexo como una forma de llegar al placer en el mundo de los sentidos y no tener por ello que comprometerse de por vida a una relación que la haga infeliz.

Este poema se dirige de manera irónica a la policía de la moral, a la parte de la sociedad que se erige en guardiana de los valores y los modos de vida de una cultura en concreto. La presencia de este verso comunica muchas cosas, entre ellas que aún hay quién pretende imponer la forma de vida que sus instituciones religiosas promueven o incluso mandatan al resto de la población y que esto no ocurre sólo en países como Irán, con un régimen islámico donde impera la *sharía*[87], sino que se dan en muchos otros contextos de los que se habla menos en los medios, aunque se invisibilice por connivencia de los gobiernos europeos con algunos de esos regímenes, habitualmente por importar de ellos fuentes de energía fósil como el petróleo o porque colaboren con los país llamados occidentales en el control de la inmigración, mediante prácticas abusivas, castigos físicos y contrarias a los derechos humanos que en Europa o Estados Unidos serían ilegales. En definitiva, se trata de poemas transnacionales o cuasi transnacionales que los grandes medios de masas y las corporaciones intentan hacer pasar por locales para desprestigiar a un país en concreto cuando le quieren imponer algún tipo de sanción o justificar una intervención armada, mientras que el atropello de los derechos humanos en países que no les importan queda en papel mojado.

Para volver a la infancia, Nirina hace hincapié en lo necesaria que es la figura de apego[88], la madre. Su madre le ofreció vida y aprendizaje, por partes, como los pétalos de una flor que en algún momento se acabarían. Ese momento ha llegado y este extracto del poema "Sept pétales pour une mère", de *Simple voyelle*, tiene una función conativa: el "yo" poético ruega a su madre que le permita volver a la infancia, aunque sea una sola mirada,

---

[87] Ley islámica que controla los comportamientos de la población en función de la interpretación más rigorista del Corán.

[88] "El comportamiento de apego es todo aquel que permite al sujeto conseguir o mantener proximidad con otra persona diferenciada y generalmente considerada más fuerte y/o sabia, propio del ser humano, que motiva la búsqueda de proximidad entre el niño pequeño y sus padres o cuidadores. Se enfatiza que la experiencia del niño con sus padres tiene un rol fundamental en la capacidad posterior del niño de establecer vínculos afectivos y que las funciones principales de ellos serían proporcionar al niño una base segura y, desde allí, animarlos a explorar" (Garrido Rojas, 2006, p. 494).

al lenguaje, a aquello que sólo su madre le podía ofrecer. Este regreso a la infancia constituye un reencuentro con la propia identidad, momento que se pierde y al que es muy difícil regresar cuando una madre fallece. Las madres como referencia de pasado, presente y futuro son un fenómeno transnacional. La manera de enfocar ese proceso de crecimiento, de educación, combina lo global y lo local, siempre afectado por características del territorio y la cultura, como los elementos de la naturaleza más colorido y aromáticos en el caso del ámbito indianoceánico:

> (...) Laisse-moi me retourner
> Pour
> Un regard
> Sur le langage de mon enfance
> Quand tu m'offrais
> Mère
> Les pétales
> De toutes tes vérités
>
> Je les buvais à même tes seins
> (Nirina, 2019, p. 37)

Un momento clave en la vida de la mujer y de todo ser humano en general es el fallecimiento de su madre. Este proceso, si bien es natural, causa y necesita para ser reparado una situación de duelo que se respete y se encauce correctamente. Algo se rompe dentro del "yo" poético de Nirina cuando su madre muere, mediante la utilización con gran índice de frecuencia de verbos y sustantivos con connotaciones positivas, como "lla mort t'arrachait de ma chair", "cette déchirure" o la "corde coupée". En el poema "Mama", de *Simple voyelle*, parecen elementos de las culturas del Índico, como que los ancestros siempre permanecen ahí, guiándonos, a pesar de la muerte. Esa idea se combina con la del tránsito insalvable de las religiones semíticas, pero aparece la esperanza de nuevo gracias a la sororidad, que permite a las mujeres avanzar y llevar más lejos por el camino que las generaciones previas se habían esmerado en pavimentar. Estas combinaciones, lejos de ser contradictorias, constituyen un ejemplo de sincretismo entre las culturas colonizadoras europeas y el sustrato cultural indianoceánico, influenciado por las creencias y los sistemas de valores de las culturas de las tribus africanas, el constante movimiento, y los flujos migratorios desde el subcontinente indio:

(…) Mama
Avec sa puissance
La mort t'arrachait
De ma chair

Plus que glacée la lame nue
Rompait mes os
Écartelés

Ce cette déchirure
Reprend naissance
La force de ta vie

Elle remue
Dans le souffle
De ton enfant

Gouttes de pluie
Sur branches nues
L'enfant sans mère
Tresse la corde coupée
Encore chaud et vivant
Ce lien

(Nirina, 2019, p. 36)

Las enseñanzas de la madre permanecen, sin embargo, en el plano de lo transcendente. En el poema "Plus tard", también en *Simple voyelle*, Nirina muestra gratitud hacia su madre por dichos aprendizajes, comparándola metafóricamente con un libro del que habría arrancado algunas páginas, reconociendo así el esfuerzo depositado en su crianza. Su madre falleció, pero siempre permanecerá de alguna manera en las líneas de su mano, bajo la promesa judeocristiana de una vida tras la muerte donde se volverán a ver, combinado con un elemento muy local como es el baile, puesto que así espera volver a ver a su madre. La pérdida de la madre supone, de nuevo, una pérdida del punto de referencia vital, y concluye un proceso de educación en el sentido de aculturación que, por otro lado, está llamado a ser perpetuo y de aprendizaje a lo largo de la vida:

(…) Plus tard
Bien plus tard
N'ai-je pas déchiré
Quelques pages de ta chair ?

Elles se sont incrustées
Dans ma main

Et la ligne
De tes branches
Quittera
La chaine d'os au goût pointu

Pour retrouver
Sa danse
Au-dessus du toit

(Nirina, 2019, p. 37)

En el poema "Sept pétales pour une mère" del poemario *Simple voyelle*, la imagen de la madre en la voz poética de Nirina aparece como en la obra del *Nacimiento de Venus* de Botticelli como una concha que da origen a todo. Desde su punto de vista recuerda las esencias, los olores de la infancia desde el momento del embarazo, que Nirina recuerda así, como saliendo del "coquillage" y ambientado en un paisaje plenamente indianoceánico dominado por el mar y los aromas de su infancia. El empleo de una obra de transcendencia global y transnacional para adaptarla al contexto local indianoceánico constituye uno de los ejemplos de glocalización más claros de todo nuestro análisis:

(...) Comme le coquillage
Porte en lui le paysage de la mer
Ton enfant
Gardera l'essence
De l'odeur
Que nous avons connue
Lorsque tu m'attendais

(Nirina, 2019, p. 39)

El agradecimiento hacia la madre por los esfuerzos durante la crianza es un tópico en todo nuestro corpus de poetas. En el caso de Uniyal, se habla metafóricamente de esa transmisión de vida, tiempo y desvelos, que la poeta compara con un cuaderno vacío, que ella habría retroalimentado cubriendo de poesía sus hojas. En *The Day We Went Strawberry Picking in Scarborough*, la primera estrofa del poema titulado "I Owe an Apology to Mom", cuyo elocuente nombre, "Le debo una disculpa a mamá", se refiere al aprendizaje en la etapa de los sentidos, la infancia, mientras que después comienza a hablar de la época en la que se aprende el pensamiento abstracto, de la pena, del dolor, de cómo modular las emociones, y de identificarse con una tierra, quererla y valorarla. Se aprecia también la sororidad cuando su madre la invita a continuar un camino que otras mujeres ya labraron antes, y la llama a seguir en esa senda por las que vendrán después.

A lo largo del poema Uniyal refleja ese sentimiento ambivalente hacia la madre, que es una emoción transnacional, por no decir planetaria, y que combina el agradecimiento con el reproche, aunque al final siempre se inclina hacia lo primero. Este sentimiento adquiere tintes locales, puesto que la reflexión en el mundo de las ideas de Uniyal, en este caso, se va componiendo de elementos del mundo se los sentidos, como el tacto del echarpe de su madre, la sensación de la hierba húmeda bajo sus pies, el verdor de sus países, entre otros. Se trata, en definitiva, de un recuerdo glocalizado de la maternidad donde afloran los sentimientos encontrados hacia su madre, adaptándose a un contexto local, puesto que los elementos naturales que envuelven el paisaje son parte del *attrezzo* que recuerda a la figura de la madre como referente:

She gave me the empty notebooks and the only way
I could fill them up was by writing poems.
Her grisly hands coated my body with sun and oil
And her clean shawl covered my scars, and let me
Sleep. Her prayers ensured I was safe in the midst of wolves
    Who often tore her braid and made her sick for days on end.

My mother taught me to love the grass beneath my feet
How it kept me warm, so the sorrows wouldn't suck me sour
"See the grass is wet and those could have been your tears
All wet and green, it will not hurt. This is the mother earth
Mother of all mothers and you my dear will walk with
cushioned feet.

(Uniyal, 2018, p. 41)

La educación por parte de los padres deviene una concepción de pertenencia a un lugar, sobre todo en el caso de la madre, a la que se retrata como transmisora del amor por lo más elemental. En este período de la educación del niño aparece la idea del pueblo, en el sentido más tribal, más local, que habría quedado olvidado en medio de la globalización, según el poema "Peuple oublié", en el poemario *Simple voyelle* de Esther Nirina. Este pueblo habría sido obliterado por la Historia con mayúscula, la que se escribe desde occidente en función de sus héroes y sus gestas, de ahí la mayúscula en posesivos y en todos los deícticos que señalan a dicho relato pretendido de la historia. Esta dicotomía entre la rica historia oral de los pueblos y la Historia oficial, escrita, en la que Occidente ha marcado el compás desde la Edad Antigua, se compara con un cortocircuito, con la amputación de un miembro, con la sangre en la garganta tras ser degollado. Se personaliza la historia local de Mozambique y se compara, cada vez con una mayor intensidad, con agresiones y torturas ejercidas contra un ser humano. Esta situación finalizaría con la muerte, una muerte vivida, lo cual constituye un oxímoron, con el que Nirina quiere expresar retóricamente que estamos asistiendo a la desaparición o al apagado de culturas milenarias, y se pregunta si una civilización que ha forjado el oro, como civilizaciones antiguas de todo el mundo, puede correr el peligro de ahogarse en la transnacionalización:

(…) Peuple oublié
De l'Histoire

Je vivais
Le court-circuit
De ton corps amputé
De visage

Rocher de sang
Dans la gorge !

Nous avons forgé d'or
Sur nos épaules
Le nom
De notre mort vécue
(Nirina, 2019, p. 48)

En la siguiente estrofa aparece una repetición intencionada, pero con más arrojo, todo en el mismo verso, llamando a su pueblo olvidado por la Historia. Pone a los malgaches en una tesitura complicada, la encrucijada de si aceptar el relato de los colonizadores, de las potencias hegemónicas, o si intentar crear una serie de narrativas nacionales que corrijan dicho discurso. Aquí aparece uno de los elementos de intersección entre género y origen étnico o nacionalidad, con un neoliberalismo atroz valiéndose de la transnacionalización para acabar con las culturas y lenguas vernáculas. Podría este ser el momento para pasar de una *his-story* a una *her-story*[89] más respetuosa e inclusiva con las raíces, donde se respete más la naturaleza y los seres que la habitan:

(…) Peuple oublié de l'Histoire
Est-ce
Avec
Toi
Que Son œuvre
Atteindra
La proximité transparente
De Sa signature ?

(Nirina, 2019, pp. 48-19)

En esta idea de la Historia frente a las historias, Ananda Devi presenta la idea de una perpetuación de la especie de manera universal basándose en lo que hicieron nuestros ancestros, mujeres y varones, poniendo nuestro granito de arena para los que vengan después, o de sal, como muestra su preferencia en su poema "Absence", de *Le long désir*. Insiste en tomar su relevo para que, a pesar de las decepciones, de lo negativo, se pueda forjar un mejor porvenir, Aquí Devi se dirige a un "tú" poético formado por todos aquellos antepasados fallecidos que le dan fuerza existiendo aún, en esencia, en la naturaleza. Esos elementos naturales, los árboles trueno, los acantilados de sangre y los rostros de cristal son su elemento de conexión con el mundo inteligible en el que viven sus ancestros y las protegen. Esta creencia forma parte de la concepción de la vida y la muerte en las culturas panafricanas y Devi probablemente lo haya desarrollado en su periplo por todo el continente, que le transmitió amor por su tierra y un sentimiento de pertenencia que va mucho más allá de la cultura mauriciana y sus gentes:

---

[89] "En inglés, el término herstory (que sustituye el prefijo masculino "his" por el femenino "her") señala el androcentrismo de las narrativas históricas hegemónicas (que hacen que la historia sea, literalmente, la "de él/ellos") y propone feminizarlas" (Goikolea Amiano, 2020, p. 46).

(…) La terre du retour était celle du premier départ : il y poussait des arbres ton-
nerre, des falaises de sang et des visages de cristal. Chaque homme laissa son sel
que d'autres du bout des doigts recueillirent. La chaîne ainsi formée était blanche
et poussiéreuse. Elle absorba la précieuse eau de leur vie, leur lèvre et leur regard
[…]. Soyez ma force et mon passé. Soyez mon avenir.

(Devi, 2003, p. 51)

Sin embargo, en el mismo poema, Devi abre la puerta a una búsqueda de
la identidad más completa a riesgo de caer en la ruptura. No quiere acabar
como los atridas[90], Agamenón o Ifigenia, una estirpe muy poco afortu-
nada; ni como apátrida sin país ni como Atlántida, una utopía que jamás
se podrá encontrar. Habla de los ancestros que dejaron India, debido a
múltiples carencias, con la intención de hacer de ella una isla. Sin embargo,
su personalidad creció tanto de estar *entre-deux, in-between,* lo mauriciano
y lo hindú, que de tanta riqueza cultural se convirtió en continente, un
continente que incluye por supuesto al Ganges como fuente de vida, igual
que las aguas del océano, volviendo otra vez a la cultura de inspiración
india transnacional e indianoceánica:

(…) Atride, ou apatride. Ou atlantide. Ils me dirent que j'étais ici ou de là que
mes ancêtres avaient quitté un espace comblé de vides pour faire de moi une île.

Mais je devins continent

L'heure océan s'emmêla par une géographie sublimée au Gange de mes nervures,
et de sages sophismes déferlèrent ma pensée.

(Devi, 2003, p. 50)

En Uniyal está sensación de estar entre dos mundos y tener que crear una
identidad propia, fusionando elementos de las dos culturas, la conduce a una
ansiedad aliviada sólo por el recuerdo de sus padres. La primera afirmación,
por parte de sus padres, de que ella había nacido para ser diferente resuena
como un bálsamo. En la primera estrofa de su poema "Betrayal", de *Across
the Divide,* Uniyal recuerda el momento de la despedida en el aeropuerto,
con su madre a punto de llorar y su padre temblando, intentando alcanzar
una última caricia. En la segunda estrofa se detiene a describir su sensación

---

[90] En la mitología griega, los descendientes de Atreo, rey de Micenas.

a punto de coger el vuelo, triste y melancólica atendiendo al campo semántico conformado por verbos como "sauntering", "morn" o sustantivos como "whispers", llenos de connotaciones negativas. Es imposible no pensar en ese momento en un paseo lleno de melancolía por el aeropuerto, en una mañana de domingo gris y fría en Inglaterra o en susurros de añoranza entre la neblina. Aparece el sentimiento de culpabilidad típico de las diásporas, al considerarse los inmigrantes a sí mismos una especie de traidores por haber dejado a su país y a su gente:

> They always said so: I was cut out to be different.
> Ma's eyes ready to burst
> Papa's hands quivering for one last caress
> as I stood with bags and passport
> ready to traverse the indifferent air.
>
> Obscure seems the Indira Gandhi airport.
> Knees sauntering in the remote streetlights off
> Beverley. In the hidden hours of the Sunday morn
> I snuggle my toes and the tepid cool of the rising
> mist whispers.
> How shall I face them again?
> Guilt,
> fear,
> loss and shame – you could see it all.
>
> My years with big, gaping holes.
> Life grisly brown. Toxic melancholia
> of the town of Hull
> has tunnelled its way and jauntily welcomed me in
> its wide, leafy corridors and mud-splashed walls.
>
> I do not crave for the smell of cow-dung anymore.
>
> (Uniyal, 2006, p. 20)

Aparecen, sin embargo, elementos culturales locales de India como el estiércol de vaca, que Uniyal no echaba de menos a pesar de lo sagrado de este animal en su país de origen. Aunque la madre sea la figura de apego y la familia una instancia socializadora primaria, que empieza a educar a los niños antes que la escuela o los medios de comunicación, no quiere decir que las hijas tengan que ser una réplica de la madre, sino que a veces surgen casos de resiliencia en los que la hija, sin rechazar a la madre, no quiere seguir los designios que para ella estaban establecidos y busca una vida distinta:

I wouldn't want to be like you mama.
Washing and scrubbing,
beating the clothes
till they are stark clean.
With those endless meals
for pa and boys [...]
I wouldn't want to be like you mama,
hoping to change
our little world
with bowls of custard
and boiled rice.
Ready with smiles and hot chocolate.
Thoughts of your own incomplete degree
lost and buried.
I wouldn't want to be like you mama,
dutiful and loving.
Left lone and weak,
shut, in a one room flat [...]
Oh yes, I am sure mama,
I wouldn't want to be like you.
I wouldn't want to be like my mama.

(Uniyal, 2006, p. 21)

El rechazo a seguir el modelo de la madre en algunos aspectos se ve también en otros miembros de la familia, como la hermana de su madre. Uniyal rechaza, a través de su voz poética, y de plano, el matrimonio concertado, en el siguiente poema, "My Grandmother's Sister", extraído también de *Across de Divide*. También se puede ver cómo para la casta social más alta, los considerados descendientes de Brahma, las normas sociales son más laxas y se permite que no acepte su matrimonio, que sienta rabia y que exteriorice, más aún que tenga un hijo con el hombre al que realmente amaba. Aunque el perdón va de suyo, se trata de un destino fatal para muchas mujeres, que deben asumir de manera casi inexorable y, en el caso de los brahmines, si quieren seguir siendo consideradas parte de su comunidad y mantener su estatus de casta privilegiada, y de ahí la idea recurrente del "trumpeted the curse" (proclamó la maldición) como un castigo al que se dirige se contra su voluntad:

My grandmother's sister married a man she did not love
bore a still-born child of a man she loved.
And Brahmin though she was trumpeted the curse
until her bilious rage sank her down.
Forgiving was out of question.
But they did not throw her out.

(Uniyal, 2006, p. 25)

Meena Kandasamy realiza una interpretación mucho más rupturista con la educación, tanto formal como no formal, así como los estereotipos y creencias de la cultura tradicional India. Por un lado, habla del derecho de todos los indios, o habitantes de los países antiguamente colonias británicas, de hablar inglés en si variante dialectal correspondiente. Con ello, Kandasamy realiza en su poema "Mulligatawny Dreams", del poemario *Touch*, un elogio a la apropiación del inglés como herramienta para reivindicar los derechos de la población india. De la misma manera, recurre en su introducción a palabras en tamil, sin traducir, siguiendo la técnica del *code-switching* para reivindicar su cultura natal[91] mediante la exhibición de palabras que han sido incorporadas al léxico del inglés como préstamos y, más concretamente, como indianismos. También deconstruye ciertas normas de la lengua inglesa en aras de convertir el inglés, English, en singular, en *englishes*, en plural, como la puntuación. En este poema, Kandasamy sueña que se apropia del inglés para liberarse de la colonización de su mente, con un inglés lleno de las palabras de su lengua, es decir, en tamil, una forma de reivindicar su riqueza léxica como traslación de su identidad en un inglés global hegemónico:

---

[91] "En un tipo de narrativa como esta, los referentes culturales y el uso del lenguaje son las dos principales características que se pueden considerar representativas, pues por medio de ellas los autores exponen la negociación cultural y de identidad que viven esta y otras comunidades, que a su vez se reflejan en la literatura poscolonial. Resulta importante, en el momento de traducir, tomar en cuenta entonces que el texto meta debe intentar producir un texto que represente a la cultura en cuestión. Para traducir este tipo de textos, se ha sugerido muy razonablemente que evitemos las traducciones estériles, es decir, hay que procurar que no se pierdan los matices culturales, la exoticidad, la presencia y la cultura del Otro implícitos en el texto de origen" (Quintero Ocaña y Zaro, 2014, p. 523).

Anaconda, candy, cash, catamaran,
Cheerot, coolie, corundum, curry,
Ginger, mango, mulligatawny,
Patchouli, poppadon, rice,
Tatty, teak, vetiver.
I dream of an English
Full of the words of my language.

An English with small letters
An English that shall tire a white man's tongue
An English where small children practice with smooth
     Round pebbles in their mouth to spell the right zha
An English where a pregnant woman is a 'stomach-child-lady'
An English where the magic of black eyes and brown bodies
     Replaces the glamour of eyes in the dishwater blue shades and
     The airbrush romance of pink white cherry blossom skins
An English where love means only the strange frenzy between
A man and his beloved, not between him and his car
An English without the privacy of its many rooms
An English with suffixes for respect
An English with more than thirty six words to call the sea
An English that doesn't belittle brown or black men or women
An English of tasting with five fingers
An English of talking love with eyes alone

                    (Kandasamy, 2006, p. 21)

El anterior poema nos presenta desde una perspectiva onírica lo que debería ser, a juicio de Kandasamy, el respeto a la diversidad lingüística, subsidiaria de una diversidad cultural. Reconoce que su propósito no es deshacerse del inglés, sino llenarlo de palabra de su idioma tamil para considerarlo también una lengua propia, y mediante el paralelismo aduce lo que debería ser la lengua inglesa para ella. Se trata de un inglés en letras minúsculas, donde nadie ocupe un lugar superior al de nadie. Un inglés que agote por unos instantes y deje atónito al hombre blanco. Un inglés donde los niños aprendan con guijarros en la boca a pronunciar el sonido de la grafía *zha*, y también donde se respeten los símbolos de las culturas indias, como parte del análisis del mundo de las ideas que estamos llevando a cabo en este estudio antropológico-poético.

Se trata de cambiar la connotación de varios aspectos. En cuanto a la mujer, que está embarazada se cambie por mujer que lleva un niño dentro, desde una perspectiva optimista, interpretando la maternidad como un motivo de celebración, modificando el término "pregnant" (encinta) por "stomach-child-lady" (mujer con un niño en el vientre), en base a la forma de denominar a las mujeres embarazadas en tamil. Donde se reconozca que el mar no es tan unívoco como en Gran Bretaña, y que en India tienen una enorme multiplicidad de sinónimos para referirse a él, en función de sus aguas, al igual que Margaret Atwood señalaba, cuando le fue entregado el Premio Príncipe de Asturias (2008), las más de noventa palabras para denotar diferentes tipos de nieve en Canadá. En contextos diferentes, el léxico se adecua a las necesidades comunicativas, y esto se hace especialmente relevante en las literaturas poscoloniales, ahora en una nueva etapa, la de las literaturas transnacionales[92]. Habla también de respetar y no hacer de menos a los negros o a las personas de piel marrón, color tan característico de la India. También elogia vivir en casa sin compartimentos separados, al contrario de lo que ocurre en Europa, donde la familia vive en compartimentos estancos con poco diálogo. Elogia también la costumbre ancestral de comer con los dedos y reniega del capitalismo, afirmando que en su variedad de inglés el amor sería el sentimiento que se diera entre un hombre y su amante y no entre un hombre y su coche.

La figura de la madre, que se valora más tras el paso de los años, también aparece en la voz poética de Uniyal. En su poema "Mother and the Little that I Know about Her", en *The Day We Went Strawberry Picking in Scarborough*, aparece con fuerza el tópico del *beatus ille*, añorando la juventud de su madre como una época feliz, en compañía de su marido, con los altibajos habituales de una relación sentimental. Se puede observar también un conjunto de términos referentes al campo semántico del cuerpo humano con el ánimo de denotar la senectud de esta madre, como los ojos, las manos o los muslos, asociados a palabras con connotaciones negativas como "jingles" en el sentido de mover sin control, "sweat", "teat", o que indican dolor como

---

[92] "Here the language strains to accommodate the natural world of the tropics and its thunderous rainstorms. The struggle to represent this thunderstorm produces a union between the traditional animism of Yoruba culture and a "translation" into English of the idioms and verse forms of the Yoruba language" (Garuba, 2017, p. 211).

Aquí el lenguaje se ahorma al mundo natural de los trópicos con las tormentas plagadas de lluvia y rayos. Esta batalla por representar la tormenta produce una unión entre el tradicional animismo de la cultura yoruba y una traducción de estas expresiones al inglés y formas en verso del lenguaje yoruba.

"smoke-washed eyes", en contraposición a la sonrisa de antaño. Para la voz poética lo más representativo de la madre son las manos, en el sentido de poder amar, acariciar, cuidar de sus retoños. De ahí la sinécdoque en "her hands so not remember the smell", en vez de mencionar directamente a la madre, llamando al todo por una de sus partes.

Mother that often jingles her palm
and sweat flows uninterrupted
strange it seems for years have passed
and tears have refused to sit
on her smoke-washed eyes
often she smiled in her youth
those were the days when she had
papa for company to love and argue
with boys' tender and warm holding hands
these days she avoids all contact
her own body she treats like an alien
her hands do not remember the smell
of raw mangoes and pudina which she
often grated for *chutney* to go with *parathas*
her thighs have swollen and the toes
of her feet remind me of the stale
whole meal bread ready to collapse
at the touch of a whisper wrinkles.

(Uniyal, 2018, pp. 66-67)

En este último poema se otorga, además, una gran importancia al olor y al gusto, dentro del mundo de los sentidos, que es importante comentar. Aparecen términos sin traducir, recurriendo de nuevo al *code-switching*, como el *pudina*, la hoja de menta utilizada globalmente en muy diversas gastronomías, el *chutney*, un condimento agridulce originario de India o las *parathas*, un pan típico local a menudo relleno de queso. En el empleo de la gastronomía, al dar esa importancia al olor en la cultura y, por consiguiente, en la literatura india y de sus diásporas, se consigue un efecto mayor de glocalización. Por un lado, la cocina transnacional con ingredientes y técnicas que pueden tomarse prestadas de una gastronomía a otra, y elementos muy locales cuyo desciframiento conlleva la necesidad de conocer la cultura local.

En ocasiones, lo que tanto los niños como las niñas aprenden de sus progenitores son ideas del patriarcado u otras ideologías tóxicas para su vida futura y para sus futuras relaciones. En este caso es necesario desprogramar estos aprendizajes, es decir, desaprender aquellas ideas que han adquirido de forma más inconsciente, y menos verbalizada. Estos elementos tienen que ver habitualmente con el tratamiento y la consideración hacia el otro sexo y la asunción de unos roles de género determinados. Kandasamy alerta sobre los riesgos de enamorarse de estos hombres acompañados por una épica de héroes y con campos semánticos que elogian su labor en la batalla pero que esconden que, a la hora de la verdad mantiene en secreto la prostitución forzada de mujeres de la guerrilla. Nótese la ironía al principio, puesto que aclara que estos hombres sólo serían válidos para un encuentro esporádico y de disfrute sexual. Kandasamy aquí no vuelve a la familia como instancia socializadora, sino que habla en general sobre la educación y sobre la poderosa imagen negativa o positiva que los seres humanos absorbemos desde la infancia.

En su poema "Screwtiny", en *Ms Militancy*, Kandasamy deconstruye la idea clásica del héroe. El uso del vocablo "amén" al final no hace sino aportar más seguridad a esta crítica de la heroicidad, que la voz poética de Kandasamy asocia a realidades percibidas como negativas, tales como la guerra civil o la alergia a los niños. En este poema se contrapone a dichos héroes, arquetipos masculinos que formarían parte de las fuerzas centrípetas, y las mujeres, que estarían sometidas a sus designios, en tanto que fuerzas centrífugas. En definitiva, el título del poema, "Screwtiny", lleva implícitos los riesgos de conocer a un hombre para ser el padre de los hijos, empleando el disfemismo "screw" en inglés, como si una mala elección fuera a "joderle" la vida al "yo" poético a través del cual se dirige a nosotros Kandasamy:

> Trust any man who is allergic to children
> Carries a civil war in his eyes, travels a lot
> And speaks up when you are subjected
> To society's customary stone-throwing
> This hero has a history of scandals
> Trust this man to never let you down,
> Or stand up, even if it involves
> Rising from the dead. Amen
>
> (Kandasamy, 2010, p. 48)

Para finalizar este apartado, llega la asimilación de la muerte de los propios padres, aludiendo a la enseñanza que legaron a sus hijas de desaparecer cuando fueran necesarios. Un sentimiento transnacional, el de la pérdida de un padre o una madre, retratado desde una perspectiva local, con versos de su poema octavo, que nos conducen de nuevo a la idea de que la literatura indianoceánica existe y que exhibe a menudo coincidencias, como se puede ver en el octavo poema de *Quand la nuit consent à me parler*:

> (...) Je ne vivrai pas plus que de besoin
> C'est ce qu'a dit ma mère
> C'est ce qu'a dit mon père
> Il faut savoir partir quand il est encore temps.
>
> (Devi, 2011, p. 19)

Devi expresa así la idea de la necesidad de marcharse de la vida a tiempo, de abandonar cuando ha llegado el momento, saber reconocerlo y no vivir tan solo de necesidad. Un sentimiento de dolor transnacional, que no entiende de países, de naciones ni de fronteras, sólo de seres humanos, pero con sentimientos locales que merece la pena escuchar, el consejo y la voz de unos padres y unas madres que, aunque desde las fuerzas centrípetas, están llamados a perdurar de generación en generación.

En suma, en la poesía de nuestras cuatro autoras aparece la madre como figura de apego. En ocasiones, como en el caso de Nirina la relación con la madre es sencillamente de alabanza, aunque en otros casos como el de Uniyal, se combinan el agradecimiento a la madre por haberles dado vida, por haberse sacrificado por ellas, con una voluntad de no repetir lo mismo que habían hecho sus madres y vivir su vida de manera más independiente, poniendo las expectativas personales primero, como la escritura en el caso del "yo" poético de Uniyal.

La figura del padre es difusa en todos los poemarios estudiados, como para hablar del Padre en mayúsculas como relación con Dios, en el caso de Nirina, pero que podría aplicarse a una divinidad panteísta en general. La relación con los ancestros independiente del género se resume en los poemas de Devi, donde se puede entrever la idea universal de que todos estamos aquí para continuar con una tarea empezada por nuestros ancestros, idea muy asentada en las culturas africanas. A la madre se la representa con la naturaleza, y en la idea hindú del progreso en forma de espiral se asienta la metáfora de la hierba, más fácil de caminar para las nuevas generaciones gracias a la labor de las anteriores, un hecho universal como la maternidad para una escena transnacional. Se percibe una mayor capacidad de escucha hacia las madres y de entender muchos de sus consejos y actitudes al llegar la madurez, exhibiendo una mezcla de gratitud, pero de ganas de ser una mujer diferente, con capacidad de acción sobre sí misma y por sí misma, a partes iguales.

La educación significa una ruptura con las instancias socializadoras en los poemas de Kandasamy, quien por su parte denuncia la educación como herramienta opresora cuando replica las diferencias de género o en función de la casa, y se apropia del inglés como herramienta de lucha ambivalente para alcanzar un público más amplio. Uno de los aspectos más importantes es, en los contextos de homosocialización, la necesidad de liberarse de los prejuicios y estereotipos de género. Un obstáculo para ello reside en la educación, donde tanto niños como niñas se exponen a clichés contra las mujeres internalizados por ellas mismas a causa de una educación patriarcal y de asimilar el discurso del heteropatriarcado sobre mujeres que deciden rebelarse, ser libres, crecer y autorrealizarse como seres humanos.

Sin embargo, romper con las normas pautadas por el patriarcado puede ser peligroso, ya que esta forma de ver el mundo prevé mecanismos de auto-defensa como la legitimación de la agresión física, verbal o sexual cuando la mujer no consiente una relación, acusándola de provocación. De ahí que, ante el miedo, muchas madres aceptan educar a sus hijas en las normas del patriarcado para evitar que sufran en su propia carne la violencia con la que este sistema se autoprotege. Es muy frecuente la comparación, en estos contextos, del cuerpo femenino con un fruto, adaptando el mito de Adán y Eva donde la mujer se ve como la culpable o la rebelde, según el punto de vista. Esto conecta muy bien con el epígrafe de cuerpos y espacios, donde hemos comprobado que en nuestras poetas aparece siempre la idea de la necesidad de tomar en posesión su propio cuerpo, tan amenazado por la violencia patriarcal desde los orígenes.

4. Conclusiones

A lo largo de este estudio he pretendido arrojar luz sobre lo que implica la utilización del concepto de *literatura indianoceánica* y que es aplicable al corpus de autoras seleccionadas. Se encuentran múltiples concomitancias, tanto en los temas como en los motivos y *leitmotivs* que se suceden en sus poemas, algunos comunes, y otros pertenecientes a un mismo campo del mundo de los sentidos o del mundo de las ideas. Además, el tratamiento que hacen sobre la naturaleza y su oposición al mundo urbanita es bastante similar, y desde un enfoque de género nuestras poetas han imbricado sus versos con problemáticas globales que, si bien se abordan desde una perspectiva local, han afectado y preocupado a las mujeres durante los últimos años. Asimismo, el tema de la educación y las instancias socializadoras se revela especialmente relevante, para concretar los procesos de aculturación y enculturación. En los casos pertenecientes a la *diáspora*, como Esther Nirina, encontramos el sentimiento de nostalgia muy ligado a la tierra y al uso de sentidos como el olfato y el gusto. El océano adquiere una importancia capital en cuanto a los elementos de la naturaleza, y en la espiritualidad se combinan elementos de la cultura hindú con otros de naturaleza grecorromana convertidos en universales con la globalización.

Con respecto a este fenómeno global, muy ligado al neoliberalismo, aparece el concepto de *transnacionalismo*. A pesar de las fronteras, existen puntos en los que las autoras se tocan, creando una realidad supranacional que va más allá incluso del Índico, y llegaría a aquellos países donde se han asentado fundamentalmente sus diásporas, como Reino Unido y Canadá. El otro concepto importante mencionado en nuestro título y en nuestra introducción es el de *glocalización*, en tanto en cuanto fenómenos globales adquieren una consistencia local en las realidades de cada territorio, como las turbulencias del patriarcado y la respuesta frente a las mismas, o la concepción en espiral de la progresión vital, que se expresa de forma más religiosa o mundana según la edad y las características de cada una de las autoras.

En cuanto a la espiritualidad, la primera conclusión a la que podemos llegar es que todas nuestras poetas la emplean en su búsqueda de *identidad*, un proceso para el cual en muchas ocasiones deben desaprender estereotipos, sanar heridas y mirar hacia adelante, teniendo en cuenta los elementos naturales y culturales propios de su tierra. Algunas se muestran más orientadas hacia concepciones semíticas de Dios, como el monoteísmo, la presencia de una vida posterior a la terrenal donde saldar las deudas del presente, la idea del individuo dirigiéndose hacia Dios, entre otras, representada por Ananda Devi y Esther Nirina. En otros casos, como el de Meena Kandasamy especialmente, aparecen varios dioses de la mitología hindú con mucha frecuencia. La narrativa histórica de la India es a menudo reescrita para otorgar la capacidad de acción a sus divinidades y personajes mitológicos femeninos, y los antiguos relatos patriarcales son deconstruidos. También se recurre a personajes de la mitología grecolatina de nuevo para buscar en ellos una identidad como mujeres y como sujetos en su día poscoloniales, dos de los motivos de discriminación que comparten las cuatro autoras. Los relatos que formarían parte de las fuerzas centrípetas se reorientan hacia los márgenes, y dando voz y empoderando a personajes míticos femeninos se consigue una polifonía que llama la atención al lector como recurso y que reivindica el contenido de aquellas voces durante tanto tiempo silenciadas.

La comunicación con los dioses se hace mediante apelación directa, en forma de oración, teniendo como escenario y contexto la naturaleza, con todos sus elementos. En el caso de Nirina se percibe un *panteísmo*, puesto que Dios se podría abstraer de todos los elementos naturales concretos. En el caso de Ananda Devi, la espiritualidad está unida a una idea muy arraigada en África, que sostiene que nuestros ancestros de quedan para siempre en la tierra y pueden vernos y ayudarnos. Por estos motivos, la naturaleza constituye un cronotopo, con lugares y descripciones muy concretas, de paz y armonía para las voces poéticas que aquí analizamos. Para encontrar momentos de espiritualidad, cada autora tiene su forma particular de preparar el momento: Nirina utilizando el motivo de la ventana, Uniyal la poesía y Kandasamy la música, por ejemplo. Todas estas actividades tendrían que ver con la utilización de los sentidos y la aprehensión del mundo inteligible a raíz de dichas percepciones. Las artes y la creatividad, así como la inspiración necesaria para utilizarlas o disfrutarlas, no entienden de barreras ni de naciones, aunque, como hemos observado en diferentes epígrafes, en las culturas indianoceánicas y de sus diásporas el mundo de los sentidos, de lo estético, cobra especial importancia.

Los momentos de la vida y las transiciones en su proceso son un fenómeno universal, sometidos a un proceso de *glocalización* por parte de nuestras autoras. Hablan de nacimiento, del fallecimiento de los padres como hito en el recorrido vital de una persona, de la vida y la muerte, o incluso de una transcendencia después del deceso que se concreta en situaciones distintas según las creencias y valores de cada una.

En cuanto a estas reivindicaciones de las voces poéticas, claman por que se escuche a las mujeres en cada uno de estos contextos, a veces desde experiencias personales o familiares traumáticas y en otras ocasiones denunciando problemas locales que siempre han sido globales o que se han ido transnacionalizando con el tiempo. Al igual que el colonialismo se apropió de territorios, el patriarcado se apoderó de los cuerpos femeninos en muchos aspectos, como símbolo de la dominación del hombre frente a la mujer, como en el caso de la incitación al aborto cuando el hijo no es varón o las agresiones sexuales. La mayoría de nuestras poetas muestran el cuerpo femenino como un espacio utilizado para la guerra o para la satisfacción de las pulsiones sexuales del varón, dando a entender los grandes problemas que asolan al mundo de manera global y, posteriormente, transnacional con un patriarcado que se intenta borrar de los sistemas legales en muchos de los países de nuestro entorno pero que está, en cambio, muy arraigado en sectores significativos de las sociedades contemporáneas. El problema aumenta su calibre en las ciudades, que se convierten en lugares peligrosos para las mujeres al albur de problemas como la trata de blancas, la prostitución o una educación sexual basada en la violencia y la intimidación, en vez de en el consentimiento. A la situación de doble discriminación de las mujeres en territorios poscoloniales obedece no sólo la colonización del cuerpo sino también la *colonización de la mente*. Mediante sentimientos de culpabilidad, la asunción de los valores del invasor, o del patriarcado y la laminación progresiva del autoconcepto, las mujeres se han visto tan agraviadas que sólo la creación literaria sirve como una forma de liberación de la ansiedad que sufren.

Junto a la dominación y la voluntad de emancipación surge el concepto de la voz como un elemento de reivindicación, una voz que aspira a ser escuchada por el mayor público posible. El ejemplo más palmario de colonización de la mente reside en el *lenguaje*, en cómo se impone la lengua del colonizador, subsidiara de una cultura imperialista y patriarcal que tiene como objetivo dificultar en el caso de los silenciados y los agraviados la conciencia de serlo y la lucha colectiva contra las opresiones. En algunos casos, la imposición lingüística por parte de las fuerzas centrípetas se salda con burlas por no hablar correctamente la lengua de la metrópolis, con el amoldamiento de la realidad a la horma de dichas lenguas y con el desprecio a los diferentes acentos, dialectos y hablas de que se compone la diversidad dentro de una lengua. En el sentido inverso, las fuerzas centrífugas responden con rotundidad apropiándose de la lengua del colonizador para formular sus reivindicaciones y hacerlas llegar más lejos. En el caso de Meena Kandasamy, la más combativa con esta realidad, el inglés tiene mucho que evolucionar para que un embarazo se dignifique en el léxico de la lengua, los diferentes colores de piel también, e incorporar campos semánticos necesarios para representar mediante el lenguaje verbal la realidad de los variados territorios antaño poscoloniales, y que buscan su devenir como estado-nación.

Siguiendo con el tema de la educación, la figura de los progenitores es representada como ambivalente. Por un lado, se elogia a los padres por sus esfuerzos, pero por otro se habla de la necesidad de rebeldía para conseguir cambios sociales, en el marco de la *brecha intergeneracional*. Las madres se convierten en la instancia socializadora por excelencia en todas las poetas que hemos estudiado. En algunos casos se echa en falta no haber escuchado sus consejos, en otros se pone en valor experiencias cruentas que han tenido que atravesar, y en otros se habla de la experiencia de sentirse *in-between* o *entre-deux*, diásporas de la India contemporánea. Esta sensación de liminalidad también ha sido experimentada por algunas de nuestras autoras, cuya voz poética se debate entre la nostalgia y la adaptación en los nuevos destinos, Reino Unido y Canadá. Esta nostalgia se ve representada a través del mundo de los sentidos, con los aromas típicos de la vegetación y formas de cocinar típica de India, con el sabor de las especias de la infancia, la textura de la miel y la leche y, en nuestras poetas más insulares, como Ananda Devi o Esther

Nirina, la omnipresencia del Océano Índico. Muchos de estos motivos, que aparecen de forma reiterada en los poemarios analizados, son el epítome de lo glocal puesto que si bien son elementos universales que recuerdan a la infancia y despiertan con el recuerdo nostálgica aquí aparecen adaptados a cada cultura, a cada forma de vivir, con el sustrato cultural indio como nexo en común.

Siguiendo con el proceso de socialización, otro concepto muy presente en nuestro corpus de poetas es el de la *sororidad*. La compañía de otras mujeres desde la más tierna infancia contribuye a los aprendizajes y a la asimilación de valores y formas de vida, algunos de los cuales han de ser, en algunos casos, desaprendidos. Pasar la infancia rodeadas de otras mujeres es un cronotopo que confiere a las voces poéticas seguridad, bienestar, alejamiento de los peligros de una educación y de una sexualidad sexista que tendrían que confrontar en la adolescencia. Las mujeres de la comunidad constituyen un conjunto que forma parte obligada de la situación, para nuestro corpus de poetas, aunque también hay otras mujeres, diosas y personajes mitológicos femeninos, pertenecientes al mundo de las ideas, que han contribuido a forjar esta identidad de género femenino, y a reivindicar un lugar para la mujer en las narrativas religiosas y en las épicas nacionales. En las autoras con una formación más holística se encuentra, asimismo, el recurso a la mitología clásica, sobre todo Ranu Uniyal y Meena Kandasamy, para deconstruir también las historias y reescribirlas dando a la mujer un papel preponderante y con capacidad de acción. Sin embargo, existen aprendizajes que es preciso desechar, tales como valorar a las mujeres sólo por criterios estéticos o criticar una puesta en práctica de la sexualidad en libertad, así como criticar a las mujeres que se ven obligadas a ejercer la prostitución.

La idea de *transcendencia* está muy relacionada con el proceso de socialización. En el forjado de identidad las madres han jugado un papel fundamental como figura de apego, y cuando se van dejan un lugar irremplazable en la memoria de las voces poéticas. La figura de la madre se ve representada por la naturaleza, aunque también por el arte. Es la identificación de la madre con el medio natural una idea universal que se pone en práctica, glocalizada, en los contextos indianoceánicas y de sus diásporas. La reproducción cultural por vía materna es lo que da pie a esa transmisión de aprendizajes y valores de abuelas a madres y de madres a hijas. En algunos casos estos valores se ven cuestionados por las nuevas generaciones, pero en definitiva existe una idea de gratitud y una mentalidad de *continuum* que describe lo conseguido por las anteriores como un camino a seguir por las que vendrán después. El tiempo pasado con las madres es añorado de manera sistemática, siendo concebido en conjunto como un tiempo feliz, donde la inocencia de la infancia no había dejado paso aún a las múltiples maneras en las que se materializa la opresión que comienzan a verse en la adolescencia, salvo en casos como el de Ranu Uniyal, cuando habla de los conflictos armados que padecieron sus ancestros y cómo las mujeres y sus cuerpos se convertían en blanco de guerra y moneda de cambio para sus victimarios.

En el proceso de educación se observa una cierta *resiliencia* no sólo frente a valores patriarcales interiorizados por las madres y los padres, sino frente al discurso dominante, que ha de abrirse paso frente a una *polifonía* donde están presentes voces muy diferentes, sustituyendo la narrativa histórica de los pueblos, occidental y patriarcal, por una historia de los pueblos más inclusiva y desde otras perspectivas. La historia de los hombres habitualmente fabricada por hombres, *his-story*, se ve complementada con la historia de las mujeres y desde un prisma femenino, *her-story*, rechazando así los discursos hegemónicos que han excluido no solo a la mayoría de la población en función de su sexo biológico, sino a los pueblos que han ido progresivamente obteniendo la independencia y cuya voz no ha estado presente en la elaboración de los discursos dominantes sobre la historia y la narrativa de las naciones.

La naturaleza aparece descrita como el lugar idílico, fuente de vida y testigo de los cambios en las diferentes etapas vitales que afectan al cuerpo y la mente. Desde el nacimiento, estamos insertos en un medio natural que se percibe como apacible, y todos los pasos, desde la maduración mental hasta la muerte, pasando por la inevitable corrupción de los cuerpos con el paso del tiempo, son parte de dicha naturaleza. A menudo la naturaleza que rodea a las voces poéticas que hemos analizado es retratada en el marco del *panteísmo*, es decir, una identificación de este paisaje bucólico con una divinidad, creadora supuesta de todos esos elementos preciosos. En las autoras insulares el océano cobra una importancia capital, al igual que los paisajes tropicales descritos, sin caer en el manido exotismo. Estos paisajes son muy recurrentes en las descripciones de India, mientras que en la diáspora se siente nostalgia hacia ellos y se describen las ciudades de los países de recepción como lugares especialmente inseguros.

La importancia que se confiere a la naturaleza por parte de estas voces poéticas en el proceso de búsqueda de su identidad, presente desde la infancia hasta la muerte, sugiere la conveniencia de realizar un estudio desde un enfoque *ecocrítico*, que complementaría de manera muy acertada nuestras conclusiones aquí expresadas. Algunos de los cronotopos tienen que ver con ese sentimiento de nostalgia, de encontrarse in-*between* o, empleando una palabra francesa muy precisa, sufrir el mal del país o el *dépaysement*, es decir, sentirse *dislocado*, desplazado de su propio país, como los buenos momentos expresados por Uniyal en *Across the Divide*, y a la vez los lugares idílicos y extrañados de las tierras natales, como ocurre también en Uniyal antes de la llegada de los bárbaros, que ocuparon sus tierras y agredieron sexualmente a sus mujeres, o en Nirina y sus diferentes poemarios, en los cuales describe con añoranza los parajes irrepetibles del Madagascar que la vio nacer.

La naturaleza encuentra en los países y territorios indianocéanicos, tropicales, un modo de expresión único con sus tonalidades, su luz, sus atardeceres, los frutos de su tierra y, muy en especial, el mar, epítome de la identidad en estas culturas, sobre todo en las más insulares. La naturaleza robada por el colonialismo y el neocolonialismo es uno de los tópicos que más se repiten, aludiendo a ella como una expulsión del Edén, aunque por otra parte se toman mitos de la Biblia o de la cultura grecolatina y se deconstruyen, buscando una cultura glocal que tenga en cuenta esos referentes culturales pero que a la vez se adapten y puedan encajar con nuevas reivindicaciones de otras latitudes. La naturaleza, más asociada a Dios o no, se presenta como una realidad inexorable con la que tendremos que mantener un diálogo toda la vida.

La síntesis que podemos obtener de la coda de cada epígrafe nos permita afirmar que aspectos como la concepción de la naturaleza, la educación en los discursos dominantes frente a los periféricos, la asunción de estereotipos de género y narrativas nacionales y la rebelión frente a los mismos, la espiritualidad al servicio de la búsqueda de la propia identidad y el respeto a su propio cuerpo son puntos comunes entre las poetas que hemos estudiado. También se aprecia en los territorios indianocéanicos una presencia de *leitmotivs* y símbolos, sino iguales, equivalentes entre una de las culturas que los componen y las otras, y la recepción de algunas de estas realidades por parte de las diásporas. La poesía indianocéanica permite captar el mensaje que estas poetas nos han querido transmitir, y representan el relato inconcluso de una *identidad* que no está aún construida, sino que está inmersa en un proceso de formación cambiante y dinámico de manera permanente.

En cuanto a la aproximación llevada a cabo, se encuentra que los enfoques utilizados, la antropología literaria y el de Bajtín, han sido muy pertinentes para el estudio de los temas concretados en los diferentes epígrafes en el corpus de poemas seleccionados. La pertinencia de la antropología poética descansa en la concepción de dichos textos literarios como objetos culturales, en torno a los cuales puede obtenerse información acerca del pensamiento de las autoras, afectadas a su vez por un contexto y movidas por unas motivaciones determinadas. Un elemento de éxito de la antropología poética ha sido concebir los poemas como un instrumento al servicio del cambio social, con mujeres que se expresan en libertad, sin convencionalismos, para lograr mejorar el mundo. A través de los elementos del imaginario indianoceánico se abstraen los elementos del imaginario global, al igual que los elementos de reivindicación de las mujeres de nuestro corpus y de tantas otras que se puedan ver reflejadas en ellas, que pasan de lo concreto y lo local en las obras a una abstracción conjunta transnacional.

El *enfoque bajtiniano* es conveniente, sobre todo, en lo relativo a la defensa de las minorías, y por permitir analizar las voces que durante largo tiempo han sido silenciadas y oprimidas. También permite dibujar un contexto más amplio, entendiendo el mundo como una orquestación de voces, una polifonía, en vez de dejar que se escuche sólo el discurso dominante y hegemónico del canon.

Es necesario dejar de entender la globalización como un fenómeno meramente económico y subsecuentemente político para alcanzar una globalización cultural, en la que se tengan en cuenta las particularidades y realizaciones locales. Sólo mediante lo transnacional seremos capaces de entender nuestra propia historia como seres humanos y generar una conciencia planetaria que dé respuesta a los problemas de nuestro mundo, que se han ido convirtiendo en *cuestiones transnacionales*, pues no entienden de fronteras e involucran a toda la humanidad. Las medidas aisladas no permitirán ir resolviendo todas estas cuestiones. Sólo desde una concepción transnacional de nuestro mundo, atendiendo a la naturaleza glocal de los contextos en su día poscoloniales, podremos aspirar a conseguir una sociedad mejor para el ser humano desde la esencia de lo planetario.

5. Bibliografía

5.1. Bibliografía

Aguilar Carrasco, P. (2022). *Feminismo liberador frente a neoliberalismo trans*. Barcelona: Editorial Digital Feminista Victoria Sau.

Alexander, M. (1981). *Stone Roots*. Nueva Delhi: Arnold-Heinemann.

Alexander, M. (1991). *Nampalli Road*. San Francisco: Mercury.

Alexander, M. (1996). *Manhattan Music*. San Francisco: Mercury.

Alexander, M. (2018). *Atmospheric Embroidery*. Nueva York: Northwestern University Press.

Allen, L. (2021). *Make the World New*. Ottawa: Wilfried Laurier University Press.

Allende, I. (1982). *La casa de los espíritus*. Barcelona: Plaza Janés.

Amargwual, S. (2013). *Marginalized: Indian Poetry in English*. Ámsterdam y Atlanta: Rodopi.

Anzaldúa, G. (1987). *Borderlands. The New Mestiza*. San Francisco: Aunt Lute Publications.

Appadurai, A. (2001). *La modernidad desbordada: dimensiones culturales de la globalización*. Montevideo y Buenos Aires: Ediciones Trilce y Fondo de Cultura Económica.

Bajtín, M. (1984). *Problems of Dostoevskey's Poetics*. Londres: Paperback.

Bajtín, M. (1989). Las formas del tiempo y del cronotopo en la novela. Ensayos sobre poética histórica. En *Teoría y estética de la novela*. Madrid: Taurus.

Bajtín, M. (1996). The Dialogic Imagination. En M. Holquist (Ed.), *Four Essays*. Texas: University of Texas Press.

Bandyopadhyay, P. (1977). *Women Poets of India*. Kolkata: United Writers.

Banerjee, I. (2014). Mundos convergentes: género, subalternidad, poscolonialismo. *La Ventana, 14*, 7-58.

Ballesteros, A. (2020). Prólogo. En *El día que fuimos a coger fresas en Scarborough* (pp. 7-29). Oviedo: Camelot.

Bauman, Z. (2022). *Modernidad líquida*. Madrid: Fondo de Cultura Económica Española.

Beck, U. (1998). *La sociedad del riesgo: hacia una nueva modernidad*. Barcelona: Paidós.

Bhabha. H. (1986). *The Location of Culture*. London: Routledge.

Bisley, N. (2007). *Rethinking Globalization*. New York: Palgrave.

Bolívar Botía, A. (2001). Globalización e identidades: (des)territorialización de la cultura. *Revista de Educación. Número extraordinario*, 265-288.

Bourdieu, P. (1980). *La reproducción. Elementos para una teoría del sistema de Enseñanza*. Barcelona: Laia.

Bourguignon, F. (2015). *The Globalization of Inequality*. Princeton: Princeton University Press. https://doi.org/10.1515/9781400865659

Brunel, P. (1997). *La littérature française d'aujourd'hui*. París: Vuibert.

Butale, C. (2017). Género y globalización: una mirada desde el sur global. *Nueva Sociedad, 271*, 141-149.

Butler, J. (2007). *El género en disputa. El feminismo y la subversión de la identidad*. Paidós: Barcelona.

Camus, A. (2005). *El mito de Sísifo*. La Habana: Versos Libres.

Can, Z. (2011). La estética de lo cotidiano en las literaturas emergentes: el caso de los relatos cortos de Mauricio. En M. Sanz y J. Verdegal (Eds.), *Construcción de identidades y cultura del debate de los estudios en lengua francesa* (pp. 287-298). Castellón: Servicio de Publicaciones de la Universidad Jaume I.

Cantillo Barrios, L. (2016). Alteridades de las masculinidades gay en el departamento del Atlántico. *Justicia Juris, 12* (2), pp. 95-106

Caramés Lage, J.L. (1980). *Para una antropología poética: el totemismo en la poesía de Ted Hughes.* Madrid: Almar Anglistica.

Caramés Lage, J.L. (1993). *Introducción a la literatura india en inglés.* Oviedo: Trabe.

Caramés Lage, J.L. y Tomás Cámara, D. (2011). *Prácticas de la antropología literaria: prosa, teatro y poesía.* Sevilla: Bohodón.

Cárcamo Landero, S. (2007). La antropología literaria: el lenguaje intercultural de las ciencias humanas. *Estudios Filológicos, 42,* 7-23.

Cerdas, R. (1997). *América latina, globalización y democracia.* Costa Rica: FLACSO Cuadermo de Ciencias Sociales.

Chaudhuri, R. (2016). *A History of Indian Poetry in English.* Cambridge: Cambridge University Press.

Colás, Bravo P. y Villaciervos Moreno, P. (2007). La interiorización de los estereotipos de género en jóvenes y adolescentes. *Revista de Investigación Educativa, 25* (1), pp. 35-58.

Das, K. (1965). *Summer in Calcutta.* Nueva Delhi: Everest Press.

Das, K. (2006). Prólogo. En *Touch* (p. 7). Mumbai: Peacock.

De Agustín, J. (2011). Enfance et écriture féminine en Afrique : trois cas de mise en texte d'un imaginaire. En M. Sanz y J. Verdegal (Eds.), *Construcción de identidades y cultura del debate de los estudios en lengua francesa* (pp. 257-270). Castellón: Servicio de Publicaciones de la Universidad Jaume I.

De Beauvoir, S. (1962). *Le deuxième sexe.* Mayenne: Gallimard.

De Kervern. R. (1941). *Aspara la danseuse.* Port Louis: General Painting and Stationery.

De Miguel Álvarez, A. (1998). Prólogo. Diversidad cultural y multiculturalismo. En *La mutilación genital femenina y los derechos humanos.* Madrid: Amnistía Internacional.

De Miguel Álvarez, A. (2005). La construcción de un marco feminista de interpretación: La violencia de género. *Cuadernos de Trabajo Social, 18,* pp. 231-248.

De Miguel Álvarez, A. y Palomo Cermeño, E. (2011). Los inicios de la lucha feminista contra la prostitución: políticas de redefinición y políticas activistas en el sufragismo inglés. *Brocar, 35*, pp. 315-334.

De Miguel Álvarez, A. (2015). *Neoliberalismo sexual: el mito de la libre elección*. Madrid: Cátedra.

Dehspande, G. (1970). *Lost Love*. Michigan: Writers Workshop.

Dehspande, G. (1972). *Beyond the Slaughterhouse*. Michigan: Pritish Nandy.

Dehspande, S. (1989). *That Long Silence*. Nueva Delhi: Penguin.

Dehspande, S. (2000). *Small Remedies*. Nueva York: Viking Press.

Desai. A. (1982). *The Village by the Sea*. Londres: Heinemann.

Desai, A. (1999). *Fasting, Feasting*. Londres: Chatto & Windus.

Desai, K. (1998). *Hullabaloo in the Guava Orchard*. Nueva York: Atlantic Monthly Press.

Desai. K. (2006). *The Inheritance of Loss*. Nueva York: Atlantic Monthly Press.

Devi, A. (1988). *Rue la Poudrière*. Dakar: Nouvelles Éditions Africaines.

Devi, A. (1993). *Le voile de Draupadi*. París: Harmattan.

Devi, A. (1997). *L'arbre fouet*. París: Harmattan.

Devi, A. (1997). *Solstices*. Mauricio: Éditions Printemps.

Devi, A. (2000). *Moi, interdite*. Ámsterdam: Dapper Littérature.

Devi, A. (2003). *Le long désir*. Mayenne: Gallimard Continents Noirs.

Devi, A. (2006). *Ève de ses décombres*. París: Gallimard.

Devi, A. (2009). *Le sari vert*. París: Gallimard.

Devi, A. (2011). *Quand la nuit consent à me parler*. París: Ediciones Bruno Docey.

Devi, A. (2018). *Manger l'autre*. París: Grasset.

Devi, A. (2021). *Le rire des déesses*. París: Grasset.

Devi, A. (2023). *Le jour des caméléons*. París: Grasset.

Díaz Menéndez, S. (2020). Gender and Ideology in Meena Kandasamy's *When I hit you*. En M. Subha et al. (Eds.), *Indian Writing and Translation in English: Literature, Culture and Media* (pp. 131-149). Nairobi: Royalite.

Díaz Menéndez, S. (2019). *Identidad y educación en las literaturas de minorías anglófona y francófona: un estudio comparado.* Madrid: Ápeiron Ediciones.

Diego Sánchez, J. (2018). Escrituras que acorralan: política, casta y religión en *Touch*, de Meena Kandasamy. En Daniel Pastor García (Coord.), *Escrituras tangenciales en red. Reconocimiento artístico y agenda transformadora común* (pp. 75-86). Berlin: Peter Lang.

Dube, S. (2001). *Sujetos subalternos.* México D.F.: El Colegio de México.

Dube, S. (2010). Critical crossovers: Postcolonial Perspectives, Subaltern Studies and Cultural Identities. En M. Wetherell y C. Mohanty (Coord.), *The Sage Handbook of Identities* (pp. 125-143). Los Ángeles, Londres y Nueva Delhi.

Duque, C. (2010). Judith Butler y la teoría de la performatividad del género. *Colegio Hispanoamericano, 1*, pp. 85-95.

Duras, M. (1990). *La pluie d'été.* París : Gallimard.

Dutt, T. (1878). *Bianca, or the Spanish Maiden.* Kolkata: Bengal Magazine.

Dutt, T. (1879). *Le journal de Mademoiselle d'Arvers.* París: Didier.

Dutt, T. (1882). *Ancient Ballads and Legends of Hindustan.* Londres: Kegan Paul.

Escobedo de Tapia, C. (1993). *Teoría de la antropología literaria: su aplicación en cinco casos representativos de la narrativa contemporánea india escrita en inglés dentro de su contexto histórico, cultural y literario* [Tesis de Doctorado]. Universidad de Oviedo.

Escobedo de Tapia, C. (1998). Norte y sur: una intersección de discursos. En J.L. Caramés et al. (Eds.), *El discurso artístico norte y sur: eurocentrismo y transculturalismo* (pp. 481-512). Oviedo: Servicio de Publicaciones de la Universidad de Oviedo.

Escobedo de Tapia, C. y Quevedo Revenga, V. (2012). *Narrativa y cine de la India en lengua inglesa: una aproximación para la era global.* Madrid: Bohodón.

Escobedo de Tapia, C. (2020). El teatro indio contemporáneo: un diálogo entre la tradición y la interculturalidad. *Nerter, 32-33*, 55-65.

Étiemble, R. (1990). Prólogo. En *Littératures francophones de l'Océan Indian* (pp. 2-3). Reunión: Éditions du Tramail.

Fabo Lanuza, J. (2021). Ateísmo, panteísmo, acosmismo y monoteísmo en la filosofía de Hegel. *Eikasia Revista de Filosofía, 101*, pp. 267-333.

Fernández Ruiz, M.R. (2021). Decálogo de características de la literatura poscolonial: propuesta de una taxonomía para la crítica literaria y los estudios de literatura comparada. *Revista de Literatura, 83*, pp. 7-15.

Foluke Osunyikanmi, A. (2011). Globalisation and the Deepening of Gender Imbalance in Nigeria. *International Journal and Humanities and Social Sciences, 1*, 308.

Fox, L. (1990). *Hainteny. The Traditional Poetry of Madagascar*. Bucknell: Bucknell University Press.

Galaz, C. (2011). El señuelo de la integración: Los procesos de diferenciación, subjetivación y subalternización en los dispositivos educativos para las mujeres inmigradas. *Revista Latinoamericana de Educación Inclusiva, 6* (1), pp. 89-103.

Galton, F. (1883). *Inquiries into Human Faculty and Its Development*. Londres: J.M. Dent & Company.

Gámez Fernández, C.M. (2018). Sustained Caste Violence and Dalit Discrimination in Meena Kandasamy's *The Gipsy Goddess*. En B. Hernández, M. Brito y T. Monterrey (Coord.), *Broadening Horizons. A Peak Panorama of English Studies in Spain* (pp. 137-144). La Laguna: Servicio de Publicaciones de la Universidad de La Laguna.

García, M. (2011). La fable contrariée : *La cathédrale* d'Ananda Devi, de l'écrit à l'écran. En M. Sanz y J. Verdegal (Eds.), *Construcción de identidades y cultura del debate de los estudios en lengua francesa* (pp. 326-339). Castellón: Servicio de Publicaciones de la Universidad Jaume I.

García Arroyo, A. (2009). *Historia de las mujeres en India. Sobre ritos y realidades*. Barcelona: Laertes.

García Rayego, R. y Sánchez-Pardo González, E. (1999). *Cuadernos Inacabados 33: de mujeres, identidades y poesía. Poetas contemporáneas de Estados Unidos y Canadá*. Madrid: Horas y Horas.

Garrido Rodríguez, C. (2021). Repensando las olas del Feminismo. Una aproximación teórica a la metáfora de las "olas". *Investigaciones Feministas, 12* (2), pp. 483-492.

Garrido Rojas, L. (2006). Apego, emoción y regulación emocional. Implicaciones para la salud. *Revista Latinoamericana de Psicología, 38* (3), pp. 493-507.

Garuba, H. (2017). Landscape, the Environment, and Postcolonial Poetry. En J. Ramazani (Ed.), *The Cambridge Companion to Postcolonial Literature* (pp. 209-221). Virginia: University of Virginia Press.

Ghosh, A. (2019). *Gun Island*. Londres: Hodder and Stoughton.

Giddens, A. (1990). *The Consequences of Modernity*. Oxford: Polity Press.

Goikolea Amiano, I. (2020). A vueltas con la descolonización: propuestas para algunas conceptualizaciones coloniales. *Historiografías, 19*, pp. 41-63.

González Alcantud, J.A. (2021). Antropología y radicalidad literaria. Zola, Warburg, Artaud, Debord, Pasolini. *Archivo Antropológico Mediterráneo, 23* (2), 1-19. https://doi.org/10.4000/aam.4442.

Gramsci, A. (1981). *Cuadernos de la cárcel. Vol. 1*. México: Era.

Hernández Quiroz, A. (2022). El aporte del Rμg-Vedaa la doctrina no dualista (advaita vedānta) según Sɜan·kara. *Estudios de Asia y África, 57* (2), 2022, pp. 219-248.

Holquist, M. (1996). *Glossary: The Dialogic Imagination: Four Essays by M.M. Bakhtin*. Austin: University of Texas Press.

Hopenhayn, M. (2001). ¿Integrarse o subordinarse?: Nuevos cruces entre política y cultura. En D. Mato (Ed.), *Estudios latinoamericanos sobre cultura y transformaciones sociales en tiempos de globalización* (pp. 69-87). Buenos Aires: Consejo Latinoamericano de Ciencias Sociales [CLACSO].

Jaggar, A. (2001). Is Globalization Good for Women? *Comparative Literature, 53* (4), 298-314.

Kandar, M. (2008). *Planet India*. Nueva York: Simon and Schuster.

Kandasamy, M. (2006). *Touch*. Mumbay: Peacock Books.

Kandasamy. M. y Nisar, M. (2008). *Ayyankali: A Dalit Leader of Organic Protest*. Calicut: Other Books.

Kandasamy, M. (2010). *Ms Militancy*. Nueva Delhi: Navayana.

Kandasamy. M. (2015). *The Gipsy Goddess*. Londres: Paperback.

Kandasamy, M. (2018). *We Are Not the Citizens*. Londres: Paperback.

Kandasamy, M. (2018). *When I Hit you*. Londres: Paperback.

Kandasamy, M. (2020). *Exquisite Cadavers*. Londres: Atlantic Books.

King, B. (2005). *Modern Indian Poetry in English*. Nueva Delhi: Servicio de Publicaciones de la Universidad de Oxford.

Hawoldar, S. (2014). *The Sun Does Not Set*. Nueva Delhi: Zen Books.

Hena, O. (2017). Postcolonial Protest Poetry. En J. Ramazani (Ed.), *The Cambridge Companion to Postcolonial Literature* (pp. 249-262). Virginia: University of Virginia Press.

Innes, L. (2017). Gender and Sexuality in Postcolonial Poetry. In J. Ramazani (Ed.), *The Cambridge Companion to Postcolonial Literature* (pp. 222-236). Virginia: University of Virginia Press.

Lazarus, N. (2011). *The Postcolonial Unconscious*. Cambridge: Cambridge University Press.

Lucotti, C. (2005). De mitos y mundos. En A. Velasco Montante (Ed.), *La poesía de mujeres hoy en Canadá. Construcción de identidades culturales: inmigrantes, minorías e indígenas. El papel de los inmigrantes o minorías en la producción fílmica y literaria* (pp. 51-66). Universidad Nacional Autónoma de México: Centro de Estudios sobre América del Norte.

Macedo Rodríguez, A. (2008). La intertextualidad: cruce de disciplinas humanísticas. *Revista Xihmai, 5* (3), pp. 103-122.

MacEwen, G. (1961). *Selah*. Toronto: Aleph Press.

MacEwen, G. (1966). *A Breakfast for Barbarians*. Toronto: Ryerson.

MacEwen, G. (1976). *The Fire-Eaters*. Toronto: Oberon Press.

MacPherson, J. (1957). *The Boatman*. Oxford: Oxford University Press.

MacPherson, J. (1974). *Welcoming Disaster*. Nueva York: Saannes Publications.

Mamet, M. (1958). *Cratères*. Maurice: Esclapon.

Marchesi, J. y Sotelo, J. (2002): *Ética, crecimiento económico y desarrollo humano*. Madrid: Trotta.

Marchesi, J. (2004): Globalización, liberalismo, empobrecimiento y Doctrina Social de la Iglesia. *Stromata, 3*, 51-70.

Markandaya. K. (1955). *Some Inner Fury*. Nueva York: Putnam.

Markandaya, K. (1966). *A Handful of Rice*. Nueva York: The John Day Company.

Markandaya, K. (1974). *Two Virgins*. Londres: Chatto & Windus.

Markandaya. K. (1982). *Pleasure City*. Londres: Chatto & Windus.

McDowall, D. (1989). *An Illustrated History of Britain*. Longman: Edimburgo.

McLeod, J. (2000). *Beginning Postcolonialism*. Manchester: Manchester University Press.

Medina Martín, R. (2013). Feminismos periféricos, feminismos-otros: Una genealogía feminista decolonial por reivindicar. *Revista Internacional de Pensamiento Político, 8*, pp. 53-79.

Medina Martín, R. (2014). Resignificaciones conceptuales y epistemológicas en el pensamiento político feminista eurocéntrico desde los feminismos periféricos. *Cuadernos Electrónicos de Filosofía del Derecho, 29*, pp. 72-98.

Mehrotra, A.K. (1984). Recent Strains in Indo-English Poetry. *Journal of South Asian Literature, 19* (2), 153-163. Michigan: Michigan State University Press.

Mena Rodríguez, A. (2017). *La globalización cultural en la narrativa india contemporánea en inglés: un estudio de Fasting, Feasting, The Hungry Tide y Last Man in Tower* [Tesis de Doctorado no publicada]. Universidad de Oviedo.

Miller, F. (1991). *Sin City*. Portland (OR): Dark Horse.

Miranda, A. y Pérez, J. (2005). Socialización familiar, pese a todo. En *Ser adolescente hoy* (pp. 339- 350) Madrid: Fundación ayuda contra la drogadicción.

Miranda Mora, A.M. (2015). Ana de Miguel, neoliberalismo sexual. El mito de la libre elección. *Dianoia, 62*, pp. 9-16.

Mittelmann, J. H. (1996). The Dynamics of Globalization. En J. Mittelman (Ed.). *Globalization: Critical Reflections*. International Publical Economy Yearbook.

Mohanty, C. (2003). *Feminism without Borders: Decolonizing Theory, Practising and Solidarity*. Durham NC: Duke University Press.

Mohanty, C. (2008). Bajo los ojos de Occidente. Academia feminista y discurso Colonial. En L. Suárez Navaz, L y A. Hernández (Eds.), *Descolonizando el feminismo: teorías y prácticas desde los márgenes*. Madrid: Cátedra.

Naidu, S. (1905). *The Golden Threshold*. Londres: William Heinemann.

Naidu, S. (2015). *The Broken Wing*. Londres: Leopold Classic Library.

Nerlekar, A. (2017). The City, Place, and Postcolonial Poetry. En J. Ramazani (Ed.), *The Cambridge Companion to Postcolonial Literature* (pp. 195-208). Virginia: University of Virginia Press.

Nicholson, L. (2013). Feminism in "Waves": Useful Metaphorical or Not?. En C. Mccann y S. Kim (Eds.), *Feminist Theory Reader: Indigenous and Global Perspectives* (pp. 49-55). New Majorek, NY: Routledge.

Nirina, E. (1975). *Silencieuse respiration.* Orléans: E. Nirina.

Nirina, E. (1980). *Simple voyelle.* Orléans: Les Presses de JJS.

Nirina, E. (1990). *Lente spirale.* Antananarivo: Éditions de la revue Océan Indien.

Nirina. E. (1997). *Multiple solitude.* Antananarivo: Tsipika.

Nirina, E. (1998). *Rien que la Lune: œuvres poétiques.* Saint Denis (Reunión): Éditions Grand Océan.

Nirina. E. (2004). *Mivolana an-tsoratra.* Saint Denis (Reunión): Éditions Grand Océan.

Noguera Mas, R. (2008). *De Kosala a Bollywood, dos mil años contando historias. Un estudio semiótico del Ramayana* [Tesis de Doctorado no publicada]. Universidad de Valencia.

Ortiz. L. (1998). El segundo sexo de Simone de Beauvoir. Miradas Actuales. *Arenal, 6* (1), pp. 197-209.

Pachilla, P. (2013). El concepto de "epifanía" en la lectura deleuzeana de Joyce. Notas sobre la ontología de la obra de arte experimental. *Visa Cadernos de Estética Aplicada, 14.* DOI: 10.22409/1981-4062/v14i/167.

Page, P.K. (1956). After Rain. *Poetry, 89* (2), 100-101.

Pandia Rajammal, P. (2017). Space for Women in Indian Women's Writing. *International Journal of the English Language, 5* (9), 33-39. India: Smart Moves Journal IJELLH.

Patke, R.S. (2017). Postcolonial Protest Poetry. En J. Ramazani (Ed.), *The Cambridge Companion to Postcolonial Literature* (pp. 180-192). Virginia: University of Virginia Press.

Patmore, C.K.S. (1863). *The Angel in the House, Part I.* London: Macmillan & Co.

Patmore, C.K.S. (1863). *The Angel in the House, Part II.* London: Macmillan & Co.

Pedrosa, J.M. y Rabarijaona, H. (2003). *La selva de los hainteny. Poesía tradicional de Madagascar.* Madrid: El Jardín de la Voz.

Peeradina, S. (1972). *Indian Poetry in English*. Madras: McMillan.

Peres Días, D. (2017). Feminismo poscolonial y hegemonía occidental: Una deconstrucción epistemológica. *Dossiers Feministas, 22*, pp. 157-176.

Poyatos Fuster, F. (1983). Antropología literaria. La narración como fuente interdisciplinar de signos culturales sensibles e inteligibles. En M.A. Garrido (Coord.), *Teoría semiótica. Lenguajes y textos hispánicos* (pp. 367-392). Madrid: Consejo Superior de Investigaciones Científicas [CSIC].

Quintero Ocaña. M. y Zaro, J.J. (2014). Problemas y estrategias de traducción del cambio de código en la literatura chicana al español. El caso de From this Wicked Patch of Dust de Sergio Troncoso. *Núcleo, 31*, pp. 247-273.

Rauville, C. (1990). *Littératures francophones de l'Océan Indien*. Reunión: Éditions du Tramail.

Raziya Fong, N. (2021). *Oracule*. Ottawa: Talonbooks.

Ritzer, G. (2010). *Globalization: A Basic Text*. Oxford: Wiley-Blackwell.

Robertson, R. (1992). *Globalization: Social Theory and Global Culture*. Santa Barbara CA: Sage.

Rodríguez Magda, R.M. (2011). Transmodernidad: un nuevo paradigma. *Trasnmodernity, 1* (1), 1-13.

Rodríguez Magda, R.M. (2005). La condición transmoderna. *Anthropos. Cuadernos de Cultura Crítica y Conocimiento, 241*, 9-41

Rodríguez Magda, R.M. (2021). De cómo las mujeres nunca fuimos individuos y ahora pretenden que dejemos de serlo. *IgualdadES, 5*, 401-125.

Rojo, R.A. (2009). *Globalización cultural, transnacionalismo y reinstitucionalización del mundo. XXVII Congreso de la Asociación Latinoamericana de Sociología. VIII Jornadas de Sociología de la Universidad de Buenos Aires*. Asociación Latinoamericana de Sociología: Buenos Aires.

Ron Erráez, X. (2014). Hacia la descolonización de los feminismos. Un análisis a partir de las perspectivas feministas poscoloniales de Chandra Mohanti, Oyeronke Oyewumi y Aída Hernández. *Realis. Revista Española de Estudos Antiutilitaristas e Poscoloniais, 1* (4), 36-60.

Roy, A. (1997). *The God of Small Things*. Nueva Delhi: Penguin.

Roy, A. (2019). *My Seditious Heart*. Nueva Delhi. Penguin Random House.

Said, E. (1978). *Orientalism*. Nueva York: Vintage Books.

Sahgal, N. (1988). *Mistaken Identity*. Londres: Paperback.

Sahgal, N. (1988). *A Situation in New Delhi*. Londres: Penguin.

Sakhawat Hossein, R. (1905). *Sultana's Dream*. Madrás: The Indian Ladies Magazine.

Sakhawat Hossein, R. (2005). *Sultana's Dream* and *Padmarad* (*Essence of the Lotus*). Londres: Penguin Classics.

Sánchez, F. (2018). Globalización y agenda de estudio. En F. Sánchez y N. Liendo (Eds.), *Estudios de las tendencias en la política y las relaciones internacionales* (pp. 251-281). Bogotá: Servicio de Publicaciones de la Universidad Sergio Arboleda.

Sayés, J.A. (2010). Filosofía del hombre. *Scripta teológica*, 41, pp. 303-305.

Scholte, J. A. (2000). *Globalization: a Critical Introduction*. Nueva York: Saint Martin's Press.

Sibal. N. (1987). *Yatra. The Journey*. Londres: The Women's Press LTD.

Sibal, N. (1991). *The Secret Life of Gujjar Mal*. Londres: The Women's Press LTD.

Soobrayen, S. (2017). *Stairs and Whispers*. Londres: Nine Arches.

Soros, G. (2002). *Globalización*. Bogotá: Editorial Planeta Colombiana.

Spivak, G. (1999). *A Critique of Postcolonial Reason: Toward a History of the Vanishing Present*. Harvard: Harvard University Press.

Steger, M. (2003). *Globalization: A Very Short Introduction*. Oxford: Oxford University Press.

Steger, M. B. (2005). Ideologies of Globalization. *Journal of Political Ideologies, 10* (1), 11-30.

Steger, M. (2009). *Globalisms: The Great Ideological Struggle of the Twenty-first Century*. Lanham: Rowman y Littlefield Publishers.

Subrat Kumar, S. (2015). *Postcoloniality and Indian English Poetry*. London: Partridge Publishing.

Torres Falcón, M. (2003). Violencia de género, un estado de la cuestión. *Revista GénEros, 30*, 17-25.

Uniyal, R. (2000). *The Fiction of Margaret Drabble and Anita Desai. Women and Landscape*. Indiana: Creative Books.

Uniyal, R. (2006). *Across the Divide*. Calicut: Monsoon Editions.

Uniyal. R. (2012). *December Poems*. Sheffield: Writers Workshop.

Uniyal, R. (2018). *The Day We Went Strawberry Picking in Scarborough*. Odisha: Dhauli Books.

Uniyal, R. (2020). *El día que fuimos a coger fresas en Scarborough* (traducción de C. Escobedo de Tapia, Trans.). Oviedo: Camelot.

Uniyal, R. (2022). *Saeeda Ke Ghar*. Mumbai: Primus Books.

Valcárcel, A. (2001). *La memoria colectiva y los retos del feminismo*. Santiago de Chile: Naciones Unidas Unidad Mujer y Desarrollo.

Villela Cortés, F. y Linares Salgado, J.E. (2011). Eugenesia. Un análisis histórico y una posible propuesta. *Acta Bioethica, 17* (2), 189-197.

Vohra, A. (2001). Rationality and Values: An Indian Perspective. En Cam, P. et al. (Eds.) *Science and Human Values in Asia Today* (pp. 123-142). Seoul: Korean National Commission for UNESCO.

Vohra, A. (2018). The Notion of Indianness: an Elucidation [Material del aula]. Guntur.

Wilkinson, A. (1968). *Collected Poems*. Toronto: Macmillan.

Woolf, V. (2010). *La Muerte de la Polilla y Otros Escritos* [traducido por Luïsa Moreno Llorit]. Madrid: Capitán Swing.

Zecchini, L. (2017). Postcolonial Protest Poetry. En J. Ramazani (Ed.), *The Cambridge Companion to Postcolonial Literature* (pp. 45-57). Virginia: University of Virginia Press.

Zeromska, J.M. (2003). El code-switching en dos cuentos de escritoras chicanas. Un análisis conversacional. *Itzalapa, 53*, 290-304.

Zide, A. (1993). *In Their Own Voice*. Delhi: Penguin.

5.2. Webgrafía y filmografía

Bourguignon, F. (2011). A turning Point in Global Inequality… And Beyond. En *Annual Bank Conference on Development Economics, Papers and Proceedings*. http://siteresources.worldbank.org/EXTABCDE/

Resources/7455676-1292528456380/7626791-1303141641402/7878676-1306270833789/Parallel-Session-6-Francois_Bourguignon.pdf.

Captain Vaanati, Captain Casturi, Aatilatchumi. (27 de julio de 2020). Twelve Poems by Female Writers (traducción de M. Kandasamy, Trans.) *Guernica*. https://www.guernicamag.com/twelve-poems-by-female-fighters/

Cartwright, M. (noviembre de 2012). Visnú. *World History Encyclopedia*. https://www.worldhistory.org/trans/es/1-11591/visnu/

Carwright, M. (agosto de 2015). Laskmi. *World History Encyclopedia*. https://www.worldhistory.org/trans/es/1-13937/laksmi/

Centro Virtual Cervantes (1 de niviembre de 2023). Aculturación. *Biblioteca ELE Diccionario*. https://cvc.cervantes.es/ensenanza/biblioteca_ele/diccio_ele/diccionario/aculturacion.htm

CSIC (22 de junio de 2022). Madagascar, el cambio global y la COP 22. *Naturalmente 12*. https://www.mncn.csic.es/sites/default/files/2020-06/nm12_02madagascar.pdf

Cocteau, J. (Director). (1946). *La Belle et la Bête* [Film]. Scalera.

De Miguel Álvarez, A. (2011). *Los feminismos a través de la historia. Mujeres en Red*. http://www.mujeresenred.net/anademiguel.html. Recuperado el 09/07/2023.

Devi, A. (s.f.). Inédits. *Ananda Devi*. https://www.anandadevi.net/po%C3%A9sie

English Standard Version of the Bible (2001). ESV Online. https:////esv.literalword.com

Escobedo de Tapia, C. (2018). Mujer y violencia en la literatura india contemporánea: Fasting, Feasting (1999), Sangati: Events (2005) y Witness the Night (2010). *Oceánide 10*. http://oceanide.netne.net/articulos/art10-5.pdf

Gerwig. G. (Directora). (2023). *Barbie* [Film]. Mattel, Heyday, NB/GG Pictures.

Gobierno de Mauricio (1 de julio de 2023). Estudio sobre la población en mauricio. *Portal Gobierno de Mauricio*. http://www.gov.mu/portal/site/abtmtius/menuitem.163fea3f13ca22984d57241079b521ca/

Kandasamy, M. (16 de diciembre de 2020). History shows Punjab has always taken on tyrants. Modi is no different. *The Washington Post*.

https://www.washingtonpost.com/opinions/2020/12/16/rupi-kaur-modi-punjab-india-farmer-protests/

Lago, C. (26 de agosto de 2020). El refuerzo Intermitente: El maltrato que no parece maltrato (pero lo es). Locos de Amor. Hablamos del amor para hablar de todo. https://locosdeamor.org/2020/08/26/el-refuerzo-intermitente-el-maltrato-que-no-parece-maltrato-pero-lo-es/

Lalatiana, Na Haasi, Raberinimanga, Ampelagie, Rakotadrainibe. (s.f.). Antología de la nueva poesía negra y malgache en lengua francesa. Radio Africa. https://www.radioafricamagazine.com/antologia-nueva-poesia-negra-malgache-lengua-francesa/

Lijtmaer, L. (6 de junio de 2018). Meena Kandasamy sobre la violencia de género "Una maltratada ha de convencer a la sociedad de que escapa de un posible asesinato, no de un matrimonio". *El País*. https://elpais.com/cultura/2018/06/05/actualidad/1528218333_818227.html

Macaulay, T.B. (1835). Minute on Education. *Internet Archive*. https://archive.org/details/dli.csl.5518

Martí, M. (27 de noviembre de 2012). Indra, el rey de los dioses en la mitología védica. *Sobre India*. https://sobreindia.com/2012/11/27/indra-el-rey-de-los-dioses-en-la-mitologia-vedica/

Miyares, Alicia. (11 de marzo de 2018). La "Cuarta Ola" del feminismo, su Agenda. Tribuna Feminista. *El Plural*. https://tribunafeminista.elplural.com/2018/03/la-cuarta-ola-del-feminismo-su-agenda/

Nungaray, M. (30 de abril de 2023). La escritora canadiense Françoise Roy. *Latinosmag*. https://latinosmag.com/la-escritora-canadiense-francoise-roy/

Pirola, S. (5 de octubre de 2020). Sat Chit Ananda. Karana Escuela. https://escuelakarana.com/sat-chit-ananda/

Razanakolona, H. (s.f.). Esther Nirina. Le Monde Féminin. Inspiration, Résilience, Empowerment. https://www.lemondefeminin.com/esther-nirina/

Sasidharan, S.K. (Director). (2014). *Oraalppokkam* [Film]. Thiruvananthapuram.

Sbardella, A. (03 de junio de 2021). Medea: Bruja, Bárbara y Mujer. *National Geographic*. https://historia.nationalgeographic.com.es/a/medea-bruja-barbara-y-mujer_16530

Simon, T. (17 de marzo de 2021). To cancel or not to cancel? *Feminist Book Club*. https://www.feministbookclub.com/to-cancel-or-not-to-cancel/

Troper, H. (22 de abril de 2013). Immigration au Canada. *L'Encyclopédie Canadienne*. https://www.thecanadianencyclopedia.ca/fr/article/immigration

United Nations (15 de julio de 2023). Country Fact Sheets. *UN Women. Woemn Count*. http://data.women.org/country

Uniyal. R. (s.f.). *Ranu Uniyal*. https://ranuuniyal.com/

Vázquez Hernández, A. (14 de julio de 2018). Porque fueron somos, porque somos serán. *Perdonen si molesto un poco*. https://psmup.blogspot.com/2018/07/porque-fueron-somos-porque-somos-seran.html

Zucker, J. (Director). (1990). *Ghost* [Film]. Paramount Pictures.